LANGENSCHEIDTS
SPRACHFÜHRER
UNGARISCH

mit
Reisewörterbuch
Deutsch-Ungarisch

LANGENSCHEIDT
BERLIN · MÜNCHEN · WIEN · ZÜRICH · NEW YORK

Bearbeitet von der Langenscheidt-Redaktion
Übersetzung: Iván Érsek

Langenscheidts Sprachführer Ungarisch enthält:

– Redewendungen und Wörter für die Reise

– die phonetische Umschrift (A.P.I.) für alle Wörter und Wendungen

– eine Kurzgrammatik der ungarischen Sprache

– eine Einführung in Schrift und Aussprache des Ungarischen

– ein deutsch-ungarisches Reisewörterbuch im Anhang – zugleich ein
  Register für die schnelle Auffindung des gesuchten Ausdrucks

Auflage:	5.	4.		Letzte Zahlen
Jahr:	1990			maßgeblich

© 1971, 1986 Langenscheidt KG, Berlin und München

Druck: Druckhaus Langenscheidt, Berlin-Schöneberg

Printed in Germany

ISBN 3-468-22381-1

INFORMATION

HINWEISE FÜR DEN BENUTZER

Dieser Sprachführer bietet Ihnen alle auf der Reise und im Alltag des fremden Landes erforderlichen wichtigen Redewendungen und Wörter mit durchgehender Aussprachebezeichnung. Eine übersichtliche Gliederung macht seine Benutzung denkbar einfach, so daß Sie Ihre Fragen und Wünsche mit Hilfe der gebräuchlichen und praktischen Wendungen dieses Buches rasch und klar zum Ausdruck bringen können.

Wir geben Ihnen zunächst einige allgemeine Hinweise über den Aufbau und Inhalt des Sprachführers.

Aufbau des Sprachführers

Wir haben den gesamten Stoff in 18 Kapitel gegliedert. Sie beginnen mit allgemeinen Redewendungen und Wörtern. Dann folgen Kapitel über das Reisen mit den verschiedenen Verkehrsmitteln, über Unterkunft und Verpflegung, über andere Fragen, die Ihnen in einem fremden Land begegnen werden, über Einkäufe, über den Umgang mit Behörden, über Gesundheit, kulturelle Veranstaltungen und Vergnügungen. Im Anhang finden Sie die Zusammenstellung der wichtigsten Bekanntmachungen und Warnungen, der Abkürzungen, der Maße und Gewichte und der Farben.

Sie werden selbst bemerken, daß die deutschen Redewendungen und Wörter schwarz und fett gedruckt sind, die ungarischen dagegen rot. Darunter oder daneben steht dann in gewöhnlicher schwarzer Schrift die Aussprache der Wörter und Sätze.

Gelegentlich haben wir zwei Sätze zusammengefaßt und dabei die auszutauschenden Wörter, Satz- oder Wortteile durch Kursivdruck gekennzeichnet. Ein Beispiel: Für „Wir gratulieren *zur Verlobung (zu diesem*

Erfolg)!" geben wir Ihnen als Übersetzung „Gratulálunk *az eljegyzéshez (ehhez a sikerhez)*!" Das bedeutet: „Wir gratulieren zur Verlobung!" heißt„Gratulálunk az eljegyzéshez!" und „Wir gratulieren zu diesem Erfolg!" – „Gratulálunk ehhez a sikerhez!"

Allgemeine Bemerkungen, die Ihnen helfen sollen, sich im fremden Land richtig zu verhalten und seine Besonderheiten zu verstehen, haben wir rot umrandet. Schwarz umrandet finden Sie Hinweise und Aufschriften, die Ihnen begegnen werden.

Ein Sternchen(*) zu Beginn eines Satzes deutet an, daß es sich um einen Satz handelt, den Sie von Ihrem Gesprächspartner hören können.

Angaben zur Aussprache des Ungarischen

Um Ihnen die richtige Betonung der ungarischen Wörter und Sätze zu erleichtern, sind alle mehrsilbigen Wörter in der Lautschrift mit Akzenten versehen.

Eine ausführliche Erklärung der Aussprache des Ungarischen finden Sie auf den Seiten 8–11. Für eine korrekte Aussprache ist es nötig, sich mit den Zeichen der Internationalen Lautschrift vertraut zu machen. Sie werden dabei feststellen, daß die meisten Buchstaben dieselben wie im lateinischen Alphabet sind, und daß Sie sich nur einige wenige abgewandelte Buchstaben einprägen müssen, die spezifisch ungarische Laute wiedergeben. Die Lautschrift wird Ihnen dabei helfen, das Ungarische richtig auszusprechen und Ihren Gesprächspartner zu verstehen.

Übersicht über die Grammatik

Wenn Sie sich zumindest einige Grundkenntnisse der Grammatik aneignen wollen, dann können Sie von der auf den Seiten 189 bis 196 kurzgefaßten Zusammenstellung der wichtigsten grammatischen Erscheinungen Gebrauch machen. Abgesehen davon, daß Sie damit einen Einblick in den Aufbau der ungarischen Sprache erhalten und die im Sprachführer angegebenen Sätze und Wendungen besser verstehen, wird es Ihnen auch möglich sein, einige einfache Sätze selbst zu bilden.

Reisewörterbuch

Das Reisewörterbuch im Anhang hilft Ihnen, wenn Sie die ungarische Übersetzung eines Wortes oder einer Wendung suchen. Die Übersetzungen sind mit Seitenverweisen auf den Hauptteil versehen, so daß dieses Wörterverzeichnis Ihnen zugleich auch als Sachregister dient.

INHALTSVERZEICHNIS

DIE AUSSPRACHE DES UNGARISCHEN

Die Aussprache der einzelnen ungarischen Laute ist für die deutsche Zunge nicht allzu schwer. Das Ungarische wird mit den Buchstaben des lateinischen Alphabets geschrieben. Dabei werden für bestimmte Vokale diakritische Zeichen und für einige Konsonanten Doppelbuchstaben verwendet. Nachstehend geben wir zunächst das ungarische Alphabet mit den ungarischen Namen der Buchstaben und ihrem Lautwert sowie eine kurze Ausspracheerklärung. Die in diesem Sprachführer verwendeten Lautzeichen der Association Phonétique Internationale (API) werden in einer Übersicht auf Seite 11 anhand einiger Beispiele erklärt.

Das ungarische Alphabet

Buchstabe	Name	Laut-zeichen	Aussprache-erklärung
A, a	a [ɔ]	ɔ	etwa wie in Sport, jedoch ohne Lippenrundung
Á, á	á [a:]	a:	wie in Italien
B, b	bé [be:]	b	wie in Bach
C, c	cé [tse:]	ts	wie z in Zeit
Cs, cs	csé [tʃe:]	tʃ	wie tsch in Tscheche, deutsch
D, d	dé [de:]	d	wie in dort
E, e	e [ɛ]	ɛ	wie ä in Hände, e in fest
É, é	é [e:]	e:	wie e in Thema
F, f	ef [ɛf]	f	wie in fest
G, g	gé [ge:]	g	wie in gut
Gy, gy	gyé [ɟe:]	ɟ	wie dj in Madjare
H, h	há [ha:]	h	wie in Hand
I, i	rövid i [i]	i	wie in Minute
Í, í	hosszú í [i:]	i:	Wie i in Lied
J, j	jé [je:]	j	wie in Jahr
K, k	ká [ka:]	k	wie in kalt
L, l	el [ɛl]	l	wie in laut
Ly, ly	ely [ɛj, ɛʎ]	j	wie j in Jahr
M, m	em [ɛm]	m	wie in Mann
N, n	en [ɛn]	n	wie in Nacht
Ny, ny	eny [ɛɲ]	ɲ	wie gn in Kognak
O, o	rövid o [o]	o	wie in Politik

Buchstabe	Name	Laut-zeichen	Aussprache-erklärung
Ó, ó	hosszú ó [oː]	oː	wie **o** in **K**ohle
Ö, ö	rövid ö [ø]	ø	wie **o** in **Ö**konomie
Ő, ő	hosszú ő [øː]	øː	wie **ö** in **F**öhn
P, p	pé [peː]	p	wie in **P**ost
R, r	er [ɛr]	r	Zungenspitzen-**r**
S, s	es [ɛʃ]	ʃ	wie **sch** in **sch**on
Sz, sz	esz [ɛs]	s	wie **ß** in na**ß**
T, t	té [teː]	t	wie in **T**ag
Ty, ty	tyé [tȩeː]	tȩ	wie **tj** in **tj**a wie **ti** in Me**ti**er
U, u	rövid u [u]	u	wie in **U**nion
Ú, ú	hosszú ú [uː]	uː	wie in R**u**hm
Ü, ü	rövid ü [y]	y	wie **y** in Ph**y**sik
Ű, ű	hosszú ű [yː]	yː	wie in m**ü**de
V, v	vé [veː]	v	wie **w** in **W**etter
X, x	iksz [iks]	ks	wie **x** in Ma**x**
Y, y	ipszilon ['ipsilon]	i	wie **i** in M**i**nute *(nur in alten Familiennamen und Fremdwörtern)**
Z, z	zé [zeː]	z	wie **s** in Ha**s**e
Zs, zs	zsé [ʒeː]	ʒ	wie **j** in **J**ournal

* *In Fremdwörtern und in der Mathematik kommen auch Q, q und W, w vor. Der Buchstabe y stellt in der Regel keinen selbständigen Laut dar; er dient lediglich zur Bildung der Doppelbuchstaben gy, ly, ny, ty, die einfache Laute bezeichnen.*

Vokale

Es gibt im Ungarischen offene und geschlossene, kurze und lange Vokale. Die Unterschiede müssen in der Aussprache sehr genau beachtet werden, da Verwechslungen oft zu anderen Wortbedeutungen oder Unverständlichkeit führen.

a [ɔ]   ist ein offener Vokal, der ohne Lippenrundung gesprochen wird.

á [aː]   ist lang und hell, die Zunge ist nach vorn geschoben.

e [ɛ]   ist sehr offen, gut vergleichbar mit englisch back, man.

é [eː]   ist geschlossen und lang.

o [o] und [oː] werden mit gerundeten Lippen gesprochen.

Wie aus unserer Lautschrift ersichtlich, besteht in der Aussprache der Vokale i und í, o und ó, ö und ő, u und ú, ü und ű nur ein Unterschied in der Länge. Die Vokale a [ɔ] und á [aː] und e [ɛ] und é [eː] unterscheiden sich sowohl in ihrer Quantität (Länge) als auch Qualität (offen oder geschlossen). Einige Beispiele: határ ['hɔtaːr] *Grenze*; német ['neːmɛt] *deutsch, Deutscher*; segítség ['ʃɛgiːtʃeːg] *Hilfe*; szobaár ['sobɔaːr] *Zimmerpreis*.

Konsonanten

b, d, f, g, h, j, k, l, m, n, p, t, x werden im allgemeinen wie im Deutschen ausgesprochen. Andere ungarische Konsonanten werden mit **Doppelbuchstaben** geschrieben; es sind dies: cs [tʃ], gy [d], ly [j], ny [ɲ], sz [s], ty [t] und zs [ʒ]. Alle ungarischen Konsonanten können auch **lang** sein. Lange Konsonanten werden in der Rechtschreibung durch **verdoppelte Buchstaben** (nicht zu verwechseln mit Doppelbuchstaben!), in der Lautschrift durch das Zeichen [ː], bezeichnet: bb [bː], cc [tsː] usw. Man beachte, daß bei verdoppelten Doppelbuchstaben nur der erste Buchstabe verdoppelt wird, so daß einige lange Konsonanten in der Orthographie mit **drei** Buchstaben erscheinen: ccs [tʃː], ggy [dː], ssz [sː], zzs [ʒː]. Beispiele: messze ['mɛsːɛ] *weit, fern*; hosszú ['hosːuː] *lang*; szebb [sɛbː] *schöner*; könnyű ['kønːyː] *leicht*.

Die Aussprache der Konsonanten schwankt zwischen stimmhaft und stimmlos, je nach dem darauffolgenden Laut (Assimilation). **Konditor** heißt cukrász ['tsukraːs], **Konditorei** cukrászda ['tsukraːzdɔ]. Durch Hinzufügung von -da ist das ursprünglich stimmlose sz [s] stimmhaft geworden [z]. Liegt aber keine Assimilation vor, so bleiben die stimmhaften Konsonanten stimmhaft, die stimmlosen stimmlos. Dies gilt auch für den Auslaut der ungarischen Wörter: pénz [peːnz] *Geld*, aber pénztárca ['peːnstaːrtsɔ] *Brieftasche*.

Betonung

Im Ungarischen fällt der Akzent immer auf die erste Silbe des Wortes. Diese Regel ist ganz allgemein, sie gilt sogar für fremde Eigennamen: **Berlin** ['bɛrlin], **Napóleon** ['nɔpoːlɛon]. Neben dem Hauptakzent kommt im Ungarischen in mehrsilbigen Wörtern und in längeren Sätzen noch eine Nebenbetonung vor. Im Sprachführer bleibt die Nebenbetonung unbezeichnet. Den Hauptakzent bezeichnen wir mit einem ' vor der Silbe, die den Ton trägt.

Erklärung der einzelnen Lautzeichen mit Beispielen

'   steht vor der Silbe, die betont wird.

:   hinter dem Vokal bzw. Konsonant bedeutet, daß der Vokal bzw. Konsonant lang (gedehnt) zu sprechen ist.

a: wie in Italien, Saat.   három ['ha:rom] *drei*

ɔ   etwa wie in Sport, ohne Lippenrundung.   vonat ['vonɔt] *Zug*

e: wie in Thema, wenig.   éjfél ['e:jfe:l] *Mitternacht*

ɛ   wie in Erbe oder englisch back, man.   beteg ['bɛtɛg] *krank*

o: langes o, wie in Lohn, Mode.   hó [ho:] *Schnee*

o   kurzes o, wie in Politik.   holnap ['holnɔp] *morgen*

ø   kurzes ö, wie in Ökonomie.   öröm ['ørøm] *Freude*

ø: langes ö, wie in Föhn.   ősz [ø:s] *Herbst*

y   kurzes ü, wie in Physik.   üres ['yrɛʃ] *leer*

y: langes ü, wie in müde.   fű [fy:] *Gras*

u   kurzes u, wie in bunt.   tubus ['tubuʃ] *Tube*

u: langes u, wie in Schule.   úr [u:r] *Herr*

ç   wie ch in Hecht.   technikus ['tɛçnikuʃ] *Techniker*

ḑ   palatales d, innige Verschmelzung von d und j, etwa wie in Madjare.   magyar ['mɔḑɔr] *Ungar*
      gyufa ['ḑufɔ] *Streichholz*

ŋ   palatales n, innige Verschmelzung von n und j, wie in italienisch signore.   nyár [ŋa:r] *Sommer*

r   Zungenspitzen-r, wie im Italienischen, Russischen.   kerék ['kɛre:k] *Rad*

s   wie in naß, Tasse.   szabad ['sɔbɔd] *frei, gestattet*

ʃ   wie sch in Schule.   sok [ʃok] *viel*

ţ   palatales t, innige Verschmelzung von t und j, wie etwa in tja und Metier.   kutya ['kuţɔ] *Hund*

ts   wie z in Zucker.   cukor ['tsukor] *Zucker*

tʃ   wie tsch in Tscheche.   kacsa ['kɔtʃɔ] *Ente*

v   wie w in Wand.   váróterem ['va:ro:tɛrɛm] *Wartesaal*

z   wie s in Hase.   zárva ['za:rvɔ] *geschlossen*

ʒ   wie j in Journal.   mazsola ['mɔʒolɔ] *Rosine*

Die übrigen in diesem Sprachführer verwendeten Lautzeichen (Buchstaben) entsprechen den deutschen Lauten.

ALLGEMEINES

Begrüßung

Guten Morgen!	**Guten Tag!**	**Guten Abend!**
Jó reggelt (kívánok)!	Jó napot (kívánok)!	Jó estét (kívánok)!
'jo: rɛgɛlt ('ki:va:nok)	'jo: nɔpot ('ki:va:nok)	'jo: ɛʃte:t ('ki:va:nok)

Kívánok *(wünsche ich) kann auch entfallen. Gute Bekannte, Freunde und Kinder, d. h. Leute die man duzt, begrüßt man mit* Szervusz! ['sɛrvus] *bzw. (mehrere Personen) mit* Szervusztok! ['sɛrvustok]. *Zu Damen sagt man auch:* Kezicsókolom! ['kɛzit-ʃo:kolom] *Küss' die Hand!*

Herzlich willkommen! | **Hatten Sie** *eine gute Reise (einen guten Flug)?*
Isten hozta! | Jól *utazott (repült)?*
'iʃtɛn 'hostɔ | 'jo:lutɔzot: (rɛpylt)

Wir begrüßen Sie (herzlich) *in (an Bord der)* ...
(Szeretettel) Köszöntjük *...ban/-ben*)   (a ... fedélzetén)*.
'sɛrɛtɛt:ɛl   'køsøntyk   ... bɔn/bɛn (ɔ ... 'fɛde:lzɛtɛ:n)

Es freut mich sehr, *Sie (dich)* **zu sehen.**
Nagyon örülök, hogy lát*om (-lak)*.
'nɔɖon 'øryløk 'hoɟ 'la:tom (-lɔk).

Wie geht es *Ihnen (Ihrer Familie)?* | **Danke, (recht) gut.**
Hogy *van (a családja)?* | Köszönöm, (nagyon) jól.
'hoɟ vɔn (ɔ 'tʃɔla:ɟɔ) | 'køsønøm ('nɔɖon) 'jo:l

Wie geht es *dir (deiner Frau)?* | **Wir sind etwas müde.**
Hogy *vagy (van a feleséged)?* | Kicsit fáradtak vagyunk.
'hoɟ vɔɟ (vɔn ɔ 'fɛlɛʃe:gɛd) | 'kitʃit 'fa:rɔt:ɔk vɔɟunk

Wir fühlen uns (Ich fühle mich) **ausgezeichnet.**
Kitűnően *érezzük magunkat (érzem magam)*.
'kity:nø:ɛn 'e:rɛz:yk 'mɔgunkɔt ('e:rzɛm 'mɔgɔm)

Vielen Dank für den herzlichen Empfang!
Nagyon köszönöm *(Pl.* köszönjük) a szívélyes fogadtatást!
'nɔɖon 'køsønøm ('køsøɲ:yk) ɔ 'si:ve:jɛʃ 'fogɔt:ɔta:ʃt

---

* Vgl. Abschnitt „Vokalharmonie" auf S. 189

Anreden

Frau Kovács	Kovácsné	'kovaːt:ʃneː
Herr Kovács	Kovács úr	'kovaːtʃ uːr
Frau Professor	tanárnő	'tɔnaːrnøː
Herr Doktor	doktor úr	'doktor uːr
Herr Ober	főúr	'føːuːr
Gnädige Frau	nagyságos assony ...	'nɔtʃːaːgoʃ 'ɔsːoŋ
Fräulein Helene	Ilona/Ilonka	'ilonɔ/'ilonkɔ
Lieber Peter	kedves Péter	'kɛdvɛʃ 'peːtɛr
Liebe Johanna	kedves Johanna	'kɛdvɛʃ 'johɔnːɔ

Bekanntschaft

Mein Name ist ...	**Ich heiße ...**	**Sehr erfreut!**
A nevem ...	... vagyok.	Örvendek!
ɔ 'nɛvɛm ...	... vɔɟok	'ørvɛndɛk

Das ist meine _Frau (Tochter, Freundin, Verlobte, Schwester)._
A _feleségem (lányom, barátnőm, menyasszonyom, húgom/nővérem*)._
ɔ 'fɛlɛʃeːgɛm ('laːɲom, 'bɔraːtnøːm, 'mɛɲɔsːoŋom, 'huːgom/'nøːveːrɛm)

Das ist mein _Mann (Sohn, Freund, Verlobter, Bruder)._
A _férjem (fiam, barátom, vőlegényem, öcsém/bátyám*)._
ɔ 'feːrjɛm ('fiɔm 'bɔraːtom 'vøːlɛgeːɲɛm 'øtʃeːm/'baːt̪aːm

Ist das Ihr _Gatte (Sohn)?_	**Ist das Ihre _Gattin (Tochter)?_**
A _férje (fia)?_	A _felesége (lánya)?_
ɔ 'feːrjɛ ('fiɔ)	ɔ 'fɛlɛʃeːgɛ ('laːɲɔ)

Ich möchte Sie mit _meiner Frau (meinem Mann)_ bekannt machen.
Szeretném megismertetni a _feleségemmel (férjemmel)._
'sɛrɛtneːm 'mɛgiʃmɛrtɛtni ɔ 'fɛlɛʃeːgɛmːɛl ('feːrjɛmːɛl)

Verzeihung, wie war der Name?	**Wie heißt du?**
Szabad még egyszer a nevét?	Hogy hívnak?
'sɔbɔd meːg ɛtsːɛr ɔ 'nɛveːt	'hoɟ hiːvnɔk

---

* _Jünger/älter als der Sprecher._

Sind Sie schon lange hier?
Már régen itt van?
'ma:r re:gɛn 'id: vɔn

Wie lange bleiben Sie hier?
Meddig marad itt?
'mɛdːig mɔrɔd 'it:

Wir sind seit einer Woche hier.
Egy hete vagyunk itt.
'ɛɟ hɛtɛ vɔɟunk 'it:

Seit zwei Wochen.
Két hete.
'ke:t hɛtɛ

Gefällt es *Ihnen (dir)* bei uns?
Tetszik Önnek (neked) itt nálunk?
'tetsːik øn:ɛk (nɛkɛd) 'it: na:lunk

Es ist sehr schön hier.
Nagyon szép itt.
'nɔɟɔn se:p 'it:

Kennen Sie schon die *Stadt (Gegend)*?
Ismeri a *várost (vidéket)*?
'iʃmɛri ɔ 'va:roʃt (vide:kɛt)

Sind Sie allein hier?
Egyedül van itt?
'ɛɟɛdyl vɔn 'it:

Wir machen hier Urlaub.
Szabadságon vagyunk itt.
'sɔbɔtʃa:gon vɔɟunk 'it:

Ich fahre weiter nach …
Továbbutazom *…-ba/-be*.
'tova:b:utɔzom '…bɔ/…bɛ

Woher kommen Sie?
Honnan jön?
'honːɔn 'jøn

Wo wohnen Sie hier?
Hol lakik itt?
'hol lɔkik 'it:

Sind Sie zum ersten Mal in unserem Land?
Először van nálunk?
'ɛlø:sør vɔn 'na:lunk

Schreiben Sie mir Ihren Namen (und Adresse) auf.
Írja fel a nevét (és a címét)!
'i:rjɔ fɛl ɔ 'nɛve:t (e:ʃ ɔ 'ci:me:t)

Haben Sie noch etwas Zeit?
Ráér még egy kicsit?
'ra:e:r me:g ɛɟ 'kitʃit

Ich zeige Ihnen alles Sehenswerte.
Megmutatok Önnek minden látnivalót.
'mɛgmutɔtok øn:ɛk 'minden 'la:tnivɔlo:t

Wann *(Wo)* treffen wir uns?
Mikor (Hol) találkozunk?
'mikor ('hol) 'tɔla:lkozunk

Darf ich *Sie (dich)* abholen?
Elmehetek *Önért (érted)*?
'ɛlmɛhɛtɛk 'øne:rt ('e:rtɛd)

Darf ich *Sie (dich)* begleiten?
Elkísérhet*em (-lek)*?
'ɛlki:ʃe:rhɛtɛm (-lɛk)

Lassen Sie mich in Ruhe!
Hagyjon békén!
'hɔɟːon 'be:ke:n

Besuch

Besuchen Sie uns doch (morgen abend).
Látogasson meg minket (holnap este)!
'la:togoʃ:on mɛg minkɛt ('holnɔp ɛʃtɛ)

Hier ist meine Adresse.
Itt a címem.
'it: ɔ 'tsi:mɛm

Wohnt hier *Herr (Frau)* …?
Itt lakik … *úr (… né)*?
'it: lɔkik ' … u:r (' … ne:)

Ich suche *Herrn (Frau)* …
… *urat (… nét)* keresem.
' … urɔt (' … ne:t) 'kɛrɛʃɛm

Wann ist *er (sie)* zu Hause?
Mikor lesz itthon?
'mikor lɛs 'it:hon

Ich komme später noch einmal.
Később újra eljövök.
'ke:ʃø:b: 'u:jrɔ 'ɛljøvøk

Herein!
Tessék!
'tɛʃe:k

Erlauben Sie?
Megengedi?
'mɛgɛngɛdi

Hier entlang bitte!
Erre tessék!
'ɛr:ɛ tɛʃe:k

Nehmen Sie bitte Platz!
Tessék helyet foglalni!
'tɛʃe:k 'hɛjɛt 'foglɔlni

Danke für die Einladung!
Köszönöm a meghívást!
'køsønøm ɔ 'mɛkhi:va:ʃt

Kennen Sie …?
Ismeri a …?
'iʃmɛri ɔ

Störe ich nicht?
Nem zavarok?
'nɛm zɔvɔrok

Durchaus nicht!
Egyáltalán nem!
'ɛɟa:ltɔla:n nɛm

Im Gegenteil!
Ellenkezőleg!
'ɛl:ɛnkɛzø:lɛg

Kann ich Ihnen *Wein (Schnaps, Kaffee)* anbieten?
Megkínálhatom *borral (pálinkával, kávéval)*?
'mɛk:i:na:lhɔtom 'bor:ɔl ('pa:linka:vɔl 'ka:ve:vɔl)

Was kann ich *Ihnen (dir)* anbieten?
Mivel kínálhat*om (-lak)*?
'mivɛl ki:na:lhɔtom (-lɔk)

Bedienen Sie sich!
Tessék venni!
'tɛʃe:k 'vɛn:i

Machen Sie sich keine Umstände!
Ne tessék fáradozni!
'nɛ tɛʃe:k 'fa:rɔdozni

Vielen Dank für alles!
Nagyon köszönök mindent!
'nɔɟon 'køsønøk 'mindɛnt

Es hat *uns (mir)* bei Ihnen sehr gefallen.
Nagyon jól *éreztük magunkat (éreztem magam)* Önöknél.
'nɔɟon 'jo:l 'e:rɛstyk mɔgunkɔt ('e:rɛstɛm mɔgɔm) 'ønøkne:l

Abschied

Auf Wiedersehen!
Viszontlátásra!
'visontla:ta:ʃrɔ

Bis morgen!
A holnapi viszontlátásra!
ɔ 'holnɔpi 'visontla:ta:ʃrɔ

Gute Nacht!
Jó éjszakát (kívánok)!
'joː eːjsɔkaːt ('kiːvaːnok)

Schlafen Sie gut!
Szép álmokat!
'seːp 'aːlmokɔt

Ich muß mich verabschieden.
Búcsúznom kell.
'buːtʃuːznom kɛlː

Für uns ist es Zeit (zu gehen).
Ideje mennünk.
'idɛjɛ mɛnːynk

Danke für Ihren Besuch!
Köszönöm a látogatást!
'køsønøm ɔ 'laːtogɔtaːʃt

Wann sehen wir uns (wieder)?
Mikor látjuk egymást (ismét)?
'mikor laːtjuk ɛɟmaːʃt ('iʃmeːt)

Kann ich Sie (dich) anrufen?
Felhívhatom (-lak)?
'fɛlhiːfhɔtom (-lɔk)

Kommen Sie wieder (zu uns).
Jöjjön máskor is (hozzánk)!
'jøjːøn 'maːʃkor iʃ ('hozːaːnk)

Wir kommen bestimmt noch mal.
Feltétlenül eljövünk máskor is.
'fɛlteːtlɛnyl 'ɛljøvynk 'maːʃkor iʃ

Ich hoffe, wir sehen uns bald wieder!
Remélem, hamarosan újra látjuk egymást!
'rɛmeːlɛm 'hɔmɔroʃɔn 'uːjrɔ laːtjuk ɛɟmaːʃt

Herzliche Grüße an ...!
Szívélyes üdvözlet ...-nak/-nek !
'siːveːjɛʃ 'ydvøzlɛt '...nɔk/nɛk

Wir werden Sie erwarten!
Várjuk!
'va:rjuk

Bleiben Sie gesund!
Jó egészséget!
'joː ɛgeːʃːeːgɛt

Wir sehen uns noch!
Még látjuk egymást!
'meːg 'laːtjuk ɛɟmaːʃt

Gute Reise!
Jó utazást!
'joː 'utɔzaːʃt

Schreiben Sie mal!
Írjon!
'iːrjon

Alles Gute!
Minden jót!
'mindɛn 'joːt

Viel Vergnügen!
Jó szórakozást!
'joː 'soːrɔkozaːʃt

Allgemeine Fragen

Wann?	Wann kann ich ... bekommen?	Wann können wir kommen?
Mikor?	Mikor kaphatom meg a ...?	Mikor jöhetünk?
'mikor	'mikor 'kɔphɔtom mɛg ɔ	'mikor 'jøhɛtynk

Warum?	Warum *lachen Sie (weinst du)*?	Was?
Miért?	Miért *nevet (sírsz)*?	Mi?/Mit?
'mie:rt	'mie:rt 'nɛvɛt ('ʃi:rs)	mi/mit

Was ist das?	Was wünschen Sie?	Was fehlt Ihnen?
Mi az?	Mit óhajt?	Mi a baj?
'mi 'ɔz	'mit o:hɔjt	'mi ɔ 'bɔj

Was ist passiert?	Was kostet das?	Was suchen Sie?
Mi történt?	Mibe kerül?	Mit keres?
'mi tørte:nt	'mibɛ kɛryl	'mit kɛrɛʃ

In welchem Jahr?	Wem?	Wem gehört das?	Wen?
Melyik évben?	Kinek?	Kié ez?	Kit?
'mɛjik e:vbɛn	'kinɛk	'kie: 'ɛz	'kit

Wen suchen Sie?	Wer?	Wer ist da?	Wer ist das?
Kit keres?	Ki?	Ki van itt?	Ki az?
'kit kɛrɛʃ	'ki	'ki vɔn 'it:	'ki 'ɔz

Wer kann das machen?	Wie?	Wie lange?	Wie bitte?
Ki tudja megcsinálni?	Hogy(an)?	Meddig?	Tessék?
'ki 'tudʒɔ 'mɛktʃina:lni	'hoɟ(ɔn)	'mɛd:ig	'tɛʃ:e:k

Wie gefällt *Ihnen (dir)* ...?	Wie heißt diese Straße?
Hogy tetszik *Önnek (neked)* ...?	Hogy hívják ezt az utcát?
'hoɟ tɛts:ik øn:ɛk ('nɛkɛd)	'hoɟ hi:vja:k 'ɛst ɔz 'uts:a:t

Wie komme ich *nach (zum, zur)* ...?
Hogy jutok el ...*-ba/-be (-hoz/-hez/-höz)*?
'hoɟ jutok ɛl '...bɔ/bɛ (hoz/hɛz/høz)

Wie lange dauert das?	Wieviel?	Wieviel bekommen Sie?
Meddig tart?	Mennyi?	Mennyit fizetek?
'mɛd:ik 'tɔrt	'mɛɲ:i	'mɛɲ:it fizɛtɛk

Wieviel ist es?	Wo?	Wo sind wir?	Wo *sind (ist)* ...?
Ez mennyi (be kerül)?	Hol?	Hol vagyunk?	Hol *vannak (van)* ...?
'ɛz 'mɛɲ:i (bɛ 'kɛryl)	'hol	'hol vɔdunk	'hol vɔn:ɔk (vɔn)

Wo kann ich … bekommen?
Hol kaphatok …?
'hol 'kɔphɔtok

Wo kann man…?
Hol lehet …?
'hol 'lɛhɛt

Woher?
Honnan?
'honːɔn

Woher wissen Sie es?
Honnan tudja?
'honːɔn 'tudjɔ

Wohin?
Hová?
'hovaː

Wohin *fahren (gehen)* **wir?**
Hová megyünk?
'hovaː 'mɛdynk

Wohin führt diese Straße?
Hová vezet ez az utca?
'hovaː 'vɛzɛt 'ɛz ɔz 'utsɔ

Darf man hier *rauchen (fotografieren)* **?**
Szabad itt *dohányozni (fényképezni)*?
'sɔbɔd 'id: 'dohaːɲozni ('feːɲkeːpɛzni)

Darf ich …?
Szabad …?
'sɔbɔd

Brauchen Sie …?
Szüksége van …?
'sykʃeːgɛ 'vɔn

Haben Sie …?
Van Önnek …?
'vɔn ønːɛk

Wollen Sie …?
Akar …?
'ɔkɔr

Bekommt man hier …?
Kapható itt …?
'kɔphɔtoː 'itː

Können Sie …?
Tud …?
'tud

Ist *hier (dort)* **…?**
Van *itt (ott)*?
'vɔn 'itː ('otː)

Bitte, Wunsch

Ich habe an Sie eine (große) Bitte.
Van egy (nagy) kérésem Önhöz.
'vɔn ɛɟ ('nɔd) 'keːreːʃɛm 'ønhøz.

Seien Sie so lieb …
Legyen szíves …
'lɛɟɛn 'siːvɛʃ

Würden Sie mir bitte … *zeigen (reichen)*.
Megmutatná (Ideadná) kérem a …
'mɛgmutɔtna: ('idɛɔdnaː) 'keːrɛm ɔ

Bringen (Geben) Sie mir bitte …
Hozza (Adja) ide kérem a …
'hozːɔ ('ɔdːɔ) idɛ 'keːrɛm ɔ

Ich hätte gern ein(en)…
Kérek egy …-t
'keːrɛk ɛɟ '…t

Helfen Sie *mir (uns)* **bitte.**
Segítsen *nekem (nekünk)*, kérem.
'ʃɛgiːtʃɛn nɛkɛm (nɛkynk) 'keːrɛm

Warten Sie bitte.
Várjon, kérem.
'vaːrjon 'keːrɛm

Haben Sie etwas dagegen, wenn ich …?
Van valami kifogása azellen, ha …?
'vɔn vɔlɔmi 'kifogaːʃɔ 'ɔzɛlːɛn 'hɔ

Haben Sie Feuer?
Van tüze?
'vɔn 'tyzɛ

Dank

Danke (sehr)!
(Nagyon) Köszönöm!
('nɔdɔn) 'køsønøm

Danke, gleichfalls!
Köszönöm, viszont!
'køsønøm 'visont

Herzlichen Dank für Ihre Hilfe!
Nagyon köszönöm a segítségét!
'nɔdɔn 'køsønøm ɔ ʃɛgiːtʃeːgeːt

Sehr liebenswürdig!
Nagyon kedves!
'nɔdɔn 'kɛdvɛʃ

Danken Sie bitte in meinem Namen …
Köszönje meg kérem a nevemben a…
'køsønːɛ mɛk keːrɛm ɔ 'nɛvɛmbɛn ɔ

Bitte sehr, keine Ursache!
Nagyon szívesen, nincs mit!
'nɔdɔn 'siːvɛʃɛn 'nintʃ 'mit

Bejahung, Unentschlossenheit

Ja!
Igen!
'igɛn

Natürlich!
Természetesen!
'tɛrmeːsɛtɛʃɛn

Sehr gern!
Nagyon szívesen!
'nɔdɔn 'siːvɛʃɛn

Mit Vergnügen!
Örömmel!
'ørømːɛl

In Ordnung!
Rendben!
'rɛndbɛn

Gut!
Jó!
'joː

Selbstverständlich!
Magától értetődik!
'mɔgaːtoːl 'eːrtɛtøːdik

Richtig!
Helyes!
'hɛjɛʃ

Vielleicht.
Talán.
'tɔlaːn

Wahrscheinlich.
Valószínűleg.
'vɔloːsiːnyːlɛg

Ich weiß es nicht.
Nem tudom.
'nɛm tudom

Kaum.
Aligha.
'ɔlikhɔ

Ablehnung, Verneinung

Nein.
Nem.
'nɛm

Nein, danke.
Köszönöm, nem.
'køsønøm 'nɛm

Auf keinen Fall.
Semmi esetre sem.
'ʃɛmːi 'ɛʃɛtrɛ ʃɛm

Ich *kann (will)* nicht.
Nem *tudok (akarok)*.
'nɛm tudok (ɔkɔrok)

Das geht nicht.
Az nem megy.
'ɔz 'nɛm mɛɟ

Unmöglich!
Lehetetlen!
'lɛhɛtɛtlɛn

Entschuldigung, Bedauern

Entschuldigung!	**Verzeihen Sie!**	**Es tut mir (sehr) leid.**
Bocsánat!	Bocsásson meg!	(Nagyon) Sajnálom.
'botʃa:nɔt	'botʃa:ʃ:on mɛg	('nɔɖɔn) 'ʃɔjna:lom

Entschuldigen Sie mich bitte (einen Augenblick).
Bocsásson meg, kérem (egy pillanatra).
'botʃa:ʃ:on mɛk ke:rɛm (ɛʧ 'pil:ɔnɔtrɔ)

Schade!	**Wie schade!**	**Ich bedauere sehr, daß …**
Kár!	Milyen kár!	Nagyon sajnálom, hogy …
'ka:r	'mijen 'ka:r	'nɔɖɔn 'ʃɔjna:lom hoɖ

Das wollte ich nicht.	**Es ist sehr unangenehm.**
Nem akartam.	Nagyon kellemetlen.
'nɛm ɔkɔrtɔm	'nɔɖɔn 'kɛl:ɛmɛtlɛn

Glückwünsche und Beileid

Herzlichen Glückwunsch zum Namenstag!
Fogadja jókívánságaimat a névnapjára!
'fogɔdjɔ 'jo:ki:va:nʃa:gɔimɔt ɔ 'ne:vnɔpja:rɔ

Herzlichen Glückwunsch zum Geburtstag!	**Gratuliere!**
Fogadja jókívánságaimat a születésnapjára!	Gratulálok!
'fogɔdjɔ 'jo:ki:va:nʃa:gɔimɔt ɔ 'sylɛte:ʃnɔpja:rɔ	'grɔtula:lok

Wir gratulieren *zur Verlobung (zu diesem Erfolg)* **!**
Gratulálunk *az eljegyzéshez (ehhez a sikerhez)* !
'grɔtula:lunk ɔz 'ɛljɛɖzɛ:ʃhɛz ('ɛh:ɛz ɔ 'ʃikɛrhɛz)

Frohes Fest!	**Ein gutes Neues Jahr!**	**Viel Glück!**
Boldog ünnepet!	Boldog új évet!	Sok szerencsét!
'boldog 'yn:ɛpɛt	'boldog 'u:j e:vɛt	'ʃok 'sɛrɛnʧe:t

Ich wünsche *(Ihnen/dir)* **alles Gute!**	**Gute Besserung!**
Minden jót kívánok *(Önnek/neked)* !	Jobbulást (kívánok)!
'mindɛn jo:t 'ki:va:nok (øn:ɛk/nɛkɛd)	job:ula:ʃt (ki:va:nok)

Mein aufrichtiges Beileid!	**Herzliche Anteilnahme!**
Őszinte részvétem!	Fogadja részvétemet!
'ø:sintɛ 're:zvetɛm	'fogɔdjɔ 're:zvetɛmɛt

Lob, Anerkennung ·

Sehr gut!
Nagyon jó!
'nɔɟon 'jo:

Das gefällt *mir (uns)* (ganz besonders).
Ez (különösen) tetszik *nekem (nekünk)*.
'ɛs ('kylønøʃɛn) tɛts:ik nɛkɛm (nɛkynk)

Das *ist (war)* sehr schön.
Nagyon *szép (széb volt)*.
'nɔɟon 'se:p ('se:b volt)

Ausgezeichnet!
Kitűnő!
'kity:nø:

Herrlich!
Pompás!
'pompa:ʃ

Das schmeckt vorzüglich!
Nagyon ízlik.
'nɔɟon 'i:zlik

Die Küche hier ist sehr gut.
Itt nagyon jó a konyha.
'it: 'nɔɟon 'jo: ɔ 'koɲhɔ

Wir sind (mit dem Service) sehr zufrieden.
Nagyon elégedettek vagyunk (a szervízzel).
'nɔɟon 'ɛle:gɛdɛt:ɛk vɔɟunk (ɔ 'sɛrvi:z:ɛl)

Das war sehr *interessant (amüsant)*.
Nagyon *érdekes (szórakoztató)* volt.
'nɔɟon 'e:rdɛkɛʃ ('so:rɔkostɔto:) volt

Es war prima!
Remek volt!
'rɛmɛk volt

... ist eine sehr schöne Stadt.
... nagyon szép város.
...'nɔɟon 'se:p 'va:roʃ

Beschwerden

Ich muß mich beschweren.
Panaszt kell tennem.
'pɔnɔst kɛl: 'tɛn:ɛm

Ich möchte den Chef sprechen.
Szeretnék a fönökkel beszélni.
'sɛrɛtne:k ɔ 'fø:nøk:ɛl 'bɛse:lni

Wo kann ich mich (über ...) beschweren?
Hol tehetek panaszt (a ... miatt)?
'hol tɛhɛtɛk 'pɔnɔst (ɔ... miɔtt)

... ist kaputt.
... elromlott.
...'ɛlromlot:

Es *fehlt (fehlen)* ...
Hiányzik *(-anak)* ...
'hia:ɲzik (-ɔnɔk)

Ich habe *kein (keine)* ...
Nekem *nincs (nincsenek)* ...
'nɛkɛm 'nintʃ ('nintʃɛnɛk)

Verständigung

Sprechen Sie Deutsch? **Englisch?** **Französisch?**
Beszél németül? Angolul? Franciául?
'bɛseːl 'neːmɛtyl 'ɔngolul 'frɔntsiaːul

Ich spreche nur ein bißchen Ungarisch.
Csak egy kicsit tudok magyarul.
'tʃɔk ɛɟ 'kitʃit tudok 'mɔdʒorul

Verstehen Sie mich? **Sprechen Sie bitte etwas langsamer.**
Ért engem? Beszéljen kérem egy kicsit lassabban!
'eːrt ɛngɛm 'bɛseːljɛn keːrɛm ɛɟ 'kitʃit 'lɔʃːɔbːɔn

Ich verstehe Sie nicht. **Ich habe nicht alles verstanden.**
Nem értem. Nem értettem meg mindent.
'nɛm eːrtɛm 'nɛm eːrtɛtːɛm mɛg 'mindɛnt

Wie heißt … auf ungarisch? **Wie heißt das auf ungarisch?**
Hogy mondják magyarul …? Mit jelent ez magyarul?
'hoɟ mondːaːk 'mɔdʒorul 'mit jɛlɛnt ɛz 'mɔdʒorul

Wie spricht man dieses Wort aus? **Spreche ich richtig?**
Hogy ejtik ki ezt a szót? Helyesen mondom?
'hoɟ ɛjtik ki 'ɛst ɔ 'soːt 'hɛjɛʃɛn 'mondom

Könnten Sie mir das bitte übersetzen?
Le tudná nekem fordítani, kérem?
'lɛ tudnaː nɛkɛm 'forditːoni 'keːrɛm

Buchstabieren (Wiederholen) Sie das bitte!
Betűzze (Ismételje), kérem!
'bety:zːɛ ('iʃmeːtɛljɛ) 'keːrɛm

Verbessern Sie mich, wenn ich Fehler mache.
Javítson ki, kérem, ha hibázom.
'jɔviːtʃːon ki 'keːrɛm 'hɔ 'hibaːzom

Es ist nicht ganz so einfach, Ihre Sprache zu sprechen.
Nem olyan egyszerű az Önök nyelvén beszélni.
'nɛm ojɔn 'ɛtsːɛry ɔz 'ønøk ɲɛlveːn 'bɛseːlni

Wetter

Wie wird das Wetter?
Milyen lesz az idő?
'mijɛn lɛs ɔz 'idø:

Was meldet der Wetterbericht?
Mit mond az időjárás-jelentés?
'mit mond ɔz 'idøja:ra:ʃjɛlɛntɛʃ

Das Barometer *steigt (fällt)* **.**
A barométer *emelkedik (süllyed)*.
ɔ 'bɔrometɛr 'ɛmɛlkɛdik ('ʃyj:ɛd)

Gibt es *Regen (Sturm)* **?**
Eső (Vihar) van?
'ɛʃø: ('vihɔr) vɔn

schönes Wetter	..... szép idő	.... 'se:p 'idø:
schlechtes Wetter	... rossz idő	.... 'ros 'idø:
wechselhaftes Wetter	változékony idő	..... 'va:ltoze:koɲ 'idø:

Das Wetter wird sich ändern.
Változni fog az idő.
'va:ltozni fog ɔz 'idø:

Es sieht nach *Regen (Sturm)* **aus.**
Úgy látszik, *eső (vihar)* lesz.
'u:ɟ la:tsik 'ɛʃø: ('vihɔr) lɛs

Bleibt das Wetter schön?
Szép marad az idő?
'se:p mɔrɔd ɔz 'idø:

Es bleibt schön.
Szép marad az idő.
'se:p mɔrɔd ɔz 'idø:

Es wird wieder schön.
Újra szép idő lesz.
'u:jrɔ 'se:p idø: lɛs

Das Wetter ist *herrlich (scheußlich)* **.**
Pompás (Pocsék) idő van.
'pompa:ʃ (potʃe:k) idø: vɔn

Es ist (sehr) glatt.	**Es ist (ziemlich) heiß.**	**Es ist schwül.**
(Nagyon) Síkos.	(Elég) Meleg.	Az idő fülledt.
('nɔɟon) 'ʃi:koʃ	('ɛlɛ:g) 'mɛlɛg	'ɔz idø: 'fyl:ɛt:

Es ist ...	**- (sehr) windig.**	**- stürmisch.**	**Es taut.**
Az idő ...	- (nagyon) szeles.	- viharos.	Olvad.
ɔz 'idø:	('nɔɟon) 'sɛlɛs	'vihɔroʃ	'olvɔd

Wieviel Grad haben wir?
Hány fok van?
'ha:ɲ fog vɔn

Es ist ... Grad *über (unter)* **Null.**
Plusz (Minusz) ... fok.
'plus ('minus) ... 'fok

Der Wind hat sich *gelegt (gedreht)* **.**
Elült (Megfordult) a szél.
'ɛlylt ('mɛkfordult) ɔ 'se:l

Der See ist (recht) stürmisch.
A tó (nagyon) viharos.
ɔ 'to: ('nɔɟon) 'vihɔroʃ

Wir werden ein Gewitter bekommen.
Zivatar lesz.
'zivɔtɔr lɛs

Es blitzt (und donnert) schon.
Már villámlik (és dörög).
'maːr 'vilːaːmlik (eːʒ 'dørøg)

Wird sich der Nebel (bald) auflösen?
Felszáll a köd (hamarosan)?
'fɛlsaːlː ɔ 'kød ('hɔmɔroʃɔn)

Die Sicht ist schlecht.
Rosszak a látási viszonyok.
'rosːɔk ɔ 'laːtaːʃi 'visoɲok

Es hat aufgehört zu regnen.
Elállt az eső.
'ɛlaːlːt ɔz 'ɛʃøː

Es klärt sich auf.
Kiderül.
'kidɛryl

Die Sonne *scheint (brennt, verkriecht sich)* **.**
A nap *süt (tűz, elbújik)*.
ɔ 'nɔp 'ʃyt ('tyːz 'ɛlbuːjik)

Der Himmel ist klar.
Derült az ég.
'dɛrylt ɔz 'eːg

Ist die Straße nach ... passierbar?
Járható az út ... felé?
'jaːrhɔtoː ɔz 'uːt ... fɛleː

Was meldet der Straßenzustandsbericht?
Mit jelent az Útinform?
'mit jɛlɛnt ɔz 'uːtinform

Barometer	barométer	'bɔromeːtɛr
bewölkt	felhős	'fɛlhøːʃ
Bewölkung	felhőzet	'fɛlhøːzɛt
Blitz	villám	'vilːaːm
Dämmerung	alkonyat	'ɔlkoɲɔt
Donner	mennydörgés	'mɛɲːdørgeːʃ
Dunst	pára	'paːrɔ
dunstig	párás	'paːraːʃ
Eis	jég	'jeːg
feucht	nyirkos	'ɲirkoʃ
Frost	fagy	'fɔɟ
– es friert	fagy (van)	'fɔɟ (vɔn)
Gewitter	zivatar	'zivɔtɔr
Glatteis	sikosság	'ʃiːkoʃːaːg
Hagel	jégeső	'jeːgɛʃøː
Hitze	hőség	'høːʃeːg

Klima	éghajlat	'eːkhɔjlɔt
Luft	levegő	'lɛvɛgøː
Luftdruck	légnyomás	'leːgɲomaːʃ
Luftfeuchtigkeit	páratartalom	paːrɔtɔrtɔlom
Mond	hold	'hold
– Neumond	újhold	'uːjhold
– Vollmond	telihold	'tɛlihold
Nebel	köd	'kød
neblig	ködös	'kødøʃ
Niederschläge	csapadék *Sg.*	'tʃɔpɔdeːk
Regenschauer	zápor	'zaːpor
Schnee	hó	'hoː
– es schneit	havazik	'hɔvɔzik
Schneegestöber	hófúvás	'hoːfuːvaːʃ
Schwüle	fülledtség	'fylːɛtʃeːg
Sicht	látási viszonyok *Pl.*	'laːtaːʃi 'visoɲok
Sonne	nap	'nɔp
Sonnenaufgang	napfelkelte	'nɔpfɛlkɛltɛ
Sonnenuntergang	naplemente	'nɔplɛmɛntɛ
Stern	csillag	'tʃilːɔg
Straßenzustand	az út állapota	ɔz 'uːt 'aːlːɔpotɔ
Sturmwarnung	viharjelzés	'vihɔrjɛlzeːʃ
Tauwetter	olvadás	'olvɔdaːʃ
Temperatur	hőmérséklet	'høːmeːrʃeːklɛt
Wetteraussichten	várható időjárás	'vaːrhɔtoː
		'idøːjaːraːʃ
Wetterprognose	időjárás-jelentés	'idøjaːraːʃjɛlɛnteːʃ
Wind	szél	'seːl
– Nordwind	északi szél	'eːsɔki 'seːl
– Ostwind	keleti szél	'kɛlɛti 'seːl
– Südwind	déli szél	'deːli 'seːl
– Westwind	nyugati szél	'ɲugɔti 'seːl
Windrichtung	szélirány	'seːliraːɲ
Wolke	felhő	'fɛlhøː
Regenwolke	esőfelhő	'ɛʃøːfɛlhøː
Wolkenbruch	felhőszakadás	'fɛlhøːsɔkɔdaːʃ

Zahlen

Grundzahlen

1	....egy	.....ɛdʒ, ɛdʒ	6	....hat	....hɔt
2	....kettő/két	...'kɛtːøː/keːt	7	....hét	....heːt
3	....három	...'haːrom	8	....nyolc	....ɲolts
4	....négy	.....'neːdʒ	9	...kilenc	.....'kilɛnts
5	....öt	.......'øt	10	....tíz	.......tiːz

Die Form kettő wird prädikativ, két attributiv gebraucht:
Wieviel Stück sind es? – Zwei .... Hány darab? – Kettő.
háːɲ 'dɔrɔb – 'kɛtːøː
Zwei Stück .... Két darab. keːd 'dɔrɔb

11	....	tizenegy	'tizɛnɛdʒ
12	....	tizenkettő/tizenkét	'tizɛn'kɛtːøː
			'tizɛnkeːt
13	....	tizenhárom	'tizɛn'haːrom
14	....	tizennégy	'tizɛneːdʒ
15	....	tizenöt	'tizɛnøt
16	....	tizenhat	'tizɛnhɔt
17	....	tizenhét	'tizɛnheːt
18	....	tizennyolc	'tizɛɲolts
19	....	tizenkilenc	'tizɛn'kilɛnts
20	....	húsz	'huːs
21	....	huszonegy	'husonɛdʒ
22	....	huszonkettő/	'huson'kɛtːøː
		huszonkét	'husonkeːt
23	....	huszonhárom	'huson'haːrom
24	....	huszonnégy	'husoneːdʒ
30	....	harminc	'hɔrmints
31	....	harmincegy	'hɔrmintsɛdʒ
40	....	negyven	'nɛdʒvɛn
50	....	ötven	'ødvɛn
60	....	hatvan	'hɔdvɔn
70	....	hetven	'hɛdvɛn
80	....	nyolcvan	'ɲoldzvɔn
90	....	kilencven	'kilɛndzvɛn
100	....	száz	saːz
101	....	százegy	'saːzɛdʒ
200	....	kétszáz	'keːtsaːz
300	....	háromszáz	'haːromsaːz

400	négyszáz	ˈneːtsaːz
500	ötszáz	ˈøtsaːz
1 000	ezer	ˈɛzɛr
2 000	kétezer	ˈkeːtɛzɛr
3 000	háromezer	ˈhaːromɛzɛr
10 000	tízezer	ˈtiːzɛzɛr
100 000	százezer	ˈsaːzɛzɛr
1 000 000	(egy) millió	ˈɛɟmilːioː

Ordnungszahlen

1.	első	ˈɛlʃøː	**6.**	hatodik	ˈhɔtodik
2.	második	ˈmaːʃodik	**7.**	hetedik	ˈhɛtɛdik
3.	harmadik	ˈhɔrmɔdik	**8.**	nyolcadik	ˈɲoltsɔdik
4.	negyedik	ˈnɛɟɛdik	**9.**	kilencedik	ˈkilɛntsɛdik
5.	ötödik	ˈøtødik	**10.**	tizedik	ˈtizɛdik

11.	tizenegyedik	ˈtizɛnˈɛɟɛdik
12.	tizenkettedik	ˈtizɛnˈkɛtːɛdik
13.	tizenharmadik	ˈtizɛnˈhɔrmɔdik
14.	tizennegyedik	ˈtizɛnːɛɟɛdik
15.	tizenötödik	ˈtizɛnˈøtødik
16.	tizenhatodik	ˈtizɛnˈhɔtodik
17.	tizenhetedik	ˈtizɛnˈhɛtɛdik
18.	tizennyolcadik	ˈtizɛɲːoltsɔdik
19.	tizenkilencedik	ˈtizɛnˈkilɛntsɛdik
20.	huszadik	ˈhusɔdik
21.	huszonegyedik	ˈhusonˈɛɟːɛdik
30.	harmincadik	ˈhɔrmintsɔdik
40.	negyvenedik	ˈnɛɟvɛnɛdik
50.	ötvenedik	ˈødvɛnɛdik
60.	hatvanadik	ˈhɔdvɔnɔdik
70.	hetvenedik	ˈhɛdvɛnɛdik
80.	nyolcvanadik	ˈɲoldzvɔnɔdik
90.	kilencvenedik	ˈkilɛndzvɛnɛdik
100.	századik	ˈsaːzɔdik
101.	százegyedik	ˈsaːzɛɟɛdik
200.	kétszázadik	ˈkeːtsaːzɔdik
1 000.	ezredik	ˈɛzrɛdik
10 000.	tízezredik	ˈtiːzɛzrɛdik
100 000.	százezredik	ˈsaːzɛzrɛdik
1 000 000.	milliomodik	ˈmilːiomodik

Uhrzeit

Wie spät ist es?
Hány óra?/Mennyi az idő?
'ha:ɲ o:rɔ/'mɛɲːi ɔz 'idøː

Haben Sie genaue Zeit?
Tudja a pontos időt?
'tudːjɔ ɔ 'pontoʃ 'idøt

Es ist ...
... van.
... vɔn

... ein Uhr (Sommerzeit, Ortszeit).
Egy óra (nyári időszámítás, helyi idő szerint) ...
'ɛɟ 'øːrɔ (ɲaːri 'idøː'saːmiːtaːʃ, 'hɛji 'idøː 'sɛrint

... *genau (ungefähr)* drei Uhr.
Pontosan (Körülbelül) három óra ...
'pontoʃɔn ('køryblɛlyl) 'ha:rom'øːrɔ

Ein Viertel nach fünf.
Negyed hat.
'nɛɟɛt 'hɔt

... halb 7 (6 Uhr 30).
Fél hét (Hat óra 30) ...
'feːl 'heːt ('hɔt oːrɔ 'hɔrmints)

... dreiviertel neun.
Háromnegyed kilenc ...
'ha:romnɛɟɛt 'kilɛnts

... fünf (Minuten) nach vier.
Öt perccel múlt négy (óra) ...
'øt 'pɛrtsːɛl 'muːlt 'neːɟ ('oːrɔ)

... zehn (Minuten) vor acht.
Tíz perc múlva nyolc (óra) ...
'tiːs 'pɛrts 'muːlvɔ 'ɲolts ('oːrɔ)

Wann? Um wieviel Uhr? Mikor? Hánykor?   'mikor, 'ha:ɲkor

Um zehn Uhr.
Tízkor/Tíz órakor.
'tiːskor/'tiːz 'oːrɔkor

Pünktlich um elf.
Pontosan tizenegykor.
'pontoʃɔn 'tiːzɛnɛɟkor

Von vier bis fünf.
Négytől ötig.
'neːɟtøːl 'øtig

Um 9 Uhr 30.
Kilenc harminckor.
'kilɛnts 'hɔrmintskor

Um 20 Uhr 15.
Húsz óra tizenötkor.
'huːs 'oːrɔ 'tizɛnøtkor

Bis acht Uhr abends.
Este nyolcig.
'ɛʃtɛ 'ɲoltsig

Zwischen fünf und sechs.
Öt és hat között.
'øt eːʃ 'hɔt 'køzøt

(Etwa) Um fünf Uhr nachmittags.
(Körülbelül) Délután ötkor.
('kørylbɛlyl) 'deːlutaːn 'øtkor

Um sieben Uhr *abends (morgens)*.
Este (Reggel) hétkor/hét órakor.
'ɛʃtɛ ('rɛgːɛl) 'heːtkor/'heːt 'oːrɔkor

In *zehn Minuten (einer halben Stunde, einer Stunde, zwei Stunden)*.
Tiz perc (Fél óra, Egy óra, Két óra) múlva.
'tiːs 'pɛrts ('feːl 'oːrɔ, 'ɛɟ 'oːrɔ, 'keːt 'oːrɔ) 'muːlvɔ

Vor einer Viertelstunde.   **Kurz nach neun Uhr.**
Negyed órával ezelőtt.   Röviddel kilenc óra után.
'nɛɟɛd 'oːraːvɔl 'ɛzɛløːt   'røːvidːɛl 'kilɛnts 'oːrɔ 'utaːn

Nicht vor 9 Uhr.   **Es ist (zu) spät.**   **Es ist (noch) zu früh.**
Kilenc előtt nem.   (Túl) Késő van.   (Még) Túl korán van.
'kilɛnts 'ɛløːt 'nɛm   ('tuːl) 'keːʃøː vɔn   ('meːg) 'tuːl 'koraːn vɔn

Geht diese Uhr richtig?   **Sie geht *vor (nach)*.**
Jól jár ez az óra?   *Siet (Késik)*.
'joːl 'jaːr 'ɛz ɔz 'oːrɔ   'siɛt ('keːʃik)

Allgemeine Zeitangaben

Deutsch	Ungarisch	Aussprache
abends	este	'ɛʃtɛ
am Tage	nappal	'nɔpːɔl
bald	hamarosan	'hɔmɔroʃɔn
früher	korábban	'koraːbːɔn
ganzjährig	egész évben	'ɛgeːs 'eːvbɛn
gegen Abend	este felé	'ɛʃtɛ 'fɛlɛː
gestern	tegnap	'tɛgnɔp
heute	ma	'mɔ
jederzeit	mindenkor	'mindɛnkor
jetzt	most	'moʃt
manchmal	néha	'neːhɔ
mittags	délben	'deːlbɛn
morgen	holnap	'holnɔp
morgens	reggel	'rɛgːɛl
nachher	azután	'ɔzutaːn
nachmittags	délután	'deːlutaːn
nachts	éjjel	'eːjːɛl
rechtzeitig	idejében	'idɛjeːbɛn
später	később	'keːʃøːbː
stündlich	óránként	'oːraːnkeːnt
täglich	naponta	'nɔpontɔ
Tag und Nacht	éjjel-nappal	'eːjːɛl 'nɔpːɔl

übermorgen	....	holnapután	....	'holnɔputaːn
um Mitternacht	....	éjfélkor	....	'eːjfeːlkor
vorgestern	....	tegnapelőtt	....	'tɛgnɔpɛløːt
vorher	....	előtte, azelőtt	....	'ɛløːtːɛ 'azɛløːt
vor kurzem	....	az előbb	....	ɔz 'ɛløːbː
vorläufig	....	egyelőre	....	'ɛɟɛløːrɛ

Heute *morgen (mittag, abend, nacht)*.
Ma reggel (délben, este, éjjel).
'mɔ 'rɛgːɛl ('deːlbɛn, 'ɛʃtɛ, 'eːjːɛl)

Morgen früh.
Holnap reggel.
'holnɔp 'rɛgːɛl

Heute *vormittag (nachmittag)*.
Ma délelőtt (délután).
'mɔ 'deːlɛløːt ('deːlutaːn)

In 14 Tagen.
14 nap múlva.
'tizɛnːeːɟ nɔp 'muːlvɔ

Gestern *nachmittag (abend)*.
Tegnap délután (este).
'tɛgnɔb 'deːlutaːn ('ɛʃtɛ)

Vor zwei *Tagen (Wochen)*.
Két nappal (héttel) ezelőtt.
'keːt 'nɔpːɔl ('heːtːɛl) 'ɛzɛløːt

Für zwei *Tage (Wochen)*.
Két napra (hétre).
'keːt 'nɔprɔ ('heːtrɛ)

Am Wochenende.
A hétvégén.
ɔ 'heːtveːgeːn

Jeden Tag.
Minden nap.
'mindɛn 'nɔp

Jeden zweiten Tag.
Minden másnap.
'mindɛn 'maːʃnɔp

Nächste Woche.
Jövő héten.
'jøvøː 'heːtɛn

In zwei Monaten.
Két hónap múlva.
'keːt 'hoːnɔp 'muːlvɔ

Voriges *(Nächstes)* **Jahr.**
Múlt (Jövő) évben.
'muːlt ('jøvøː) 'eːvbɛn

Von Zeit zu Zeit.
Időről időre.
'idøːrøːl 'idøːrɛ

Um diese Zeit.
Ilyen (idő) tájt.
'ijɛn ('idøː) 'taːjt

Ich habe keine Zeit.
Nincs időm.
'nintʃ 'idøːm

Wir haben noch eine Stunde Zeit.
Van még egy óránk.
'vɔn meːg ɛɟ 'oːraːnk

Ich habe mich verspätet.
Elkéstem.
'ɛlkeːʃtɛm

Sie kommen zu spät.
Elkésnek.
'ɛlkeːʃnɛk

Wochentage

Montag	hétfő	'heːtføː
Dienstag	kedd	'kɛd:
Mittwoch	szerda	'sɛrdɔ
Donnerstag	csütörtök	'tʃytørtøk
Freitag	péntek	'peːntɛk
Sonnabend/Samstag	szombat	'sombɔt
Sonntag	vasárnap	'vɔʃaːrnɔp

Monate

Januar	január	'jɔnuaːr
Februar	február	'fɛbruaːr
März	március	'maːrtsiuʃ
April	április	'aːpriliʃ
Mai	május	'maːjuʃ
Juni	június	'juːniuʃ
Juli	július	'juːliuʃ
August	augusztus	'ɔugustuʃ
September	szeptember	'sɛptɛmbɛr
Oktober	október	'oktoːbɛr
November	november	'novɛmbɛr
Dezember	december	'dɛtsɛmbɛr

Jahreszeiten

Frühling	tavasz	'tɔvɔs
Sommer	nyár	ɲaːr
Herbst	ősz	øːs
Winter	tél	teːl

Feiertage

Feiertage	hivatalos ünnepek	'hivɔtɔloʃ 'ynːɛpɛk
Neujahr(stag)	újév (napja)	'uːjeːv ('nɔpjɔ)
Ostern	húsvét	'huːʒveːt
Tag der Befreiung	A felszabadulás	ɔ 'fɛlsɔbɔdulaːʃ
(4. April)	ünnepe (április	'ynːɛpɛ
	negyedike)	('aːpriliʃ 'ɲɛdʑɛdikɛ)
Maifeier (1. Mai)	A munka ünnepe	ɔ 'munkɔ 'ynːɛpɛ
	(május elseje)	('maːjuʃ 'ɛlʃɛjɛ)
Weihnachten	karácsony	'kɔraːtʃoɲ

Datum

Welches Datum haben wir heute?
Milyen nap van ma?
'mijɛn nɔb vɔn 'mɔ

Heute ist der 2. Juli.
Ma július másodika van.
'mɔ 'juːliuʃ 'maːʃodikɔ vɔn

Am 15. Mai 1984.
1984. május tizenötödikén.
'ɛzɛr'kilɛntssaːz' n̩oldzvɔnneːd̩ 'maːjuʃ 'tizɛn'øtødikeːn

Am 4. *dieses (nächsten)* Monats.
E *(Jövő)* hónap negyedikén.
'ɛ ('jøvøː) 'hoːnɔp 'nɛd̩ɛdikeːn

Bis zum 10. März.
Március tizedikéig.
'maːrtsiuʃ 'tizɛdikeːig

Am 1. April *dieses (vergangenen)* Jahres.
Ez *(Múlt)* év április negyedikén.
'ɛz ('muːlt) 'eːv 'aːpriliʃ 'nɛd̩ɛdikeːn

Wir reisen am 20. September ab.
Szeptember huszadikán elutazunk.
'sɛptɛmbɛr 'husɔdikaːn 'ɛlutɔzunk

Montag
30
APRIL

Wir sind am 12. August angekommen.
Augusztus tizenkettedikén érkeztünk.
'ɔugustuʃ 'tizɛnkɛtːɛdikeːn 'eːrkɛstynk

Wir fahren am 20. ab (weiter nach ...).
Huszadikán indulunk (továbbutazunk ...-*ba/-be*).
'husɔdikaːn 'indulunk ('tovaːbːutɔzunk ...bɔ/bɛ)

Der Brief wurde am 9. Juni abgeschickt.
Június kilencedikén küldték el a levelet.
'juːniuʃ 'kilɛntsɛdikeːn 'kyltːeːk 'ɛl ɔ 'lɛvɛlet

Alter, Familie

Wie alt sind Sie?
Ön hány éves?
'øn 'haːɲ eːvɛʃ

Wie alt *ist er/sie (bist du)*?
Hány *éves (éves vagy)*?
'haːɲ eːvɛʃ (eːvɛʒ vɔɟ)

Ich bin *über 18 (30)* Jahre alt.
Tizennyolc múltam (Harmincéves vagyok).
'tizɛnnjolts 'muːltɔm ('hɔrmintse:vɛʒ 'vɔɟok)

Sind Sie verheiratet?
Nős (Frau: Férjnél van)?
'nøːʃ (*Frau:* 'feːrjneːl vɔn)

Haben Sie Kinder? Ja/Noch nicht.
Van gyereke? Igen/Még nincs.
'vɔn ɟɛrɛkɛ 'igɛn/'meːg 'nintʃ

Wann *sind Sie (bist du)* geboren?
Mikor született (születtél)?
'mikor 'sylɛtɛt ('sylɛtːeːl)

Ich bin am ... geboren.
...-án/-én születtem.
'... aːn/eːn 'sylɛtːɛm

Er ist *älter (jünger)* als ich.
Idősebb (Fiatalabb) nálam.
'idøːʃɛb ('fiɔtɔlɔbː) naːlɔm

Sie ist schon erwachsen.
Már felnőttek.
'maːr 'fɛlnøːtːɛk

In *meinem (Ihrem)* Alter.
Az én koromban (Ön korában).
'ɔz 'eːn 'korombɔn ('øn 'koraːbɔn)

Kinder unter ... Jahren.
...éven aluli gyerekek.
'eːvɛn 'ɔluli 'ɟɛrɛkɛk

alt/jung	öreg/fiatal	'øreg/'fiɔtɔl
Bruder (jünger/älter)	öcs/bátya	'øtʃ/'baːtɔ
Cousin(e)	unokatestvér	'unokɔ'tɛʒdveːr
(Ehe-)Mann/Frau	férj/feleség	'feːrj/'fɛlɛʃeːg
Eltern	szülők	'syløːk
Enkelkind	unoka	'unokɔ
Familie	család	'tʃɔlaːd
Großmutter	nagyanya	'nɔɟɔɲɔ
Großvater	nagyapa	'nɔɟɔpɔ
Junge/Mädchen	fiú/lány	'fiu:/'laːɲ
Mutter/Vater	anya/apa	'ɔɲɔ/'ɔpɔ
–Stiefmutter	– nevelőanya	'nɛvɛløː'ɔɲɔ
–Stiefvater	– nevelőapa	'nɛvɛløː'ɔpɔ
Neffe/Nichte	unokaöcs/unokahúg . . .	'unokɔøtʃ/
		'unokɔhuːg
Onkel/Tante	nagybácsi/nagynéni . . .	'nɔɟbaːtʃi/'nɔɟneːni
Schwester		
(jünger/älter)	húg/nővér	'huːg/'nøːveːr
Sohn/Tochter	fia/lánya	'fiɔ/'laːɲɔ
Verwandte(r)	rokon	'rokon
Vetter	unokatestvér	'unokɔ'tɛʒdveːr

Berufe

Was sind Sie von Beruf?	Wo arbeiten Sie?	Ich bin ...
Mi a foglalkozása?	Hol dolgozik?	... vagyok.
'mi ɔ 'foglɔlkozaːʃɔ	'hol 'dolgozik	'... vɔdʲok

Angestellte(r)	alkalmazott	'ɔlkɔlmɔzotː
Apotheker	gyógyszerész	'ɟoːt͡sɛrɛːs
Arbeiter	munkás	'munkaːʃ
Architekt	építész	'eːpiːteːs
Automechaniker	autószerelő	'ɔutoː'sɛrɛløː
Bäcker	pék	'peːk
Beamte(r)	(állami) tisztviselő ...	('aːlːɔmi) 'tizdviʃɛløː
Bergmann	bányász	'baːɲaːs
Berufslehrer	szakoktató	'sɔkoktɔtoː
Bibliothekar	könyvtáros	'køɲftaːroʃ
Bildhauer	szobrász	'sobraːs
Briefträger	postás	'poʃtaːʃ
Buchhalter	könyvelő	'køɲvɛløː
Buchhändler	könyvkereskedő	'køɲf'kɛrɛʃkɛdøː
Drogist	drogista	'drogiʃtɔ
Eisenbahner	vasutas	'vɔʃutɔʃ
Elektriker	villanyszerelő	'vilːɔɲ'sɛrɛløː
Elektroniker	elektronikai műszerész .	'ɛlɛktronikɔi
		'myːsɛrɛːs
Fischer	halász	'hɔlaːs
Fleischer	hentes	'hɛntɛʃ
Förster	erdész	'ɛrdeːs
Gärtner	kertész	'kɛrteːs
Glaser	üveges	'yvɛgɛʃ
Handwerker	kisiparos	'kiʃipɔroʃ
Hausfrau	háziasszony	'haːziɔsːoɲ
Ingenieur	mérnök	'meːrnøk
Installateur	szerelő	'sɛrɛløː
Journalist	újságíró	'uːjʃaːgiːroː
Kaufmann	kereskedő *(selbständig)*	'kɛrɛʃkɛdøː
	üzletkötő *(angestellt)* .	'yzlɛtkøtøː
Kindergärtnerin	óvónő	'oːvoːnøː
Klempner	bádogos	'baːdogoʃ

Koch	szakács	'ʃɔka:tʃ
Konditor	cukrász	'tsukra:s
Kraftfahrer	gépkocsivezető	'ge:pkotʃi'vɛzɛtø:
Künstler	művész	'myve:s
Landwirt	gazda	'gɔzdɔ
Lehrer, Pädagoge	tanár	'tɔna:r
Maler	festő	'fɛʃtø:
– Kunstmaler	– festőművész	'fɛʃtø:my:ve:s
Maurer	kőműves	'kø:my:vɛʃ
Mechaniker	műszerész	'my:sɛre:s
Metzger	mészáros	'me:sa:roʃ
Musiker	zenész	'zɛne:s
Notar	jegyző	'jɛɟzø:
Politiker	politikus	'politikuʃ
Postbeamter	postatisztviselő	'poʃtɔ'tizdviʃɛlø:
Rechtsanwalt	ügyvéd	'yɟve:d
Redakteur	szerkesztő	'sɛrkɛstø:
Rentner	nyugdíjas	'ɲugdi:jɔʃ
Reporter	riporter	'riportɛr
– Rundfunkreporter	rádióriporter	'ra:dio:'riportɛr
Richter	bíró	'bi:ro:
Schlosser	lakatos	'lɔkɔtoʃ
Schneider(in)	szabó (varrónő)	'sɔbo: ('vɔr:o:nø:)
Schriftsteller	író	'i:ro:
Schuhmacher	cipész	'tsipe:s
Seemann	tengerész	'tɛngɛre:s
Sekretärin	titkárnő	'titka:rnø:
Soldat	katona	'kɔtonɔ
Techniker	technikus	'tɛçnikuʃ
Tierarzt	állatorvos	'a:l:ɔtorvoʃ
Tischler	asztalos	'ɔstɔloʃ
Übersetzer	fordító	'fordi:to:
Unternehmer	vállalkozó	'va:l:ɔlkozo:
Verkäufer(in)	elárusító	'ɛlɔruʃi:to:
Verleger	kiadó	'kiɔdo:
Vertreter	cégképviselő	'tse:k:e:bviʃɛlø:
Wirtschaftler	közgazdász	'køzgɔzdɔ:s
Wissenschaftler	tudós	'tudo:ʃ
– wissenschaftlicher	tudományos	'tudoma:ɲoʃ
Mitarbeiter	munkatárs	'munkɔtɔ:rʃ
Zimmermann	ács	'a:tʃ

Ausbildung

Gehst du noch zur Schule?
Iskolába jársz még?
'iʃkola:bɔ 'ja:rs me:g

Ich besuche ...
... járok.
'ja:rok

Was *studieren Sie (studierst du)*?
Mit *tanul (tanulsz)*?
'mit 'tɔnul ('tɔnuls)

Wo *studieren Sie (studierst du)*?
Hol *tanul (tanulsz)*?
'hol 'tɔnul ('tɔnuls)

Ich studiere ... (an der Universität/Hochschule in ...).
... (-i egyetemen/főiskolán) tanulok.
('ɛɡɛtɛmɛn/'føːiʃkola:n) 'tɔnulok.

Ich mache eine Lehre als ...
... szakmát tanulok.
'sɔkma:t 'tɔnulok

Ich bin Lehrling.
Szakmunkástanuló vagyok.
'sɔkmunka:ʃ'tɔnulo: vɔɟok

absolvieren	végez	've:gɛz
Akademie	akadémia, főiskola ...	'ɔkɔde:miɔ, 'føːiʃkolɔ
– Kunstakademie ...	– művészeti akadémia .	'my:ve:sɛti 'ɔkɔde:miɔ
– Sportakademie ...	– sportfőiskola	'sportføːiʃkolɔ
Diplomarbeit	diplomamunka	'diplomɔmunkɔ
Fakultät	kar, fakultás	'kɔr, 'fɔkulta:ʃ
Institut	intézet	'inte:zɛt
Klasse	osztály	'osta:j
Prüfung	vizsga	'viʒgɔ
Schule	iskola	'iʃkolɔ
– Berufsschule	– szakmunkásképző ..	'sɔkmunka:ʃ'ke:bzøː
– Fachschule	– szakiskola	'sɔkiʃkolɔ
– Gymnasium	– gimnázium	'gimna:zium
– Hochschule	– főiskola	'føːiʃkolɔ
– Kunstgewerbeschule	– iparművészeti iskola .	'ipɔrmy:ve:sɛti 'iʃkolɔ
Semester	szemeszter	'sɛmɛstɛr
Student(in)	egyetemi hallgató, diák	'ɛɟɛtemi 'hɔl:gɔto:, 'dia:k

Studienfach	szak	'sɔk
– Agronomie	agrártudomány	'ɔgraːr'tudomaːŋ
– Anglistik	anglisztika	'ɔnglistikɔ
– Architektur	építészet	'eːpiːteːset
– Bergbau	bányászat	'baːŋaːsɔt
– Betriebswirtschaft	üzemgazdaság	'yzɛmgɔzdɔʃaːg
– Biologie	biológia	'bioloːgiɔ
– Chemie	kémia	'keːmiɔ
– Elektrotechnik	elektrotechnika	'ɛlɛktroteçnikɔ
– Fernmeldetechnik	híradástechnika	'hiːrɔdaːʃ'teçnikɔ
– Forstwissenschaft	erdészet	'ɛrdeːset
– Geographie	földrajz	'føldrɔjz
– Geologie	geológia	'gɛoloːgiɔ
– Germanistik	germanisztika	'gɛrmɔnistikɔ
– Geschichte	történelem	'tørteːnɛlɛm
– Informatik	informatika	'informɔtikɔ
– Jura	jog (tudomány)	'jog, 'joktudomaːŋ
– Kunstgeschichte	művészettörténet	'myːveːset'tørteːnet
– Malerei	festészet	'fɛʃteːset
– Maschinenbau	gépészet	'geːpeːset
– Mathematik	matematika	'mɔtemɔtikɔ
– Medizin	orvostudomány	'orvoʃtudomaːŋ
– Metallurgie	kohászat	'kohaːsɔt
– Musik	zene	'zɛnɛ
– Pharmazie	gyógyszerészet	'ɟoːtsereːset
– Philologie	bölcsészet	'bøltʃeːset
– Philosophie	filozófia	'filozoːfiɔ
– Physik	fizika	'fizikɔ
– Politologie	politológia	'politoloːgiɔ
– Psychologie	pszichológia	'psiçoloːgiɔ
– Schiffbau	hajógyártás	'hɔjoːɟaːrtaːʃ
– Veterinärmedizin	állatorvostudomány	'aːlːɔtorvoʃ'tudomaːŋ
– Wirtschaftswissen-schaft	közgazdaságtan	'køzgɔzdɔʃaːktɔn
– Zahnmedizin	fogorvosi kar	'fogorvoʃi 'kɔr
– Zoologie	zoológia	'zooloːgiɔ
Universität	egyetem	'ɛɟɛtɛm
Vorlesungen	előadások	'ɛløːɔdaːʃok

MIT AUTO, MOTORRAD UND WOHNMOBIL

Fragen nach dem Weg

Wie komme ich *nach … (zur Autobahn nach …)*?
Hogy jutok el … *-ba/-be (az autópályára … felé)*?
'hoḑ 'jutok ɛl ' … bɔ/be (ɔz 'ɔuto:pa:ja:rɔ … 'fɛle:)

Welche Autobahnausfahrt muß ich nehmen?
Melyik kijáraton menjek ki az autópályáról?
'mɛjik 'kija:rɔton 'mɛnːɛk 'ki ɔz 'ɔuto:pa:ja:ro:l

Ist das die Straße nach …?
Ez az út vezet … felé?
'ɛz ɔz 'u:t 'vɛzɛt ' … 'fɛle:

Gibt es eine andere Straße nach …?
Van másik út … felé?
'vɔn 'ma:ʃik 'u:t ' … 'fɛle:

Wie heißt dieser Ort?
Hogy hívják ezt a helységet?
'hoḑ hi:vja:k 'ɛst ɔ 'hɛjʃe:gɛt

Wo muß ich *links (rechts)* abbiegen?
Hol kell *balra (jobbra)* kanyarodnom?
'hol kɛll 'bɔlrɔ ('job:rɔ) 'kɔɲɔrodnom

Wie weit muß ich fahren?
Mennyit kell mennem?
'mɛnːit 'kɛl 'mɛnːɛm

Muß ich *geradeaus (zurück)* fahren?
Egyenesen (Visszafelé) kell mennem?
'ɛḑɛnɛʃɛn ('vis:ɔfɛle:) 'kɛl 'mɛnːɛm

Wieviel Kilometer sind es (noch) bis …?
Hány kilométer van (még) … ig?
'ha:ɲ 'kilome:tɛr vɔn (me:g) ' … ig

In welcher Richtung?
Melyik irányban?
'mɛjik 'ira:ɲbɔn

Liegt … in dieser Richtung?
Ebben az irányban van …?
'ɛb:ɛn ɔz 'ira:ɲbɔn vɔn ' …

Zeigen Sie mir das bitte auf der Karte.
Mutassa meg kérem a térképen!
'mutɔʃːɔ 'mɛg 'ke:rɛm ɔ 'te:rke:pɛn

Fahrzeuge

Anhänger	pótkocsi	'po:tkotʃi
Auto, Wagen	autó, kocsi	'ɔuto:, 'kotʃi
– Geländewagen	terepjáró (autó)	'tɛrɛpja:ro:
– Kleinbus	mikrobusz	'mikrobus
– Kombiwagen	kombi	'kombi
– Lastauto	teherautó	'tɛhɛrɔuto:

– Personenauto	....	személyautó	....	'sɛmeːjɔutoː
Fahrrad	....	kerékpár	....	'kɛreːkpaːr
Fahrzeug	....	jármű	....	'jaːrmyː
Moped	....	moped	....	'mopɛd
Motorrad	....	motor(kerékpár)	....	'motor(kɛreːkpaːr)
Motorroller	....	robogó	....	'robogoː
Pferdewagen	......	lovaskocsi	....	'lovɔʃkotʃi
Reiseomnibus	......	autóbusz	....	'ɔutoːbus
Wohnmobil	....	lakóautó	....	'lɔkoːɔutoː
Wohnwagen	....	lakókocsi	....	'lɔkoːkotʃi
– **Gespann**	....	fogat	....	'fogɔt

Autovermietung

Kann ich hier ein Auto mieten?
Tudok itt autót bérelni?
'tudok 'it: 'ɔutoːt 'beːrɛlni

Ich möchte ein Auto mieten.
Szeretnék autót bérelni.
'sɛrɛtneːk 'ɔutoːt 'beːrɛlni

– mit Getriebeautomatik.
– automata sebességváltóval.
'ɔutomɔtɔ 'ʃɛbɛʃːeːgvaːltoːvɔl

– ohne Fahrer.
– vezető nélkül.
'vɛzɛtøː 'neːlkyl

– mit Fahrer.
– vezetővel.
'vɛzɛtøːvɛl

Was kostet dieser Wagen pro *Tag (Woche)*?
Mibe kerül ez a kocsi egy *napra (hétre)*?
'mibɛ 'kɛryl 'ɛz ɔ 'kotʃi ɛɟ 'nɔprɔ ('heːtrɛ)

Ist die Haftpflicht- und Vollkasko-Versicherung im Mietpreis enthalten?
Benne van a szavatossági biztosítás és a teljes casco a bérleti díjban?
'bɛnːɛ vɔn ɔ 'sɔvɔtoʃːaːgi 'bistoʃiːtaːʃ 'eːʃ ɔ 'tɛljɛʃ 'kɔskoː ɔ 'beːrlɛti 'diːjbɔn

Ich möchte eine Insassen-Unfallversicherung abschließen.
Szeretnék utas-balesetbiztosítást kötni.
'sɛrɛtneːk 'utɔʒbɔlɛʃɛdbistoʃiːtaːʃt 'køtni

Muß ich eine Kaution hinterlegen?
Kell letétet adnom?
'kɛl: 'lɛtɛːtɛt 'ɔdnom

Wie hoch?
Mennyi?
'mɛnːi

Bis wieviel Uhr ist die Rückgabe des Wagens möglich?
Hány óráig lehet visszaadni a kocsit?
'haːɲ 'oːraːig 'lɛhɛt 'visːɔɔdni ɔ 'kotʃit

Fahren

Ich fahre nach ...
...-ba/-be utazom (megyek).
'...bɔ/bɛ 'utɔzom ('mɛɟɛk)

Fahren Sie nach ...?
...-ba/-be utazik (megy)?
'...bɔ/bɛ 'utɔzik ('mɛɟ)

Mit dem *Auto (Motorrad)* fahren.
Autóval (Motorral) menni.
'ɔuto:vɔl ('motor:ɔl) 'mɛn:i

Schnell/langsam.
Gyorsan/lassan.
'ɟorʃɔn/'lɔʃ:ɔn

Ampel	közlekedési lámpa	'kœzlɛkɛde:ʃi 'la:mpɔ
Ausfahrt	kijárat	'kija:rɔt
Autobahn	autópálya	'ɔuto:pa:jɔ
Autobahnauffahrt	autópálya-feljárat	'ɔuto:pa:jɔ 'fɛlja:rɔt
Automobilklub	autóklub	'ɔuto:klub
Bahnübergang	vasúti átjáró	'vɔʃu:ti 'a:tja:ro:
Baustelle	építkezés	'e:pi:tkɛze:ʃ
Durchfahrt	áthaladás	'a:thɔlɔda:ʃ
Einfahrt	feljárat	'fɛlja:rɔt
Einmündung	torkolat	'torkolɔt
Fahrspur	sáv	'ʃa:v
Fahrt	út, utazás	'u:t 'utɔza:ʃ
– **anhalten**	megáll(ít)	'mɛga:l:(i:t)
– **aussteigen**	kiszáll	'kisa:l
– **ausweichen**	kikerül	'kikɛryl
– **bremsen**	fékez	'fe:kɛz
– **sich einordnen**	besorol	'bɛʃorol
– **einsteigen**	beszáll	'bɛsa:l
– **fahren, lenken**	vezet	'vɛzɛt
– **halten**	megáll	'mɛga:l
– **überholen**	előz	'ɛlø:z
– **wenden**	(meg)fordul	'(mɛk)fordul
Fahrtrichtung	menetirány	'mɛnɛtira:ŋ
Fußgängerüberweg	gyalogos átkelőhely	'ɟɔlogoʃ 'a:tkɛlø:hɛj
Gegenfahrbahn	szembejövő sáv	'sɛmbɛjøvø: 'ʃa:v
Geschwindigkeits-		'ʃɛbɛʃ:e:k:orla:to-
begrenzung	sebességkorlátozás	za:ʃ
Halteverbot	megállási tilalom	'mɛga:l:a:ʃi 'tilɔlom

Höchstgeschwindig-keit	legnagyobb sebesség	ˈlɛgnɔdɔpˈ ʃɛbɛ-ʃːeːg
Hupverbot	dudálási tilalom	ˈdudaːlaːʃi ˈtilɔlom
Kreisverkehr	körforgalom	ˈkørforgɔlom
Kreuzung	kereszteződés	ˈkɛrɛstɛzøːdeːʃ
Kurve	kanyar	ˈkɔɲɔr
Maut, Gebühr	illeték, díj	ˈilːɛteːk, ˈdiːj
Mittelstreifen	választósáv	ˈvaːlɔstoːʃaːv
Ortstafel	helységnévtábla	ˈhɛjʃeːgneːftaːblɔ
Parkplatz	parkoló(hely)	ˈpɔrkoloː(hɛj)
Parkuhr	parkolóóra	ˈpɔrkoloːoːrɔ
Parkverbot	parkolási tilalom	ˈpɔrkolaːʃi ˈtilɔlom
Radfahrweg	kerékpárút	ˈkɛreːkpaːruːt
Randstreifen	leálló sáv	ˈlɛaːlːoː ʃaːv
Raststätte	pihenőhely	ˈpihɛnøːhɛj
Serpentine	szerpentin	ˈsɛrpɛntin
Steigung	emelkedő	ˈɛmɛlkɛdøː
Stau	torlódás	ˈtorloːdaːʃ
Straße	út, utca	ˈuːt ˈutsːɔ
– Einbahnstraße	egyirányú utca	ˈɛɟiraːɲu utsːɔ
– Landstraße	országút	ˈorsaːguːt
– Querstraße	keresztutca	ˈkɛrɛstutsːɔ
– Sackgasse	zsákutca	ˈʒaːkutsːɔ
– Vorfahrtsstraße	főútvonal	ˈføːuːdvonɔl
Straßenschild	utcanévtábla	ˈutsːɔneːftaːblɔ
Straßenzustand	az út állapota	ɔz ˈuːt ˈaːlːɔpotɔ
Tunnel	alagút	ˈɔlɔguːt
Überholverbot	előzési tilalom	ˈɛløːzeːʃi ˈtilɔlom
Umleitung	terelőút	ˈtɛrɛløːuːt
Verkehr	forgalom, közlekedés	ˈforgɔlom, ˈkøzlɛkɛ-deːʃ
Verkehrspolizei	közlekedési rendőrség	ˈkøzlɛkɛdeːʃi ˈrɛndøːrʃeːg
Verkehrsregeln	közlekedési szabályok, KRESZ	ˈkøzlɛkɛdeːʃi ˈsɔbaː-jok, ˈkrɛs
Verkehrsschild	jelzőtábla	ˈjɛlzøːtaːblɔ
Wegweiser	útjelző	ˈuːtjɛlzøː
Zebrastreifen	zebra	ˈzɛbrɔ

Garage, Parkplatz

Wo kann ich meinen Wagen unterstellen?
Hol állíthatom le a kocsimat?
'hol 'a:li:thɔtom lɛ ɔ 'kotʃimət

Kann ich den Wagen hier stehenlassen?
Itthagyhatom a kocsimat?
'it:hɔɟhɔtom ɔ 'kotʃimət

Ist hier in der Nähe *eine Garage (ein Parkplatz, ein Parkhaus)*?
Van itt a közelben *garázs (parkoló, parkolóház)*?
'vɔn it: ɔ 'køzɛlbɛn 'gɔra:ʒ ('pɔrkolo:, 'pɔrkolo:ha:z)

Darf man hier parken?
Szabad itt parkolni?
'sɔbɔd 'it: 'pɔrkolni

Wie lange darf man hier parken?
Meddig szabad itt parkolni?
'mɛd:ik 'sɔbɔd 'it: 'pɔrkolni

Ist der Parkplatz bewacht?
Őrzik a parkolót?
'ø:rzik ɔ 'pɔrkolo:t

Ist noch ein Platz frei?
Van még egy szabad hely?
'vɔn 'me:g ɛɟ 'sɔbɔd 'hɛj

Was kostet das Unterstellen *pro Tag (bis …)*?
Mibe kerül a parkolás *naponta (…-ig)*?
'mibɛ 'kɛryl ɔ 'pɔrkola:ʃ 'nɔpontɔ ('…ig)

Ist *die Garage (das Parkhaus)* die ganze Nacht geöffnet?
Egész éjjel nyitva van a *garázs (parkolóház)*?
'ɛge:s 'e:j:ɛl 'ɲidvɔ 'vɔn ɔ 'gɔra:ʒ ('pɔrkolo:ha:z)

Wann kann ich morgen früh den Wagen aus der Garage holen?
Mikor hozhatom ki holnap reggel a kocsit a garázsból?
'mikor 'hoshɔtom 'ki 'holnɔp 'rɛg:ɛl ɔ 'kotʃit ɔ 'gɔra:ʒbo:l

Ich kann nicht aus der Garage rausfahren. Der Wagen mit der Nr. …
Nem tudok kijönni a garázsból. A … rendszámú kocsi
'nɛm 'tudok 'kijøn:i ɔ 'gɔra:ʒbo:l. 'ɔ … 'rɛntsa:mu: 'kotʃi

versperrt den Weg.
elzárja az utat.
'ɛlza:rjɔ ɔz 'utɔt

Tankstelle, Kundendienst

Wo ist die nächste Tankstelle?
Hol a legközelebbi benzinkút?
'hol ɔ 'lɛk:øzɛlɛb:i 'bɛnzinkuːt

Wie weit ist es?
Milyen messze van?
'mijɛn 'mɛs:ɛ vɔn

Geben Sie mir 20 Liter *Normalbenzin (Super, Extra-Benzin)*.
20 liter *normalbenzint (szupert, extrát)* kérek.
'huːs 'litɛr 'normaːlbɛnzint ('supɛrt, 'ɛkstraːt) 'keːrɛk

Ich möchte 15 Liter Diesel.
15 liter gázolajat kérek.
'tizɛnøt 'litɛr 'gaːzolɔjɔt 'keːrɛk

Den Tank voll, bitte.
Tele kérem.
'tɛlɛ 'keːrɛm

Ich brauche neue *Zündkerzen (Wischerblätter)*.
Új *gyertyára (törlőbetétre)* van szükségem.
'uːj 'dɛrtjaːrɔ ('tørlø:bɛteːtrɛ) vɔn 'sykʃeːgɛm

Kontrollieren Sie bitte *das Kühlwasser (die Bremsflüssigkeit)*.
Ellenőrizze kérem a *hűtővizet (fékfolyadékot)*!
'ɛlːɛnø:riz:ɛ 'keːrɛm ɔ 'hyːtø:vizɛt ('feːkfojɔdeːkot)

Eine Straßenkarte, bitte.
Kérek egy autótérképet.
'keːrɛk ɛdj 'ɔutoːteːrkeːpɛt

Benzin	benzin	'bɛnzin
– bleifreies	ólommentes	'oːlomːɛntɛʃ
Benzingutschein	benzinjegy	'bɛnzinjɛdj
Benzintank	benzintartály	'bɛnzintɔrtaːj
Bremsflüssigkeit	fékfolyadék	'feːkfojɔdeːk
Frostschutzmittel	fagyvédőszer	'fɔdjveːdø:sɛr
Kühlwasser	hűtővíz	'hyːtø:viːz
Kundendienst	ügyfélszolgálat	'ytʃɛːlsolgaːlɔt
Reservekanister	tartalékkanna	'tɔrtɔlɛːkːɔnːɔ
Tankstelle	benzinkút	'bɛnzinkuːt
Tankwart	benzinkutas	'bɛnzinkutɔʃ
Wasser	víz	'viːz
– destilliertes Wasser	desztillált víz	'dɛstilːaːld 'viːz

Öl

Prüfen Sie bitte den Ölstand.
Nézze meg kérem az olajszintet!
'neːzːɛ mɛk 'keːrɛm ɔz 'olɔjsintɛt

Ist noch genug Öl da?
Elég olaj van még benne?
'ɛlɛːg 'olɔj vɔn meːg 'bɛnːɛ

Ich brauche Motorenöl.
Motorolajat kérek.
'motorolɔjɔt 'keːrɛk

Ein Liter Öl, bitte.
Kérek egy liter olajat.
'keːrɛk 'ɛɟ 'litɛr 'olɔjɔt

Füllen Sie bitte Öl nach.
Töltse fel olajjal, kérem.
'tøltʃɛ 'fɛl 'olɔjːɔl 'keːrɛm

Wechseln Sie bitte das Öl.
Olajcserét kérek.
'olɔjtʃɛrɛːt 'keːrɛk

Getriebeöl	. . . .	sebességváltó-olaj	. . . . 'ʃɛbɛʃːeːgvaːltoːˈolɔj
– für das Automatik-		automata	'ɔutomɔtɔ
getriebe	. . . .	sebességváltóhoz	. . . . . 'ʃɛbɛʃːeːgvaːltoːhoz
Motorenöl	. . . .	motorolaj	'motorolɔj
Ölfilter	. . . .	olajszűrő	'olɔjsyrøː
Ölmeßstab	. . . .	olajszintpálca	'olɔjsintˈpaːltsɔ
Ölstand	. . . .	olajszint	'olɔjsint
Ölwechsel	. . . .	olajcsere	'olɔjtʃɛrɛ

Reifendienst

Ich habe eine Reifenpanne.
Gumidefektem van.
'gumidɛfɛktɛm vɔn.

Können Sie *diesen Reifen reparieren (den Schlauch flicken)*?
Meg tudja *javítani ezt a gumit (foltozni a belsőt)*?
'mɛk tudjɔ 'jɔviːtɔni 'ɛst ɔ 'gumit ('foltozni ɔ 'bɛlʃøːt)

*Mit diesem Reifen können Sie nicht weiterfahren.
Ezzel a gumival nem lehet továbbmenni.
'ɛzːɛl ɔ 'gumivɔl 'nɛm lɛhɛt 'tovaːbːmɛnːi

Wechseln Sie bitte *diesen Reifen (den Schlauch)* aus.
Cserélje ki kérem *ezt a gumit (a belsőt)*!
'tʃɛreːljɛ 'ki 'keːrɛm 'ɛst ɔ 'gumit (ɔ 'bɛlʃøːt)

Prüfen Sie bitte den Reifendruck.
Ellenőrizze kérem a levegőnyomást!
'ɛl:ɛnø:riz:ɛ 'keːrɛm ɔ 'lɛvɛgøɲoma:ʃt

Vorn 1,6, hinten 2,0 atü.
Elöl 1,6, hátul 2 atmoszféra.
'ɛlø:l 'ɛdʒɛːs 'hɔt:izɛd 'ha:tul
'keːt 'ɔtmosfeːrɔ

> *Da die Werte für den Reifendruck der einzelnen Wagentypen verschieden sind, empfehlen wir Ihnen, die für Ihren Wagen gültigen Zahlen aufzuschreiben und dem Tankwart vorzulegen.*

aufpumpen	felpumpál	'fɛlpumpa:l
Rad	kerék	'kɛreːk
– Hinterrad	hátsó kerék	'ha:tʃoː kɛreːk
– Reserverad	pótkerék	'poːtkɛreːk
– Vorderrad	elsö kerék	'ɛlʃøː 'kɛreːk
Radwechsel	kerékcsere	'kɛreːktʃɛrɛ
Reifen	gumi, abroncs	'gumi, 'ɔbrontʃ
– schlauchlos	belsö nélküli	'bɛlʃøː 'neːlkyli
– Diagonalreifen	diagonálabroncs	'diɔgonaːlɔbrontʃ
– (Stahl-)Gürtelreifen	(acél) radiálabroncs	'(ɔtseːl) 'rɔdia:lɔbrontʃ
– Winterreifen	téli abroncs	'teːli 'ɔbrontʃ
Schlauch	belsö, tömlö	'bɛlʃøː 'tømløː
Ventil	szelep	'sɛlɛp

Wagenwäsche

Gibt es hier (in der Nähe) eine Autowaschanlage?
Van itt (a közelben) autómosó?
'vɔn it: (ɔ 'køzɛlbɛn) 'ɔutoːmoʃoː

Säubern Sie bitte *die Scheiben (die Frontscheibe).*
Tisztítsa meg kérem *az üvegeket (a szélvédőt)* !
'tisti:tʃɔ mɛk 'keːrɛm ɔz 'yvɛgɛkɛt (ɔ 'seːlveːdøːt)

Waschen Sie mir bitte den Wagen.
Mossa le kérem a kocsit!
'moʃɔ 'lɛ 'keːrɛm ɔ 'kotʃit

Reinigen Sie den Wagen bitte auch innen.
Takarítsa ki kérem belül is a kocsit!
'tɔkɔriːtʃɔ 'ki 'keːrɛm 'bɛlyl iʃ ɔ 'kotʃit

Panne, Unfall

Ich habe eine Panne.
Defektem van.
'dɛfɛktɛm vɔn

Ich habe kein Benzin mehr.
Elfogyott a benzinem.
'ɛlfoɟot: ɔ 'bɛnzinɛm

Ich habe einen Unfall gehabt.
Balesetem volt.
'bɔlɛʃɛtɛm volt

Wo kann ich hier telefonieren?
Hol tudok telefonálni?
'hol tudok 'tɛlɛfonaːlni

Rufen Sie die Polizei.
Hívja a rendőrséget!
'hiːvjɔ ɔ 'rɛndøːrʃeːgɛt

Wir brauchen dringend einen Arzt.
Sürgősen orvosra van szükségünk.
'ʃyrgøːʃɛn 'orvoʃrɔ vɔn 'sykʃeːgynk

Rufen Sie schnell einen Rettungswagen.
Hívjon gyorsan mentőt!
'hiːvjon 'ɟorʃɔn 'mɛntøːt

Ich brauche Verbandszeug.
Kötszerre van szükségem.
'køtsɛrːɛ vɔn 'sykʃeːgɛm

Können Sie mir mit Treibstoff aushelfen?
Ki tud segíteni üzemanyaggal?
'ki tud 'ʃɛgiːtɛni 'yzɛmɔɲɟɔgːɔl

Bitte helfen Sie mir!
Segítsen, kérem!
'ʃɛgiːtʃɛn 'keːrɛm

Könnten Sie *mich bis … mitnehmen (meinen Wagen abschleppen)*?
El *tudna vinni …-ig (tudná vontatni a kocsimat)*?
'ɛl tudnɔ 'vinni …-ig (tudnaː 'vontɔtni ɔ 'kotʃimɔt)

Könnten Sie mir einen *Mechaniker (Abschleppwagen)* schicken?
Tudna nekem küldeni *egy szerelőt (vontatókocsit)*?
'tudnɔ nɛkɛm 'kyldɛni ɛɟ 'sɛrɛløːt ('vontɔtoːkotʃit)

Könnten Sie sich um die Verletzten kümmern?
Tudna törődni a sérültekkel?
'tudnɔ 'tørøːdni ɔ 'ʃeːryltɛkːɛl

Ich bin ins Schleudern geraten.
Megperdült a kocsim.
'mɛgpɛrdyːlt ɔ 'kotʃim

Ich bin von der Fahrbahn abgekommen.
Letértem a forgalmi sávról.
'lɛteːrtɛm ɔ 'forgɔlmi 'ʃaːvroːl

Der Wagen hat *die Vorfahrt mißachtet (plötzlich gebremst)*.
A kocsi *nem adta meg az elsőbbséget (hirtelen fékezett)*.
ɔ 'kotʃi 'nɛm 'ɔt:ɔ mɛg ɔz 'ɛlʃøːpːʃeːgɛt ('hirtɛlɛn 'feːkɛzɛt:)

– hat *nicht geblinkt (in gefährlicher Weise überholt)*.
– *nem jelzett (veszélyes módon előzött)*.
 'nɛm 'jɛlzɛt: ('vɛsɛ:jɛʃ 'mo:don 'ɛlø:zøt:)

– ist *zu schnell gefahren (von hinten aufgefahren)*.
– *túl gyorsan ment (hátulról belémjött)*.
 'tu:l 'ɟorʃon 'mɛnt ('ha:tulro:l 'bɛlé:mjøt:)

– hat bei Rot nicht gehalten.   – ist ohne Licht gefahren.
– nem állt meg a pirosnál.   – világítás nélkül ment.
 'nɛm 'a:l:t 'mɛg ɔ 'piroʃna:l   'vila:gi:ta:ʃ 'ne:lky:l 'mɛnt

Geben Sie mir Ihre *Versicherungsnummer (Personalien und Adresse)* an.
Adja meg kérem a *biztosítási számát (személyi adatait és a címét)*!
'ɔdjɔ 'mɛk 'ke:rɛm ɔ 'bistoʃi:ta:ʃi 'sa:ma:t ('sɛmɛ:ji 'ɔdɔtɔit 'e:ʃ ɔ 'tsi:me:t)

Es ist niemand verletzt.   Vielen Dank für Ihre Hilfe.
Senki sem sérült meg.   Nagyon köszönöm a segítségét.
'ʃɛnki ʃɛm 'ʃe:rylt 'mɛg   'nɔɟon 'køsønøm ɔ 'ʃɛgi:tʃ:e:ge:t

Abschleppdienst	autómentő	'ɔuto:mɛntø:
Alkoholtest	alkoholpróba	'ɔlkoholpro:bɔ
Aufprall	felcsapódás	'fɛltʃɔpo:da:ʃ
Autokennzeichen	rendszám	'rɛntsa:m
Blechschaden	lemezsérülés	'lɛmɛʒ:e:ryle:ʃ
Insasse	utas	'utaʃ
Motorpanne	motorhiba	'motorhibɔ
Notrufsäule	segélykérő telefon	'ʃɛge:jkɛrø 'tɛlɛfon
Pannenhilfe	autómentő,	'ɔuto:mɛntø:,
	„sárga angyal"*	'ʃa:rgɔ 'ɔnɟɔl
Protokoll	jegyzőkönyv	'jɛdzø:køɲv
Totalschaden	totálkár	'tota:lka:r
Unfall	baleset	'bɔlɛʃɛt
Unfallskizze	baleseti vázlat	'bɔlɛʃɛti 'va:zlɔt
Unfallzeit	a baleset ideje	ɔ 'bɔlɛʃɛt 'idɛjɛ
Unfallzeuge	baleseti tanú	'bɔlɛʃɛti 'tɔnu:
Versicherungskarte	biztosítási kártya	'bistoʃi:ta:ʃi 'ka:rtjɔ
Zusammenstoß	összeütközés	'øsːɛytkøze:ʃ

---

* Wörtlich: „Gelber Engel"

Reparaturwerkstatt

Wo ist die nächste *Reparaturwerkstatt (Vertragswerkstatt von …)*?
Hol van a legközelebbi *javítóműhely (a … szerződéses szervize)*?
'hol vɔn ɔ 'lɛk:øzɛlɛb:i 'jɔvi:to:my:hɛj (ɔ … 'sɛrzø:de:ʃɛʃ 'sɛrvizɛ)

… ist nicht in Ordnung.   **… ist gerissen.**
… nincs rendben.   … elszakadt.
'nintʃ 'rɛndbɛn   'ɛlsɔkɔt:

… funktioniert nicht.   **… klemmt**
… nem működik.   … szorul.
'nɛm 'my:kødik   'sorul

Prüfen (Erneuern) Sie bitte …   **Können Sie das machen?**
Nézze meg (Újítsa fel) kérem …   Meg tudja csinálni?
'ne:z:ɛ 'mɛg ('u:ji:tʃ:ɔ 'fɛl) 'ke:rɛm 'mɛk tudʒɔ 'tʃina:lni

Wer kann das machen?   **Reparieren Sie das bitte.**
Ki tudja ezt megcsinálni?   Javítsa meg kérem!
'ki tudʒɔ 'ɛst 'mɛktʃina:lni   'jɔvi:tʃ:ɔ 'mɛk 'ke:rɛm

Haben Sie Original-Ersatzteile?
Van eredeti alkatrésze?
vɔn 'ɛrɛdɛti 'ɔlkɔtre:sɛ

Wann können Sie das Ersatzteil bekommen?
Mikor tudja megkapni az alkatrészt?
'mikor 'tudʒ:ɔ 'mɛk:ɔpni ɔz 'ɔlkɔtre:st

Ich brauche *eine neue (einen neuen)* …   **Kann ich damit noch fahren?**
Egy új …-*ra/-re* van szükségem.   Mehetek még vele?
ɛɟ 'u:j …rɔ/rɛ vɔn 'sy:kʃe:gɛm   'mɛhɛtɛk 'me:g 'vɛlɛ

Machen Sie bitte nur die nötigsten Reparaturen.
Csak a legszükségesebb javításokat végezze el, kérem!
'tʃɔk ɔ 'lɛksykʃe:gɛʃɛb: 'jɔvi:ta:ʃokɔt 've:gɛz:ɛ 'ɛl 'ke:rɛm

Wann ist es fertig?   **Wieviel kostet es?**
Mikor lesz kész?   Mennyibe kerül?
'mikor 'lɛs 'ke:s   'mɛɲ:ibɛ 'kɛry:l

Wagenteile, Reparaturen

Achse	tengely	'tɛngɛj
Anhängerkupplung . .	vontatóhorog	'vontoto:horog
Anlasser	(ön)indító	'(øn)indi:to:
Antrieb	meghajtás	'mɛkhɔjta:ʃ
– Vierradantrieb	négykerék-meghajtás . .	'ne:tʃkɛre:k 'mɛkhɔj-ta:ʃ
– Vorderradantrieb . .	elsőkerék-meghajtás . .	'ɛlʃø:kɛre:k-mɛkhɔjta:ʃ
Armaturenbrett	műszerfal	'my:sɛrfɔl
Auspuff(rohr)	kipufogó(cső)	'kipufogo:(tʃø:)
Auspufftopf	kipufogódob	'kipufogo:dob
Batterie	akkumulátor	'ɔk:umula:tor
Benzinleitung	benzinvezeték	'bɛnzinvɛzɛte:k
Benzinpumpe	benzinszivattyú	'bɛnzinsivɔ̈t:u:
Birne s. Lampe		
Blinker	irányjelző	'ira:ɲjɛlzø:
Bremse	fék	'fe:k
– Fußbremse	lábfék	'la:pfe:k
– Handbremse	kézifék	'ke:zife:k
Bremspedal	fékpedál	'fe:kpɛda:l
Bremsschlauch	féktömlő	'fe:ktømlø:
Deckel	fedő	'fɛdø:
Differential	differenciálmű	'dif:ɛrɛntsia:lmy:

Laden Sie bitte die Batterie nach.
Töltse fel kérem az akkumulátort!
'tøltʃ:ɛ 'fɛl 'ke:rɛm ɔz 'ɔk:umula:tort

Mit den Bremsen ist etwas nicht in Ordnung.
A fékekkel valami nincs rendben.
ɔ 'fe:kɛk:ɛl 'vɔlɔmi 'nintʃ 'rɛndbɛn

Der Wagen zieht nach _links/rechts_.
A kocsi _balra/jobbra_ húz.
ɔ 'kotʃi 'bɔlrɔ/'jobːrɔ 'huːz

Das Bremslicht (Ein Blinker) brennt nicht.
Nem ég _a féklámpa (az egyik irányjelző)_.
'nɛm 'e:g ɔ 'fe:kla:mpɔ (ɔz 'ɛɟik 'ira:ɲɛlzø:)

Drehzahlmesser	....	fordulatszám-mérő	..	'forduloːtsːaːm-'meːrøː
Einspritzpumpe	....	befecskendező		'bɛfɛtʃkɛndɛzøː
		szivattyú	.....	'sivoːtːuː
Ersatzteil	....	alkatrész	....	'olkotreːs
Fahrgestell	....	alváz	....	'olvaːz
Feder	....	rugó	....	'rugoː
Fehlzündung	....	hibás gyújtás	....	'hibaːʒ 'ɟuːjtaːʃ
Felge	....	kerékkoszorú	....	'kɛreːkːosoruː
Funke	....	szikra	....	'sikrɔ
Gang	....	menet, sebesség	......	'mɛnɛt, 'ʃɛbɛʃːeːg
– Gang einlegen	....	menetbe kapcsol		'mɛnɛdbɛ 'koptʃol
– erster Gang	......	első sebesség	.....	'ɛlʃøː 'ʃɛbɛʃːeːg
– Leerlauf	....	üresjárat	.....	'yrɛʃjaːrɔt
– Rückwärtsgang	...	hátramenet	.....	'haːtromɛnɛt
Gangschaltung	.....	sebességváltás	.....	'ʃɛbɛʃːeːgvaːltaːʃ
Gangwähler	....	sebességváltó	.....	'ʃɛbɛʃːeːgvaːltoː
Gaspedal	....	gázpedál	.....	'gaːspɛdaːl
Geschwindigkeitsmesser		sebességmérő	.....	'ʃɛbɛʃːeːgmɛːrøː
Getriebe	....	sebességváltó	.....	'ʃɛbɛʃːeːgvaːltoː
– Automatikgetriebe	.	automata sebességváltó		'outomɔtɔ 'ʃɛbɛʃːeːgvaːltoː
Gewinde	....	menet	.....	'mɛnɛt
Griff	....	fogó	....	'fogoː
Hauptbremszylinder	.	főfékhenger	....	'føːfeːkhɛngɛr
Heizung	....	fűtés	....	'fyːteːʃ

Der ... Gang läßt sich nicht einlegen.
A ... sebességet nem veszi be.
ɔ '... 'ʃɛbɛʃːeːgɛt 'nɛm 'vɛsi 'bɛ

Der ... Gang springt heraus.
A ... sebesség kiugrik.
ɔ '... 'ʃɛbɛʃːeːg 'kiugrik

Hier tropft *Benzin (Öl, Bremsflüssigkeit, Wasser).*
Innen *benzin (olaj, fékfolyadék, víz)* csöpög.
'inːɛn 'bɛnzin ('oloj, 'feːkfojoːdɛːk, 'viːz) 'tʃøpøg

– Heckscheibenbeheizung	a hátsó ablak fűtése	ɔ'ha:tʃo: 'ɔblɔk 'fy:te:ʃɛ
Hupe	kürt, duda	'kyrt, 'dudɔ
– Lichthupe	fénykürt	'fe:ŋkyrt
Isolierung	szigetelés	'sigɛtɛle:ʃ
Kabel	kábel	'ka:bɛl
Kardanwelle	kardántengely	'kɔrda:ntɛngɛj
Karosserie	karosszéria	'kɔrosːe:riɔ
Keilriemen	ékszíj	'e:ksi:j
Kette	lánc	'la:nts
Kilometerzähler	kilométeróra	'kilomɛtɛro:rɔ
Kofferraum	csomagtartó	'tʃomɔktɔrto:
Kofferraumhaube	csomagtartó-fedél	'tʃomɔktɔrto: 'fɛde:l
Kolben	dugattyú	'dugɔt:u:
Kolbenfresser	dugattyúberágódás	'dugɔt:u:bɛra:go:da:ʃ
Kondensator	kondenzátor	'kondɛnza:tor
Kontakt	érintkezés	'e:rintkɛze:ʃ
Kotflügel	sárhányó	'ʃa:rha:ɲo:
Kraftstoffpumpe	üzemanyag-szivattyú	'yzɛmɔɲɔk 'sivɔt:u:
Kühler	hűtő	'hy:tø:
Kühlergrill	hűtőrács	'hy:tø:ra:tʃ
Kupplungspedal	kuplungpedál	'kuplunkpɛda:l
Kurbelwelle	főtengely	'fø:tɛngɛj
Kurzschluß	rövidzárlat	'røvidza:rlɔt
Lager (Kugel-)	csapágy (golyós-)	'tʃʃpa:ɟ (gojo:ʃ-)
Lampe, Birne	lámpa, égő	'la:mpɔ 'e:gø
– Halogenlampe	halogénlámpa	'hɔloge:nla:mpɔ
Lenkrad	kormány (kerék)	'kormaːŋ (kɛre:k)
Lenkradschloß	kormányzár	'kormaːŋza:r
Lenkung	kormány	'kormaːŋ
– Servolenkung	szervókormány	'sɛrvo:kormaːŋ

Die Kupplung *schleift (trennt nicht)* .

A kuplung *csúszik (beragad)* .

ɔ 'kuplunk 'tʃu:sik (bɛrɔgɔd)

Bitte nachstellen.

Kérem,állítsa be!

'ke:rɛm 'a:lːi:tʃ:ɔ 'bɛ

Die *Lade- (Öldruck-)* Kontrolleuchte leuchtet während der Fahrt auf.

A töltés- *(olajnyomás)* -jelző lámpa kigyullad menet közben.

ɔ 'tølte:ʃ ('olɔjɲoma:ʃ) jɛlzø: 'la:mpɔ 'kiɟulːɔd 'mɛnɛt 'közbɛn

Leuchte	lámpa	'la:mpɔ
– Parkleuchte	parkolólámpa	'pɔrkolo:la:mpɔ
– Schlußleuchte	helyzetjelző lámpa	'hɛjzɛtjɛlzø: 'la:mpɔ
Licht	fény	'fe:ɲ
– Abblendlicht	tompított fény	'tompi:tot 'fe:ɲ
– Fernlicht	távolsági fényszóró	'ta:volʃa:gi 'fe:ɲso:ro:
Lichtmaschine	dinamó	'dinɔmo:
– Drehstromlicht-maschine	háromfázisú dinamó	'ha:romfa:ziʃu 'dinɔmo:
Lichtumschalter	fényátkapcsoló	'fe:ɲa:tkɔptʃolo:
Luftfilter	légszűrő	'le:ksy:rø:
Motor	motor	'motor
– Dieselmotor	dízelmotor	'di:zɛlmotor
– Einspritzmotor	befecskendezős motor	'bɛfɛtʃkɛndɛzø:ʃ 'motor
Motorblock	motorblokk	'motorblok:
Motorhaube	motorfedél	'motorfɛde:l
Nockenwelle	bütyköstengely	'bytkøʃtɛngɛj
Ölablaß	olajleeresztő	'olɔjlɛɛrɛstø:
Ölpumpe	olajszivattyú	'olɔjsivɔt:u:
Ölwanne	olajtálca	'olɔjta:ltsɔ
Pleuellager	hajtókarcsapágy	'hɔjto:kɔrtʃopa:ɟ
Polklemme	póluskapocs	'po:luʃkɔpotʃ
Radkappe	keréksapka	'kɛre:kʃɔpkɔ
Regler	szabályozó	'sɔba:jozo
Rückspiegel	visszapillantó tükör	'vis:ɔpil:ɔnto: 'tykør
Schalter	kapcsoló	'kɔptʃolo:

Die Lichtmaschine gibt keinen Strom.
A dinamó nem ad áramot.
ɔ 'dinɔmo: 'nɛm 'ɔd 'a:rɔmot

Der Motor *zieht nicht (setzt plötzlich aus, springt nicht an).*
A motor *nem húz (hirtelen kihagy, nem indul be).*
ɔ 'motor 'nɛm 'hu:z ('hirtɛlɛn 'kihɔɟ, 'nɛm 'indul 'bɛ)

Die Temperaturanzeige zeigt ständig zu hoch an.
A vízhőmérséklet-jelző állandóan túl sokat mutat.
ɔ 'vi:shø:me:rʃe:klɛt 'jɛlzø: 'a:l:ɔndo:ɔn 'tu:l 'ʃokɔt 'mutɔt

Schalthebel	sebességváltókar	'ʃɛbɛʃːeːgvaːltoːkər
Scheibe *(Glas-)*	üveg, ablak	'yvɛg 'ɔblɔk
Scheibenwaschanlage	ablakmosó berendezés	'ɔblɔkmoʃoː 'bɛrɛndɛzeːʃ
Scheibenwischer	ablaktörlő	'ɔblɔktørløː
Scheinwerfer	fényszóró	'feːnsoːroː
– Nebelscheinwerfer	ködfényszóró	'køtfeːnsoːroː
– Rückfahrschein-werfer	hátramenet-fényszóró	'haːtrɔmɛnɛt 'feːnsoːroː
Schiebedach	tolótető	'toloːtɛtø
Schlauch *(Leitung)*	tömlő	'tømløː
Schmierung	kenés	'keneːʃ
Schmutzfänger	sárvédő gumi	'ʃaːrveːdøː 'gumi
Sicherheitsgurt	biztonsági öv	'bistonʃaːgi 'øv
Sitz	ülés	'yleːʃ
– Beifahrersitz	első ülés	'ɛlʃøː 'yleːʃ
– Fahrersitz	vezetőülés	'vɛzɛtøːyleːʃ
– Rücksitz	hátsó ülés	'haːtʃoː 'yleːʃ
Speiche	(kerék) küllő	'(kɛreːk) kylːøː
Stoßdämpfer	lökésgátló	'løkeːʒgaːtloː
Stoßfänger, -stange	lökhárító	'løkhaːriːtoː
Tachometer	sebességmérő	'ʃɛbɛʃːeːgmeːrø
Thermostat	termosztát	'tɛrmostaːt
Turbolader	turbófeltöltő	'turboːfɛltøltø
Türschloß	ajtózár	'ɔjtoːzaːr
Unterbrecher	megszakító	'mɛksɔkiːtoː
Ventil	szelep	'sɛlɛp
Ventilator	ventillátor	'vɛntilaːtor
Verdeck	tető	'tɛtøː

Diese Sicherung ist durchgebrannt.
Ez a biztosíték kiégett.
'ɛz ɔ 'bistoʃiːteːk 'kieːgɛt

Können Sie das *anschweißen (zusammenschweißen)*?
Rá (Össze) tudja ezt hegeszteni?
'raː ('øsːɛ) tudjɔ 'ɛst 'hɛgɛstɛni

Vergaser	porlasztó	'pɔrlɔstoː
– Düse	fúvóka	'fuːvoːkɔ
– Schwimmer	úszó	'uːsoː
Verteiler	elosztó	'ɛlostoː
Verteilerwelle	elosztótengely	'ɛlostoːtɛngɛj
Warnblinkanlage ...	vészvillogó	'veːzvilːogoː
Warnleuchte	vészjelző lámpa	'veːsjɛlzøː 'laːmpɔ
Wasserpumpe	vízszivattyú	'viːsːivɔtʲːuː
Windschutzscheibe ..	szélvédő (üveg)	'seːlveːdøː ('yvɛg)
Zündanlage	gyujtás	'dʲujtaːʃ
– kontaktlose Z.	érintkezés nélküli	'eːrintkɛzeːʃ 'neːlkyli
– Transistor-	tranzisztoros	'trɔnzistoroʃ
Zündkabel	gyújtókábel	'dʲuːjtoːkaːbɛl
Zündkerze	(gyújtó) gyertya	'(dʲuːjtoː) dʲɛrtʲɔ
– Elektrode	elektróda	'ɛlɛktroːdɔ
Zündschlüssel	indítókulcs	'indiːtoːkultʃ
Zündspule	gyújtótekercs	'dʲuːjtoːtɛkɛrtʃ
Zylinder	henger	'hɛngɛr
Zylinderkopfdichtung	hengerfej-tömítés	'hɛngɛrfɛj 'tømiːteːʃ

Überprüfen (Reinigen) Sie bitte den Vergaser.
Nézze (Tisztítsa) meg kérem a porlasztót!
'neːzːɛ ('tisti:tʃːɔ) 'mɛk 'keːrɛm ɔ 'pɔrlɔstoːt

Mit der Zündung stimmt etwas nicht.
A gyújtással valami nincs rendben.
'ɔ 'dʲuːjtaːʃːɔl 'vɔlɔmi 'nintʃ 'rɛndbɛn

Der Zündschlüssel ist abgebrochen.
Az indítókulcs letörött.
ɔz 'indiːtoːkultʃ 'lɛtørøt

Der Zündzeitpunkt ist verstellt.
A gyújtásidő rosszul van beállítva.
ɔ 'dʲuːjtaːʃidøː 'rosːul vɔn 'bɛaːliːdvɔ

Werkzeug, Zubehör

Deutsch	Ungarisch	Aussprache
Abschleppseil	vontatókötél	'vontɔtɔ:køte:l
Dachgepäckträger	tetőcsomagtartó	'tɛtø:tʃomɔktɔrto:
Dichtung	tömítés	'tømi:te:ʃ
Draht	drót	'dro:t
Feile	reszelő	'rɛsɛlø
Feuerlöscher	tűzoltó készülék	'ty:zolto: 'ke:syle:k
Hammer	kalapács	'kɔlɔpa:tʃ
Luftpumpe	levegőszivattyú	'lɛvɛgø: 'sivɔtu:
Meißel	véső	've:ʃø:
Montiereisen	szerelővas	'sɛrɛlø:vɔʃ
Prüflampe	vizsgálólámpa	'viʒga:lo:la:mpɔ
Schmirgelpapier	csiszolópapír, smirgli	'tʃisolo:pɔpi:r, ʃmirgli
Schneeketten	hólánc	'ho:la:nts
Schraube	csavar	'tʃɔvɔr
Schraubenschlüssel	csavarkulcs	'tʃɔvɔrkultʃ
– Radmutterschlüssel	kerékanyakulcs	'kɛre:kɔɲɔkultʃ
– Steckschlüssel	dugókulcs	'dugo:kultʃ
– Zündkerzenschlüssel	gyertyakulcs	'dɛrtɔkultʃ
Schraubenzieher	csavarhúzó	'tʃɔvɔrhu:zo:
Schutzhelm	védősisak	've:dø:ʃiʃɔk
Starthilfekabel	szivató	'sivɔto:
Trichter	tölcsér	'tøltʃe:r
Verbandkasten	kötszeres doboz	'køtsɛrɛʒ 'doboz
Wagenheber	emelő	'ɛmɛlø:
Warndreieck	(elakadásjelző)	('ɛlɔkɔdɔ:ʃjɛlzø:)
	háromszög	'ha:romsøg
Werkzeug	szerszám	'sɛrsa:m
Zange	fogó	'fogo:

Können Sie mir ... leihen?
Tud kölcsönadni ...?
'tud 'køltʃønɔdni

Ich brauche ...
Szükségem van ...
'sykʃe:gɛm 'vɔn

– so eine Schraube wie diese.
– egy olyan csavarra mint ez.
ɛḑ 'ojɔn 'tʃɔvɔr:ɔ 'mint 'ɛz

– ein Stück Draht.
– egy darab drótra.
ɛḑ 'dɔrɔb 'dro:trɔ

Verkehrshinweise

Dem Autofahrer begegnen in Ungarn die international üblichen graphischen Zeichen. Zusätzliche Beschriftung kommt gewöhnlich in folgenden Fällen vor:

1. *Autobahn:*   Pihenőhely   **Raststätte**
                 Kijárat   **Ausfahrt**

2. *Einfahrtsverbotsschild:* Kivétel *(oder* Kivéve) célfuvar **Ausgenommen**
                                                              Anlieger

3. *Parkplatz:* Fizető   **Gebührenpflichtig**
                 Hétköznap ... Ft./óra   **Werktags ... Ft/Stunde**
                 Vasár- és ünnepnap **An Sonn- und Feiertagen**
                 díjtalan   **kostenlos**

5. *Vorübergehende Parkverbote:* Szállítás   **Transport erwartet**

6. *Straßensperre:*   Terelőút   **Umleitung**

Zugelassene Höchstgeschwindigkeiten:

	Pkw	*Lkw, Autobus und Motorrad*
Auf der Autobahn	100 kmh	80 kmh
Auf Fern- und Landstraßen	80 kmh	70 kmh
In Ortschaften	60 kmh	50 kmh

An Tankstellen gibt es folgende Benzinsorten zu kaufen:

Normál **Normal**   86 Oktan
Szuper **Super**   92 Oktan
Extra **Extrasuper**   96 Oktan

Der Verkauf von bleifreiem Benzin (ólommentes benzin) *ist vorgesehen.*

MIT DEM BUS

Gibt es eine Busverbindung nach …?
Van autóbusz-összeköttetés …-*ba*/-*be* (*-ra*/-*re*)?
'vɔn 'ɔuto:bus'øs:ɛkøt:ɛtɛːʃ '…bɔ/bɛ (…rɔ/rɛ)

> *Eine Reihe ungarischer Ortsnamen bekommt auf die Frage „wo-*
> *hin?“ das Suffix* **-ra/re** *(z. B. Szolnok***ra**, *Cegléd***re**), *auf die Frage*
> *„wo?“* **-on/-en/-ön** *(Szolnok***on**, *Cegléd***en**, *Göd***ön**) *und auf die*
> *Frage „woher?“* **-ról/-röl** *(Szolnok***ról**, *Cegléd***ról**). *Dies gilt nicht*
> *für ausländische Ortsnamen.*

Halten hier (Wo halten) die Busse nach …?
Megállnak itt (Hol állnak meg) a buszok … felé?
'mɛga:lnɔk 'itː ('hol 'a:lnɔk 'mɛg) ɔ 'busok … 'fɛlɛː

Wann fährt *ein (der erste/letzte)* Bus nach …?
Mikor megy (az elsö/az utolsó) busz …-*ba*/-*be*?
'mikor 'mɛɟ (ɔz 'ɛlʃøː/ɔz 'utolʃoː) 'bus …bɔ/bɛ

Welcher Bus fährt nach …?
Melyik busz megy …-ba/-be?
'mɛjik 'bus 'mɛɟ '…bɔ/bɛ

Wohin fährt dieser Bus?
Hová megy ez a busz?
'hova: 'mɛɟ 'ɛz ɔ 'bus

Fährt *ein (dieser)* Bus nach …?
Megy busz (ez a busz) …-ba/-be?
'mɛɟ 'bus ('ɛz ɔ 'bus) '…bɔ/bɛ

Wann sind wir in …?
Mikor vagyunk … – ban/– ben?
'mikor 'vɔɟunk '…bɔn/bɛn

Muß ich nach … umsteigen?
…-ba/-be át kell szállnom?
'…bɔ/bɛ 'a:t kɛl: 'sa:lːnom

Bitte *einmal (zwei Karten)* nach …
Kérek egy (két) jegyet …-ba/-be.
'keːrɛk 'ɛɟ ('keːt) 'jɛɟɛt '…bɔ/bɛ

Busbahnhof ……	autóbusz-pályaudvar ……	'ɔuto:bus'pa:jɔ-udvɔr
Endstation ……	végállomás ……	'veːga:lːoma:ʃ
Fahrer ……	vezetö ……	'vɛzɛtøː
Fahrkartenautomat …	jegyváltó automata …	'jɛɟva:lto: 'ɔutomɔtɔ
Haltestelle ……	megálló ……	'mɛga:lːo:
Linie ……	vonal, járat ……	'vonɔl, 'ja:rɔt
Richtung ……	irány ……	'ira:ɲ
Schaffner ……	kalauz ……	'kɔlɔuz

MIT DER EISENBAHN

Bahnhof

Wie komme ich zum (Ost-) Bahnhof?
Hogy jutok el a (Keleti) pályaudvarra?
'hoɟ 'jutok 'ɛl ɔ ('kɛlɛti) 'pa:joudvɔrrɔ

Wo ist …?	Hol van …	'hol 'vɔn
das Auskunftsbüro	az információ	ɔz 'informa:tsio:
das Büfett	a büfé	ɔ 'byfe:
der Fahrkartenschalter	a jegypénztár	ɔ 'jetpe:nsta:r
ein Fahrplan	egy menetrend	ɛɟ 'mɛnɛtrɛnd
die Gepäckaufbewahrung	a csomagmegőrző	ɔ 'tʃomɔgmɛgø:rzø:
die Gepäckausgabe	a poggyászkiadás	ɔ 'poɟːa:skiɔda:ʃ
das Restaurant	az étterem	ɔz 'e:ttɛrɛm
der Sanitätsraum	az elsősegélynyújtó hely	ɔz 'ɛlʃø:ʃɛge:jnu:jtø: 'hɛj
die Toilette	a WC	ɔ 've:tse:
der Wartesaal	a váróterem	ɔ 'va:ro:tɛrɛm
eine Wechselstube	pénzváltás	'pe:nzva:lta:ʃ

Kann ich hier ein Zimmer reservieren? Wo?
Tudok itt szobát foglalni? Hol?
'tudok 'it: 'soba:t 'foglalni. 'hol

Fahrplan

Abfahrt	indulás	'indula:ʃ
Ankunft	érkezés	'e:rkɛze:ʃ
Bahnsteig	peron	'pɛron
Eilzug	gyorsvonat	'ɟorɟvonɔt
Fernschnellzug	expressz(vonat)	'ɛksprɛs:(vonɔt)
Gleis	vágány	'va:ga:ɲ
Kurswagen	közvetlen kocsi	'køzvɛtlɛn 'kotʃi
Liegewagen	fekvőkocsi	'fɛgvø:kotʃi
Personenzug	személyvonat	'sɛme:jvonɔt
Schnellzug, D-Zug	gyorsvonat	'ɟorɟvonɔt
Triebwagen	motorkocsi	'motorkotʃi
Vorortzug	HÉV	'he:v

Auskunft

***Von welchem Gleis (Wann)* fährt der Zug nach ... ab?**
Melyik vágányról (Mikor) indul a vonat ...*-ba/-be*?
'mɛjig 'vaːgaːɲroːl ('mikor) 'indul ɔ 'vonɔt '...bɔ/bɛ

Wann fährt *ein Schnellzug (der erste/letzte Zug)* nach ... ?
Mikor megy *gyorsvonat (az első/utolsó vonat)* ...*-ba/-be*?
'mikor 'mɛɟ 'ɟorʒvonɔt (ɔz 'ɛlʃøː/'utolʃoː 'vonɔt) '...bɔ/bɛ

Fährt dieser Zug über ...?
Ez a vonat ...*-n* át megy?
'ɛz ɔ 'vonɔt '...n aːt 'mɛɟ

Führt dieser Zug einen *Speisewagen (Schlafwagen)*?
Van ezen a vonaton *étkezőkocsi (hálókocsi)*?
'vɔn 'ɛzɛn ɔ 'vonɔton 'eːtkɛzøːkotʃi ('haːloːkotʃi)

Auf welchem Gleis kommt der Zug aus ... an?
Melyik vágányra érkezik a vonat ...*-ból/-ból (-ról/-ról)*?
'mɛjig 'vaːgaːɲrɔ 'eːrkɛzik ɔ 'vonɔt '...boːl/bøːl (roːl/røːl)

Hat der Zug *aus (nach)* ... Verspätung?
Van késése a ...*-ból/-ből érkező (-ba/-be induló)* vonatnak?
'vɔn 'keːʃeːʃɛ ɔ ...boːl/bøːl 'eːrkɛzøː (bɔ/bɛ 'induloː) 'vonɔtnɔk

Wieviel Minuten?	**Hält dieser Zug in ...?**
Hány perc?	Megáll ez a vonat ...*-ban/-ben (-on/-en/-ön)?**)
'haːɲ 'pɛrts	'mɛgaːl 'ɛz ɔ 'vonɔt '...bɔn/bɛn (on/ɛn/øn)

Wo muß ich umsteigen?	**Habe ich in ... Anschluß nach ...?**
Hol kell átszállnom?	Van ...*-ban/-ben* csatlakozásom ... felé?
'hol 'kɛl 'aːtsaːlnom	'vɔn '...bɔn/bɛn 'tʃɔtlɔkozaːʃom ... 'fɛle:

Kann ich in ... die Fahrt unterbrechen?
Megszakíthatom az utazást ...*-ban/-ben?*
'mɛksɔkiːthɔtom ɔz 'utɔzaːʃt '...bɔn/bɛn

Schreiben Sie mir bitte die Ankunfts- und Abfahrtzeiten auf.
Írja fel kérem az érkezési és az indulási időket!
'iːrjɔ 'fɛl 'keːrɛm ɔz 'eːrkɛzeːʃi 'eʃ ɔz 'indulaːʃi 'idøːkɛt

***Muß (Kann)* ich für diesen Zug Platzkarten kaufen?**
Kell (Lehet) erre a vonatra helyjegyet váltani?
'kɛl ('lɛhɛt) 'ɛrːɛ ɔ 'vonɔtrɔ 'hɛjːɛɟɛt 'vaːltɔni

---

*) *Vgl. Anmerkung auf Seite 57*

Fahrkarten

Bitte *eine Karte (zwei Karten)* nach ...
Kérek *egy (két)* jegyet ...-*ba/-be*.
'keːrɛk 'ɛɟ (keːt) 'jɛɟɛt '...bɔ/bɛ

– hin und zurück.
– oda-vissza.
'odɔ 'visːɔ

– einfach.
– csak oda.
'tʃɔk 'odɔ

– erster Klasse.
– első osztályra.
'ɛlʃøː 'ostaːjrɔ

– zweiter Klasse.
– másodosztályra.
'maːʃodostaːjrɔ

– eine Kinderfahrkarte.
– egy gyermekjegyet.
'ɛɟ 'ɟɛrmɛkjɛɟɛt

– eine Platzkarte für den Expresszug bis ...
– egy helyjegyet a(z) expresszre ...-ig.
ɛɟ 'hɛjːɛɟɛt ɔ(z) 'ɛksprɛsːrɛ '...ig

Wie lange ist die Karte gültig?
Meddig érvényes a jegy?
'mɛdːig 'eːrveːɲɛʃ ɔ 'jɛɟ

Ich möchte die Fahrt in ... unterbrechen.
Meg szeretném szakítani az utazást ...-*ban/-ben*.
'mɛk sɛrɛtneːm 'sɔkiːtɔni ɔz 'utɔzaːʃt '...bɔn/bɛn

Was kostet die Fahrt *erster Klasse (zweiter Klasse)* nach ...?
Mibe kerül az *első osztályú (másodosztályú)* jegy ...-*ba/-be*?
'mibɛ 'kɛryl ɔz 'ɛlʃøː 'ostaːju: ('maːʃodostaːju:) 'jɛɟ '...bɔ/bɛ

Fahrkarte, Fahrschein	menetjegy	'mɛnɛtjɛɟ
– einfache Fahrkarte	menetjegy egy útra	'mɛnɛtjɛɟ 'ɛɟ 'uːtrɔ
– ermäßigte Fahrkarte	kedvezményes (árú) menetjegy	'kɛdvɛzmeːɲɛʃ ('aːru:) 'mɛnɛtjɛɟ
– Kinderfahrkarte	gyermekjegy	'ɟɛrmɛkjɛɟ
Fahrpreis	menetdíj	'mɛnɛdiːj
Familienermäßigung	családi kedvezmény	'tʃɔlaːdi 'kɛdvɛzmeːɲ
Gruppenfahrschein	csoportos menetjegy	'tʃoportoʃ 'mɛnɛtjɛɟ
Platzkarte	helyjegy	'hɛjːɛɟ
Rückfahrkarte	retúrjegy	'rɛtuːrjɛɟ
Schlafwagenkarte	hálókocsijegy	'haːloːkotʃijɛɟ
Zuschlagkarte	kiegészítő jegy	'kiɛgeːsiːtøː 'jɛɟ

Gepäck

Ich möchte .... Szeretném .... 'sɛrɛtne:m

– **dieses Gepäck nach ... aufgeben.**
– feladni ezt a poggyászt ...*-ba/-be*.
'fɛlɔdni 'ɛst ɔ 'poɟɟa:st '...bɔ/bɛ

– **dieses Gepäck hierlassen.**
– itthagyni ezt a poggyászt.
'it:hɔɟni 'ɛst ɔ 'poɟɟa:st

– **mein Gepäck *versichern (abholen)*.**
– biztosítani *(elhozni)* a poggyászomat.
'bistoʃi:tɔni ('ɛlhozni) ɔ 'poɟɟa:somɔt

Hier ist *die Fahrkarte (der Gepäckschein)*.
Itt a *menetjegy (poggyászjegy)*.
'it: ɔ 'mɛnɛtjɛɟ ('poɟɟa:sjɛɟ)

Es sind zwei Koffer und eine Tasche.
Két bőrönd és egy táska.
'ke:d 'bø:rønd 'eʃ ɛɟ 'ta:ʃkɔ

Geht das Gepäck mit demselben Zug ab?
Ugyanezzel a vonattal megy a poggyász?
'uɟɔnɛz:ɛl ɔ 'vonɔt:ɔl 'mɛɟ ɔ 'poɟɟa:s

Wann ist es in ...?
Mikor van ...*-ban/-ben*?
'mikor 'vɔn '...bɔn/bɛn

Das sind nicht meine Sachen.
Ez nem az én holmim.
'ɛz 'nɛm ɔz 'e:n 'holmim

Es fehlt ein Koffer.
Egy bőrönd hiányzik.
'ɛɟ 'bø:rønt 'hia:nʒik

Gepäck	poggyász, csomag	'poɟɟa:s, 'tʃomɔg
Gepäckabfertigung ..	poggyászkezelés	'poɟɟa:skɛzɛlɛ:ʃ
Gepäckannahme ..	poggyászfeladás	'poɟɟa:sfɛlɔdɔ:ʃ
Gepäckaufbewahrung	csomagmegőrzés	'tʃomɔgmɛgø:rze:ʃ
Gepäckausgabe	*csomag- (poggyász)*	'tʃomɔk-('poɟɟa:s)
	kiadás	kiɔdɔ:ʃ
Gepäckschein	*csomag- (poggyász)*	'tʃomɔg-('poɟɟa:s)
	jegy	jɛɟ
Gepäckschließfach ..	rekesz (automata	'rɛkɛs ('ɔutomɔtɔ
	csomagmegőrzőben) ..	'tʃomɔgmɛgø:rzø:-
		bɛn
Handgepäck	kézipoggyász	'ke:zipoɟɟa:s
Koffer	bőrönd	'bø:rønd
Reisetasche	utazótáska	'utɔzo:ta:ʃkɔ

Gepäckträger

Gepäckträger ...... Hordár .... 'hordaːr

dieses Gepäck (diesen Koffer) bitte ...
ezt a *csomagot (bőröndöt)* kérem ...
'ɛst ɔ 'tʃomɔgot ('bøːrøndøt) 'keːrɛm

– zum Zug nach ...
– a(z) ...-i vonathoz.
ɔ(z) '...i 'vonɔthoz

– zum Bahnsteig 2.
– a második vágányhoz.
ɔ 'maːʃodig 'vaːgaːɲhoz

– zur Aufbewahrung.
– a csomagmegőrzőbe.
ɔ 'tʃomɔgmɛgøːrzøːbɛ

– zum Ausgang.
– a kijárathoz.
ɔ 'kijaːrɔthoz

– zum Taxi.
– a taxihoz.
ɔ 'tɔksihoz

– zum Bus nach ...
– a(z) ...-i buszhoz.
ɔ(z) '...i 'bushoz

Wieviel bekommen Sie?
Mit fizetek?
'mit 'fizɛtɛk

Auf dem Bahnsteig

Ist das der Zug *nach (aus)* ...?
Ez a *...-ba/-be induló (-ból/-ből érkező)* vonat?
'ɛz ɔ '...bɔ/bɛ 'induloː ('...boːl/bøl 'eːrkɛzøː) 'vonɔt

Wo ist .... Hol van .... 'hol 'vɔn

– die erste Klasse?
– az első osztály?
ɔz 'ɛlʃøː 'ostaːj

– der Kurswagen nach ...?
– a ...-i közvetlen kocsi?
ɔ '...i 'køzvɛtlɛn 'kotʃi

– der Liegewagen?
– a fekvőkocsi?
ɔ 'fɛgvøːkotʃi

– der Schlafwagen?
– a hálókocsi?
ɔ 'haːloːkotʃi

– der Speisewagen?
– az étkezőkocsi?
ɔz 'eːtkɛzøːkotʃi

– der Gepäckwagen?	– Wagen Nr. ...?	In der Mitte.
– a poggyászkocsi?	– a ... számú kocsi?	Középen.
ɔ 'poɖɑːskotʃi	'ɔ ... 'saːmu: 'kotʃi	'køzeːpɛn

Dort.	Vorn.	Am Ende.	Wann kommt der Zug aus ... an?
Ott.	Elől.	A végén	Mikor érkezik a vonat ...-*ból*/-*ből*?
'ot:	'ɛløːl	ɔ 've:gɛn	'mikor 'eːrkɛzik ɔ 'vonɔt '...boːl/bøːl

ÜGYELETES TISZT	INFORMÁCIÓ	KIJÁRAT
Aufsicht	**Auskunft**	**Ausgang**

A VÁGÁNYOKHOZ	HIDEG ITALOK
Zu den Gleisen	**Erfrischungen**

POGGYÁSZFELADÁS	VÁGÁNY
Gepäckannahme	**Gleis**

VÁRÓTEREM	IVÓVÍZ
Wartesaal	**Trinkwasser**

WC	FÉRFI	NŐI
Toiletten	**Herren**	**Damen**

Im Zug

Ist dieser Platz frei? **Verzeihung, das ist mein Platz.**
Szabad ez a hely? Bocsánat, ez az én helyem.
'sɔbɔd 'ɛz ɔ 'hej 'botʃaːnɔt, 'ɛz ɔz 'eːn 'hɛjɛm

Darf ich das Fenster *öffnen (schließen)*? **Gestatten Sie?**
Kinyithatom (Becsukhatom) az ablakot? Megengedi?
'kiɲithɔtom (bɛtʃukhɔtom) ɔz 'ɔblɔkot 'mɛgɛngɛdi

Können Sie mir bitte helfen?
Tudna nekem segíteni, kérem?
'tudnɔ nɛkɛm 'ʃegi:tɛni 'ke:rɛm

Können wir die Plätze tauschen?
Helyet cserélhetnénk?
'hɛjɛt 'tʃɛre:lhɛtne:nk

Ich kann nicht rückwärts fahren.
Nem tudok menetiránynak háttal ülni.
'nɛm 'tudok 'mɛnɛtira:ɲɲɔk 'ha:t:ɔl 'ylni

*Die Fahrkarten, bitte!
A menetjegyeket kérem!
ɔ 'mɛnɛtjɛɟɛkɛt 'ke:rɛm

Ich möchte zuzahlen.
Szeretnék ráfizetni.
'sɛrɛtne:k 'ra:fizɛtni

Wie viele Stationen sind es noch bis …?
Hány állomás van még …-ig?
'ha:ɲ 'a:l:oma:ʒ 'vɔn 'me:g '…ig

Sind wir pünktlich in …?
Pontosan érkezünk …-ba/-be?
'pontoʃɔn 'e:rkɛzynk '…bɔ/bɛ

Wo sind wir jetzt?
Hol vagyunk most?
'hol 'vɔɟunk 'moʃt

Wie lange halten wir hier?
Meddig állnunk itt?
'mɛd:ig a:l:unk 'it:

Erreiche ich noch den Zug nach …?
Elérem még a …-i vonatot?
'ɛle:rɛm 'me:g ɔ '…i 'vonɔtot

NEM DOHÁNYZÓ	DOHÁNYZÓ
Nichtraucher	**Raucher**

VÉSZFÉK	ÉTKEZŐKOCSI	HÁLÓKOCSI
Notbremse	**Speisewagen**	**Schlafwagen**

WC	SZABAD	FOGLALT
Toilette	**Frei**	**Besetzt**

abfahren	indul	'indul
Abfahrt	indulás	'indula:ʃ
Abteil	fülke	'fylkɛ
ankommen	érkezik	'e:rkɛzik
Ankunft	érkezés	'e:rkɛzɛ:ʃ
Anschluß	csatlakozás	'tʃɔtlɔkoza:ʃ
Aufenthalt	tartózkodás	'tɔrto:skoda:ʃ
Ausgang	kijárat	'kija:rɔt
Auskunft	információ	'informa:tsio:
aussteigen	kiszáll	'kisa:l:
Bahnhof	pályaudvar	'pa:jɔudvɔr
Bahnhofsvorsteher .	állomásfőnök	'a:l:oma:ʃfø:nøk
Bahnsteig	peron	'pɛron
Durchgang	átjárás	'a:tja:ra:ʃ
einsteigen	beszáll	'bɛsa:l:
Eisenbahn	vasút	'vɔʃu:t
Ermäßigung	kedvezmény	'kɛdvɛzme:ɲ
Fensterplatz	ablak melletti hely	'ɔblɔk 'mɛl:ɛt:i 'hɛj
Gang	folyosó	'fojoʃo:
Gepäck	csomag, poggyász	'tʃomɔg, 'poɟ:a:s
Gepäcknetz	csomagtartó	'tʃomɔktɔrto:
Gleis	vágány	'va:ga:ɲ
Güterbahnhof	teherpályaudvar	'tɛhɛrpa:jɔudvɔr
Heizung	fűtés	'fy:te:ʃ
– kalt	– hideg	'hidɛg
– warm	– meleg	'mɛlɛg
Kursbuch	menetrend	'mɛnɛtrend
Liegeplatz	fekvőhely	'fɛgvø:hɛj
Lokomotive	mozdony	'mozdoɲ
Schaffner	kalauz	'kɔlɔuz
Sperre	peronbejárat	'pɛronbɛja:rɔt
Strecke	vonal, pálya	'vonɔl 'pa:jɔ
umsteigen	átszáll	'a:ts:a:l:
Wagen, Waggon	kocsi	'kotʃi
Wagentür	kocsiajtó	'kotʃiɔjto:
Waschraum	mosdó	'mozdo:
Zugführer	vonatvezető	'vonɔtvɛzɛtø:

MIT DEM FLUGZEUG

Auskunft und Buchung

Gibt es eine (direkte) Flugverbindung nach …?
Van (közvetlen) repülőjárat …-ba/-be?
'vɔn ('køzvɛtlɛn) 'rɛpylø:ja:rɔt '…bɔ/bɛ

Wann fliegt *heute (morgen)* eine Linienmaschine nach …?
Mikor megy *ma (holnap)* menetrend szerinti gép …-ba/-be?
'mikor 'mɛɟ 'mɔ (holnɔp) 'mɛnɛtrɛnt 'sɛrinti 'ge:p '…bɔ/bɛ

Wann fliegt die nächste Maschine nach …?
Mikor megy a következő gép …-ba/be?
'mikor 'mɛɟ ɔ 'køvɛtkɛzø: 'ge:p '…bɔ/bɛ

Haben Sie für übermorgen noch freie Plätze in der Maschine nach …?
Van még holnaputánra szabad hely a …-i gépre?
vɔn 'me:g 'holnɔputa:nrɔ 'sɔbɔt 'hɛj ɔ'…i 'ge:prɛ

Wieviel kostet der Flug nach … (und zurück)?
Mibe kerül a repülőút …-ba/-be (és vissza)?
'mibɛ 'kɛryl ɔ 'rɛpylø:u:t '…bɔ/bɛ (ɛ:ʒ 'visːɔ)

Wieviel Gepäck ist frei?
Mennyi poggyász díjmentes?
'mɛɲːi 'poɟːa:z 'di:jmɛntɛʃ

Was kostet das Übergepäck pro kg?
Mibe kerül a túlsúly kilója?
'mibɛ 'kɛryl ɔ 'tu:lʃu:j 'kilo:jɔ

Kann ich das als Handgepäck in die Maschine nehmen?
Vihetem ezt kézipoggyászként a gépre?
'vihɛtɛm 'ɛst 'ke:zipoɟːa:ske:nt ɔ 'ge:prɛ

Wie lange dauert der Flug nach …?
Meddig tart a repülőút …-ba/-be?
'mɛdːik 'tɔrt ɔ 'rɛpylø:u:t '…bɔ/bɛ

Muß ich hier eine Flughafengebühr zahlen?
Kell repülőtéri díjat fizetnem?
'kɛl 'rɛpylø:te:ri 'di:jɔt 'fizɛtnɛm

Wieviel?
Mennyit?
'mɛɲːit

Fährt von hier *(Wie oft fährt)* ein Zubringerbus zum Flughafen?
Megy innen (Milyen gyakran megy) autóbusz a repülőtérre?
'mɛɟ 'inːɛn ('mijɛn 'ɟɔkrɔn 'mɛɟ) 'ɔuto:bus ɔ 'rɛpylø:te:rːɛ

* Alle ... Minuten.   ***Jede volle und jede halbe Stunde.**

Minden ... percben.   Minden kerek órában és óra 30-kor.
'mindɛn ... 'pɛrdzbɛn   'mindɛn 'kɛrɛk 'oːraːbɔn 'eʃ 'oːrɔ 'hɔrmintskor

Bitte für Freitag zwei Flugkarten nach ...

Kérek péntekre két repülőjegyet ...-ba/-be.
'keːrɛk 'peːntɛkrɛ 'keːt 'rɛpyløːjɛɟɛt '...bɔ/bɛ

Bitte für den 8. Mai einen Hin- und Rückflug nach ...

Kérek május nyolcadikára egy oda-vissza utat ...-ba/be.
'keːrɛk 'maːjuʃ 'ɲoltsɔdikaːrɔ ɛɟ 'odɔ-visːɔ 'utɔt '...bɔ/bɛ

– Economy-Klasse.   **– Raucher/Nichtraucher.**

– Turista osztály.   – Dohányzó/nem dohányzó.
'turiʃtɔ 'ostaːj   'dohaːɲzoː/'nɛm 'dohaːɲzoː

Gibt es für *Touristen (Familien)* eine Ermäßigung?

Van kedvezmény *turistáknak (családoknak)*?
'vɔn 'kɛdvɛzmeːɲ 'turiʃtaːknɔk ('tʃɔlaːdoknɔk)

Ich möchte diesen Flug *annulieren (umbuchen)*.

Szeretném ezt az utat *lemondani (átbukkolni)*.
'sɛrɛtneːm 'ɛst ɔz 'utɔt 'lɛmondɔni ('aːtbukːolni)

Wie hoch ist die Annulierungsgebühr?

Mennyi a lemondási díj?
'mɛɲːi ɔ 'lɛmondaːʃi 'diːj

Auf dem Flughafen

Wo finde ich den Informationsschalter?

Hol találom az információt?
'hol 'tɔlaːlom ɔz 'informaːtsioːt

Wo ist ...   **– die Abflughalle?**   **– der Duty-free-shop?**

Hol van ...   – az indulási csarnok?   – a duty free-bolt?
'hol 'vɔn   ɔz 'indulaːʃi 'tʃɔrnok   ɔ 'djutifri: 'bolt

Ist der Flug Nr. ... nach ... schon aufgerufen worden?

Szólították már a ... számú járat utasait ... felé?
'soːliːtotːaːk 'maːr ɔ ... 'saːmuː 'jaːrɔt 'utɔʃoit ... 'fɛlɛː

Hat die Maschine nach … Verspätung?
Van késése a(z) …-i gépnek?
'vɒn 'keːʃeːʃɛ ɒz '…i 'geːpnɛk

Ist die Maschine aus … schon gelandet?
Leszállt már a(z) …-i gép?
'lɛsaːlːt 'maːr ɒz '…i 'geːp

Im Flugzeug

*Bitte das Rauchen einstellen!
Kérem a dohányzást mellőzni!
'keːrɛm ɒ 'dohaːnʒaːʃt 'mɛlːøːzni

*Anschnallen, bitte!
Csatolják be az öveket, kérem!
'tʃɒtoljaːg 'bɛ ɒz 'øvɛkɛt 'keːrɛm

Wie hoch fliegen wir?
Milyen magasan repülünk?
'mijɛn 'mɒgɒʃɒn 'rɛpylynk

Wann landen wir?
Mikor szállunk le?
'mikor 'saːlːunk 'lɛ

*Wir überfliegen jetzt gerade …
Most éppen … fölött repülünk.
'moʃt 'eːpːɛn … 'føløt 'rɛpylynk

Kann ich etwas zu trinken haben?
Kaphatok valami innivalót?
'kɒphɒtog 'vɒlɒmi 'inːivɒloːt

Mir ist schlecht.
Rosszul vagyok.
'rosːul 'vɒɟok

Haben Sie ein Mittel gegen Luftkrankheit?
Van valami szere légibetegség ellen?
'vɒn 'vɒlɒmi 'sɛrɛ 'leːgibɛtɛkʃeːg 'ɛlːɛn

Könnten Sie die Rückenlehne etwas nach vorn stellen?
Előbbre állítaná egy kicsit a háttámlát?
'ɛløːbːrɛ 'aːlːiːtɒnaː ɛɟ 'kitʃit ɒ 'haːtːaːmlaːt

Abflug	indulás	'indulaːʃ
Ankunft	érkezés	'eːrkɛzeːʃ
anschnallen	övet becsatol	'øvɛd 'bɛtʃɒtol
Anschnallgurt	biztonsági öv	'bistonʃaːgi 'øv
Auskunft	információ	'informaːtsioː
Ausgang	kijárat	'kijaːrɒt
Besatzung	legénység	'lɛgeːnʃeːg
Buchung	helyfoglalás	'hɛjfoglɒlaːʃ
Chartermaschine	chartergép	'tʃɒrtɛrgeːp
Düsenflugzeug	sugárhajtású gép	'ʃugaːrhɒjtaːʃuː 'geːp
Fahrwerk	futómű	'futoːmyː
fliegen	repül	'rɛpyl
Flug	repülés, légiút	'rɛpyleːʃ, 'leːgiuːt

Fluggast	légi utas	'le:gi 'utɔʃ
Fluggesellschaft	légitársaság	'le:gita:rʃɔʃa:g
Flughafen	repülőtér	'rɛpylø:te:r
Flughafengebühr	repülőtéri illeték	'rɛpylø:te:ri 'il:ɛte:k
Flugkapitän	repülőgép-parancsnok	'rɛpylø:ge:p- 'pɔrɔntʃnɔk
Flugplan	menetrend	'mɛnɛtrɛnd
Flugschein	repülőjegy	'rɛpylø:jɛɟ
Flugstrecke	repülési útvonal	'rɛpyle:ʃi 'u:dvonɔl
Flugzeit	repülési idő	'rɛpyle:ʃi 'idø:
Flugzeug	(repülő) gép	'(rɛpylø:) ge:p
Freigepäck	dijmentes poggyász ...	'di:jmɛntɛʃ 'poɟ:a:s
Frischluftdüse	frisslevegő-fúvóka	'friʃ:lɛvɛgø: 'fu:vo:kɔ
Gepäckroller	poggyászkuli	'poɟ:a:skuli
Hubschrauber	helikopter	'hɛlikɔptɛr
Landeerlaubnis	leszállási engedély	'lɛsa:l:a:ʃi 'ɛngɛdɛj
landen	leszáll	'lɛsa:l:
Landung	leszállás	'lɛsa:l:a:ʃ
Linienmaschine	menetrend szerinti járat	'mɛnɛtrɛnd 'sɛrinti 'ja:rɔt
Luftkrankheit	légi betegség	'le:gi 'bɛtɛkʃe:g
Notausgang	vészkijárat	've:skija:rɔt
Notlandung	kényszerleszállás	'ke:ɲsɛrlɛsa:l:a:ʃ
Notrutsche	vészcsuszda	've:stʃu:zdɔ
Rückflug	visszaút	'vis:ɔu:t
Sauerstoffmaske ...	oxigénmaszk	'oksige:nmɔsk
Sitz	ülés	'yle:ʃ
starten	felszáll	'fɛlsa:l:
Starterlaubnis	felszállási engedély	'fɛlsa:l:a:ʃi 'ɛngɛdɛj
Stewardeß	stewardess, légikis- asszony	'stuardɛs:, 'le:gikiʃɔ- s:oɲ
Triebwerk	hajtómű	'hɔjto:my:
Übergepäck	túlsúly	'tu:lʃu:j
Warteraum	váró(terem)	'va:ro:(tɛrɛm)
Wolkendecke	felhőtakaró	'fɛlhø:tɔkɔro:
Zielflughafen	érkezési repülőtér	'e:rkɛze:ʃi 'rɛpylø:- te:r
zollfreie Waren	vámmentes áruk	'va:m:ɛntɛʃ 'a:ruk
Zwischenlandung ...	közbeeső leszállás	'køzbɛɛʃø: 'lɛsa:l:a:ʃ

Gepäck s. Abschnitt „Eisenbahn", S. 58

AN DER GRENZE

Paßkontrolle

*Ihren Paß bitte!
Kérem az útlevelét!
'ke:rɛm ɔz 'u:tlɛvɛlɛ:t

Ihre Papiere bitte!
Kérem az okmányait!
'ke:rɛm ɔz 'okma:ɲɔit

*Ihr Paß ist nicht mehr gültig.
Az Ön útlevele lejárt.
ɔz 'øn 'u:tlɛvɛlɛ 'lɛja:rt

*Sie brauchen ein Visum.
Önnek vízum kell.
'øn:ɛk 'vi:zum 'kɛl:

Bekomme ich hier ein Visum?
Kapok itt vízumot?
'kɔpok 'it: 'vi:zumot

*Wie lange wollen Sie bleiben?
Mennyi ideig (meddig) akar maradni?
'mɛɲ:i 'idɛig (mɛd:ig) 'ɔkɔr 'mɔrɔdni

Ich bleibe *eine Woche (zwei/drei Wochen, bis zum …).*
Egy *hétig (két/három hétig, …-ig)* maradok.
'ɛɟ 'he:tig ('ke:t/'ha:rom 'he:tig, '…ig) 'mɔrɔdok

Wir machen eine *Urlaubsreise (Studienreise).*
Turistautazást (Tanulmányutat) teszünk.
'turiʃtɔutɔza:ʃt ('tɔnulma:ɲutɔt) 'tɛsynk

Wir sind (Ich bin) auf der Durchreise nach …
Átutazóban *vagyunk (vagyok)* … felé.
'a:tutɔzo:bɔn 'vɔɟunk ('vɔɟok) … 'fɛle:

Ich will … besuchen.
A(z) … akarom meglátogatni.
'ɔ(z) … 'ɔkɔrom 'mɛgla:togɔtni

Ich will in … zelten.
A(z) …-ban/-ben akarok kempingezni.
'ɔ(z)…bɔn/bɛn 'ɔkɔrok 'kɛmpingɛzni

*Füllen Sie bitte dieses Formular aus.
Töltse ki kérem ezt az űrlapot!
'tølt∫ɛ 'ki 'ke:rɛm 'ɛst ɔz 'yrlɔpot

Ich möchte mit der Vertetung meines Landes telefonieren.
Szeretnék a hazám képviseletének telefonálni.
'sɛrɛtne:k ɔ 'hɔza:m 'ke:bvi∫ɛlɛte:nɛk 'tɛlɛfona:lni

Aufenthalt	tartózkodás	'tɔrtoːskodaːʃ
Ausreise	kiutazás	'kiutɔzaːʃ
Ausreisevisum	kiutazó vízum	'kiutɔzoː 'viːzum
Bestimmungen	rendelkezések	'rɛndɛlkɛzeːʃɛk
Einreise	beutazás	'bɛutɔzaːʃ
Einreisevisum	beutazó vízum	'bɛutɔzoː 'viːzum
Fahrtroute	útirány	'uːtiraːŋ
Fahrzeugschein	járműokmány	'jaːrmyːokmaːŋ
Familienname	vezetéknév	'vɛzɛtɛːkneːv
Familienstand	családi állapot	'tʃɔlaːdi 'aːlːopot
– ledig	nőtlen/*Frau:* hajadon	'nøːtlɛn/'hɔjɔdon
– verheiratet	nős/*Frau:* férjezett	'nøːʃ/'feːrjɛzɛt
– verwitwet	özvegy	'øzvɛd͡ʒ
Führerschein	jogosítvány	'jogoʃiːdvaːŋ
Geburtsdatum	születési idő	'sylɛtɛːʃi 'idøː
Geburtsort	születési hely	'sylɛtɛːʃi 'hɛj
Grenze	határ	'hɔtaːr
Grenzübergang	határátkelőhely	'hɔtaːraːtkɛløːhɛj
Größe	magasság	'mɔgɔʃːaːg
Impfzeugnis	oltási bizonyítvány	'oltaːʃi 'bizoɲiːdvaːɲ
Kinderausweis	gyermekigazolvány	'd͡ʒɛrmɛkigɔzolvaːŋ
Name des Vaters	apja neve	'ɔpjɔ 'nɛvɛ
Name der Mutter	anyja neve	'ɔɲːɔ 'nɛvɛ
Nationalitätskennzei- chen	az ország betűjele	ɔz 'orsaːg 'bɛtyːjɛlɛ
Nummer	szám	'saːm
Paß, Reisepaß	útlevél	'uːtlɛvɛːl
Personalausweis	személyi igazolvány	'sɛmeːji 'igɔzolvaːŋ
Personalien	személyi adatok	'sɛmeːji 'ɔdɔtok
Reise	utazás	'utɔzaːʃ
– Dienstreise	szolgálati utazás	'solgaːlɔti 'utɔzaːʃ
Staatsangehörigkeit	állampolgárság	'aːlːɔmpolgaːrʃaːg
Touristenvisum	turistavízum	'turiʃtɔviːzum
Transitvisum	tranzitvízum	'trɔnzidviːzum
Urlaubsort	nyaralóhely	'ɲɔroloːhɛj
Verlängerung	hosszabbítás	'hosːɔbːiːtaːʃ
Visagebühr	vízumdíj	'viːzumdiːj
Vorname	keresztnév, utónév	'kɛrɛstneːv, 'utoːneːv
Wohnort	lakóhely	'lɔkoːhɛj

Zollkontrolle

*Haben Sie etwas zu verzollen?
an valami elvámolnivalója?
'vɔn 'vɔlɔmi 'ɛlvaːmolnivɔloːjɔ

Ich habe nur Sachen für den persönlichen Bedarf.
Csak személyes holmijaim vannak.
'tʃɔk 'sɛmeːjɛʃ holmijɔim 'vɔnːɔk

Das ist mein Koffer.
Ez az én bőröndöm.
'ɛz ɔz 'eːn 'bøːrøndøm

Das gehört mir nicht.
Ez nem az enyém.
'ɛz 'nɛm ɔz 'ɛɲeːm

*Öffnen Sie bitte …
Nyissa ki kérem …
'ɲiʃːɔ 'ki 'keːrɛm

Das ist ein *Geschenk (Reiseandenken).*
Ez *ajándék (úti emlék)*.
'ɛz 'ɔjaːndeːk ('uːti 'ɛmleːk)

*Haben Sie Haustiere im Wagen?
annak háziállatok a kocsijában?
'vɔnːɔk 'haːziaːlːɔtok ɔ 'kotʃijaːbɔn

*Was ist darin?
Mi van benne?
'mi 'vɔn 'bɛnːɛ

Hier ist die *Rechnung (Bescheinigung).*
Tessék *a számla (az igazolás)*.
'tɛʃːeːk ɔ 'saːmlɔ (ɔz 'igɔzolaːʃ)

*In Ordnung!
Rendben!
'rɛndbɛn

Muß ich das verzollen?
El kell vámoltatnom?
'ɛl 'kɛl 'vaːmoltɔtnom

*Dafür müssen Sie Zoll zahlen.
Ezért vámot kell fizetni.
'ɛzeːrt 'vaːmot 'kɛl 'fizɛtni

Wieviel ist zollfrei?
Mennyi vámmentes?
'mɛɲːi 'vaːmːɛntɛʃ

Was muß ich dafür zahlen?
Mit kell ezért fizetnem?
'mit 'kɛl 'ɛzeːrt 'fizɛtnɛm

Ausfuhrzoll	kiviteli vám	'kivitɛli 'vaːm
Einfuhrzoll	beviteli vám	'bɛvitɛli 'vaːm
Genehmigung	engedély	'ɛngɛdeːj
Quarantäne	karantén	'kɔrɔnteːn
Unterschrift	aláírás	'ɔlaːiːraːʃ
Zollabfertigung	vámkezelés	'vaːmkɛzɛleːʃ
Zollerklärung	vámnyilatkozat	'vaːmɲilɔtkozɔt
Zollkontrolle	vámvizsgálat	'vaːmviʒgaːlɔt

UNTERKUNFT

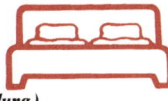

Erkundigungen

Ich suche *das …-Hotel (die Privatzimmer-Vermittlung).*
A … *szállodát (a fizetővendég-szolgálatot)* keresem.
ɔ … 'sa:l:oda:t (ɔ 'fizetø:vende:k 'solga:lɔtot) 'kɛrɛʃɛm

Können sie mir *ein Hotel (ein Privatquartier)* **empfehlen?**
Tud nekem *egy szállodát (magánszállást)* ajánlani?
'tud 'nɛkɛm ɛt̞ 'sa:l:oda:t ('mɔga:nsa:l:a:ʃt) 'ɔja:nlɔni

Gibt es hier in der Nähe …?
Van itt a közelben …?
'vɔn 'it: ɔ 'køzɛlbɛn

ein Apartmenthotel	egy apartmanház	ɛd̞ 'ɔpɔrtmɔnha:z
einen Bungalow	egy bungaló	ɛd̞ 'bungɔlo:
einen Campingplatz .	egy kemping	ɛt̞ 'kɛmping
einen Gasthof	egy vendégfogadó . . .	ɛd̞ 'vende:kfogɔdo:
ein (Touristen-)Hotel	egy (turista)szálló	ɛt̞ '(turiʃtɔ)sa:l:o:
eine Jugendherberge .	egy ifjúsági szállás . . .	ɛd̞ 'ifju:ʃa:gi 'sa:l:a:ʃ
ein Motel	egy motel	ɛd̞ 'motel
eine Pension	egy panzió	ɛt̞ 'pɔnzio:
eine preiswerte Unter-		
kunft	egy olcsó szálláshely . . .	ɛd̞ 'oltʃo: 'sa:l:a:ʃhɛj

– in Strandnähe.
– partközelben.
'pɔrtkøzɛlbɛn

– in *ruhiger (zentraler)* **Lage.**
– *csendes (központi)* helyen.
't̞ʃɛndɛʃ ('køsponti) 'hɛjɛn

Wie sind die Preise dort?
Milyenek ott az árak?
'mijɛnɛk 'ot: ɔz 'a:rɔk

Wie ist die Verpflegung?
Milyen az ellátás?
'mijɛn ɔz 'ɛl:a:ta:ʃ

Ist die Unterkunft für Rollstuhlfahrer geeignet?
Alkalmas a szállás tolószékhez kötött személynek?
'ɔlkɔlmɔʃ ɔ 'sa:l:a:ʃ 'tolo:se:khɛz 'køtøt: 'sɛme:jnɛk

Am Empfang

Ich habe bei Ihnen *ein Zimmer (eine Ferienwohnung)* **bestellt.**
Foglaltam Önöknél *egy szobát (egy üdülőlakást)* .
'foglɔltɔm 'ønøkneːl ɛt̮ʃ'sobaːt (ɛd̮ʒ 'ydylølɔkaːʃt)

Das Reisebüro ... hat für *mich (uns)* **ein Zimmer reservieren lassen.**
A(z) ... utazási iroda foglalt *nekem (nekünk)* egy szobát.
'ɔ(z) ... 'utɔzaːʃi 'irodɔ 'foglɔlt 'nɛkɛm ('nɛkynk) ɛt̮ʃ 'sobaːt

Haben Sie ein *Einzelzimmer (Doppelzimmer)* **frei?**
Van egy szabad *egyágyas (kétágyas)* szobája?
'vɔn 'ɛt̮ʃ 'sobɔd 'ɛd̮ʒaːd̮ʒ ʃ ('keːtaːd̮ʒʃ) 'sobaːjɔ

Haben Sie etwas frei?   **Ich hätte gern ...**
Van szabad szobája?   Szeretnék ...
'vɔn 'sɔbɔt 'sobaːjɔ   'sɛrɛtneːk

ein Appartement	....	egy lakosztályt	....	ɛd̮ʒ 'lɔkostaːjt
einen Bungalow	.....	egy bungalót	....	ɛd̮ʒ 'bungɔloːt
ein Zimmer	....	egy szobát	....	ɛt̮ʃ 'sobaːt
– mit Bad	....	fürdőszobával		'fyrdøːsobaːvɔl
– mit Balkon	......	erkéllyel		'ɛrkeːjːɛl
– mit Dusche	.....	zuhannyal		'zuhɔɲ ːɔl
– mit fließend Kalt-		hideg-meleg folyóvízzel.		'hidɛg 'mɛlɛg
und Warmwasser	..			'fojoːviːzːɛl
– mit Blick zum See	..	kilátással a tóra	....	'kilaːtaːʃːɔl ɔ 'toːrɔ
– mit Terrasse	.....	terasszal	....	'tɛrɔsːɔl
– im zweiten Stock	..	a második emeleten	..	ɔ 'maːʃodik
				'ɛmɛlɛtɛn
– für ... Personen	...	... személyre	....	'sɛmeːjrɛ
ein ruhiges Zimmer	.	egy csendes szobát	....	ɛt̮ʃ 'tʃɛndɛʃ 'sobaːt
ein Zweibettzimmer	.	egy kétágyas szobát	...	ɛt̮ʃ 'keːtaːd̮ʒʃ 'sobaːt

... für eine *Nacht (zwei Tage, eine Woche, vier Wochen)* .
... egy éjszakára *(két napra, egy hétre, négy hétre)* .
'ɛd̮ʒ 'eːjsɔkaːrɔ ('keːt 'nɔprɔ, 'ɛt̮ʃ 'heːtrɛ, 'neːt̮ʃ 'heːtrɛ)

Kann ich mir das Zimmer ansehen?
Megnézhetem a szobát?
'mɛgne:shɛtɛm ɔ 'soba:t

Es gefällt mir.
Tetszik.
'tɛtsːik

Ich nehme es.
Kiveszem.
'kivɛsɛm

Wir nehmen es.
Kivesszük.
'kivɛsːyk

Können Sie mir noch ein anderes Zimmer zeigen?
Tud nekem még egy szobát mutatni?
'tʊd nɛkɛm 'me:g ɛɟ 'soba:t 'mutɔtni

Können Sie noch ein *Bett (Kinderbett)* hereinstellen?
Be tud állítani még egy *ágyat (gyerekágyat)*?
'bɛ 'tud 'a:lːi:tɔni 'me:g ɛɟ 'a:dɔt ('dɛrɛka:dɔt)

Preis

Wieviel kostet dieses Zimmer pro *Tag (Woche)*?
Mibe kerül ez a szoba egy *napra (hétre)*?
'mibɛ 'kɛryl 'ɛz ɔ 'sobɔ 'ɛɟ 'nɔprɔ ('he:trɛ)

– mit Frühstük
– reggelivel.
'rɛgːɛlivɛl

– mit Halbpension
– félpanzióval.
'fe:lpanzio:vɔl

– mit Vollpension.
– teljes panzióval.
'tɛljɛʃ 'pɔnzio:vɔl

Ist *alles (die Benutzung von …)* inbegriffen?
Minden (A … használata) benne van az árban?
'mindɛn (ɔ … 'hɔsna:lɔtɔ) 'bɛnːɛ 'vɔn ɔz 'a:rbɔn

Wie hoch ist der *Einzelzimmer-Zuschlag (Saisonzuschlag)*?
Mennyi az *egyágyas felár (idényfelár)*?
'mɛɲi ɔz 'ɛɟa:dɔʃ 'fɛla:r ('ide:ɲfɛla:r)

Gibt es für Kinder eine Ermäßigung?
Van gyermekkedvezmény?
'vɔn 'dɛrmɛkːɛdvɛzme:ɲ

Wieviel soll ich anzahlen?
Mennyi előleget kell fizetnem?
'mɛɲi 'ɛlø:lɛgɛt 'kɛl 'fizɛtnɛm

Wieviel macht es insgesamt?
Mennyi lesz összesen?
'mɛɲi 'lɛs 'øsːɛʃɛn

Anmeldung, Gepäck

Muß ich (Müssen wir) uns anmelden?
Be kell jelentkez*nem (-nünk)*?
'bɛ 'kɛl: 'jɛlɛntkɛznɛm (-nynk)

***Das besorgen wir.**
Azt mi intézzük.
'ɔst 'mi 'inte:z:yk

***Sie müssen sich persönlich auf dem Polizeiamt anmelden.**
Személyesen kell bejelentkeznie a rendőrségen.
'sɛme:jɛʃɛn 'kɛl: 'bɛjɛlɛntkɛzniɛ ɔ 'rɛndø:rʃe:gɛn

***Bitte Ihren Paß (Ihre Pässe).**
Kérem az útlevelé*t (-eiket)* .
'ke:rɛm ɔz 'u:tlɛvɛle:t (-ɛikɛt)

***Füllen Sie das bitte aus.**
Kérem, töltse ezt ki!
'ke:rɛm 'tøltʃɛ 'ɛst 'ki

Was muß ich hier ausfüllen?
Mit kell itt kitöltenem?
'mit 'kɛl: 'it: 'kitøltɛnɛm

***Ihre Unterschrift genügt.**
Elegendő az aláírása.
'ɛlɛgɛndø: ɔz 'ɔlɑ:i:ra:ʃɔ

***Ist das Ihr Gepäck?**
Ez az Ön poggyásza?
'ɛz ɔz 'øn 'pɔd:ɑ:sɔ

***Wo ist Ihr Gepäck?**
Hol van a poggyásza?
'hol 'vɔn ɔ 'pɔd:ɑ:sɔ

Das Gepäck ist noch *im Wagen (auf dem Bahnhof, im Taxi)*.
A poggyászom még a *kocsiban (pályaudvaron, taxiban)* van.
ɔ 'pɔd:ɑ:sɔm 'me:g ɔ 'kotʃibɔn ('pɑ:jɔudvɔrɔn, 'tɔksibɔn) 'vɔn

Können Sie das Gepäck *holen (aufs Zimmer bringen)* lassen?
El tudja *hozatni (a szobába tudja vitetni)* a poggyászomat?
'ɛl 'tud:ɔ 'hozɔtni (ɔ 'sobɑ:bɔ 'tud:ɔ 'vitɛtni) ɔ 'pɔd:ɑ:somɔt

Ist mein Gepäck schon auf dem Zimmer?
A poggyászom már a szobában van?
ɔ 'pɔd:ɑ:som 'mɑ:r ɔ 'sobɑ:bɔn 'vɔn

Haben Sie *eine Garage (einen hoteleigenen Parkplatz)*?
Van *garázsuk (saját parkolóhelyük)*?
'vɔn 'gɔrɑ:ʒuk ('ʃɔjɑ:t 'pɔrkolo:hɛjyk)

Können Sie diese Sachen im Hotelsafe aufbewahren?
El tudja helyezni ezeket a dolgokat a szálloda széfjében?
'ɛl 'tud:ɔ 'hɛjɛzni 'ɛzɛkɛt ɔ 'dolgokɔt ɔ 'sɑ:l:odɔ 'se:fje:bɛn

Rezeption, Portier

Bitte (den Schlüssel von) Nr. ...
Kérem a ... *-as/-es* kulcsot.
'keːrɛm ɔ'... ɔʃ/ɛʃ 'kultʃot

Ist Nr. ... schon frei?
Szabad még a(z) ... *-as/-es*?
'sɔbɔd 'meːg ɔ(z) '... ɔʃ/ɛʃ

Ist Post für mich da?
Van postám?
'vɔn 'poʃtaːm

Rufen Sie bitte ein Taxi.
Hívjon kérem egy taxit!
'hiːvjon 'keːrɛm ɛʈ 'tɔksit

Haben Sie *Ansichtskarten (Briefmarken)*?
Tartanak *képeslapot (bélyeget)*?
'tɔrtɔnɔk 'keːpɛʃlɔpot ('beːjɛgɛt)

Kann ich von meinem Zimmer aus nach ... telefonieren?
Tudok a szobámból ... *-ba/-be* telefonálni?
'tudok ɔ 'sobaːmboːl '... bɔ/bɛ 'tɛlɛfonaːlni

Ich möchte ein Ferngespräch nach ... anmelden.
Szeretnék telefonkapcsolást kérni ... *-ba/-be*.
'sɛrɛtneːk 'tɛlɛfonkɔptʃolaːʃt 'keːrni '... bɔ/bɛ.

Ich erwarte ein Gespräch aus *der Bundesrepublik Deutschland (Österreich, der Schweiz)*.
Hívást várok *az NSZK-ból (Ausztriából, Svájcból)*.
'hiːvaːʃt 'vaːrok ɔz 'ɛnɛskaːboːl ('ɔustriaːboːl 'ʃvaːjdzboːl)

Wo kann man hier gut (und preiswert) essen?
Hol lehet itt jól (és olcsón) enni?
'hol 'lɛhɛt 'it: joːl ('eːʃ 'oltʃoːn) 'ɛn:i

Kennen Sie in der Nähe *ein Restaurant (– mit Zigeunermusik –, ein Spezialitätenrestaurant, eine Snackbar, ein Weinlokal, eine Bar)*?
Ismer a közelben *egy éttermet (– cigányzenével –, egy specialitásokat kínáló éttermet, egy ételbárt, egy borozót, egy bárt)*?
'iʃmɛr ɔ 'køzɛlbɛn ɛʈ 'eːt:ɛrmɛt ('tsigaːŋzɛneːvɛl ɛʈ 'spɛtsiɔlitaːʃokɔt 'kiːnaːloː 'eːt:ɛrmɛt ɛʈ 'eːtɛlbaːrt ɛʈ 'borozoːt ɛʈ 'baːrt)

Bitte bestellen Sie für 8 Uhr in ... einen Tisch für ... Personen.
Rendeljen kérem 8 órára a(z) ... egy asztalt ... személyre!
'rɛndɛljɛn 'keːrɛm 'ŋolts 'oːraːrɔ ɔ(z) ... ɛʈ 'ɔstɔlt ... 'sɛmeːjrɛ

Können Sie uns ... besorgen?
Tud szerezni nekünk egy ...
'tut 'sɛrɛzni nɛkynk ɛʈ

Wo kann man ... mieten?
Hol lehet ... bérelni?
'hol 'lɛhɛt ... 'beːrɛlni

Kann ich bei Ihnen *Geld umwechseln (mit Eurocheque bezahlen)*?
Tudok Önöknél *pénzt váltani (Eurocheque-kel fizetni)*?
'tudok 'ønøknɛːl 'peːnzd 'vaːltɔni ('ɛurotʃɛkːɛl 'fizɛtni)

Wo kann man hier deutsche Zeitungen kaufen?
Hol lehet itt német újságokat venni?
'hol 'lɛhɛt 'itː 'neːmɛt 'uːjʃaːgokɔd 'vɛnːi

Wir gehen jetzt *in die Stadt (zum Strand)*.
A *városba (strandra)* megyünk.
ɔ 'vaːroʒbɔ ('ʃtrɔndrɔ) 'mɛɟynk

Ich bin *in der Halle (im Fitneßraum, an der Bar)*.
A *hallban (kondicionáló helyiségben, bárnál)* vagyok.
ɔ 'holːbɔn ('konditsionaːloː 'hɛjiʃeːgbɛn, 'baːrnaːl) 'vɔɟok

Wo ist der *Speisesaal (Frühstücksraum)*?
Hol van az *étterem (a reggeliző helyiség)*?
'hol 'vɔn ɔz 'eːtːɛrɛm (ɔ 'rɛgːɛlizøː 'hɛjiʃeːg)

Wann gibt es *Frühstück (Mittagessen)*?
Mikor van *reggeli (ebéd)*?
'mikor 'vɔn 'rɛgːɛli ('ɛbeːd)

220 V ~

Können wir auf dem Zimmer frühstücken?
Reggelizhetünk a szobában?
'rɛgːɛlishɛtynk ɔ 'sobaːbɔn

Können wir morgen schon um … Uhr das Frühstück bekommen?
Kaphatjuk holnap a reggelit már … órakor?
'kɔphɔtːuk 'holnɔp ɔ 'rɛgːɛlit 'maːr … 'oːrɔkor

Für morgen bitte *ein Lunchpaket (zwei Lunchpakete)*.
Holnapra kérek *egy (két)* ebédcsomagot.
'holnɔprɔ 'keːrɛk ɛɟ ('keːt) 'ɛbeːtʃomɔgot

Wecken Sie mich bitte morgen um … Uhr.
Ébresszen kérem holnap … órakor.
'eːbrɛsːɛn 'keːrɛm 'holnɔp … 'oːrɔkor

Ich habe den Schlüssel *verloren (im Zimmer gelassen)*.
Elvesztettem (A szobában hagytam) a kulcsot.
'ɛlvɛstɛtːɛm (ɔ 'sobaːbɔn 'hɔɟtɔm) ɔ 'kultʃot

Wie hoch ist hier die Stromspannung?
Milyen feszültség van itt?
'mijɛn 'fɛsytʃeːg 'vɔn 'itː

Zimmermädchen

Herein!   **Einen Moment, bitte!**
Szabad!   Egy pillanat!
'sɔbɔd   ɛʧ 'pilːɔnɔt

Können Sie noch 5 *(10)* Minuten warten?
Tud még *öt (tíz)* percet várni?
'tud 'meːg 'øt ('tiːs) pɛrtsɛd 'vaːrni

Wir gehen in einer *Viertelstunde (halben Stunde)*.
Egy *negyedóra (félóra)* múlva megyünk.
ɛʤ 'nɛʤɛdoːrɔ ('feːloːrɔ) 'muːlvɔ 'mɛʤynk

Bringen Sie *mir (uns)* bitte …
Hozzon *nekem (nekünk)* kérem …
'hozːon nɛkɛm (nɛkynk) 'keːrɛm

einen Aschenbecher ..	egy hamutartót	ɛʧ 'hɔmutɔrtoːt
noch eine Decke	még egy takarót	meːg ɛʧ 'tɔkɔroːt
das Frühstück	reggelit	'rɛgːɛlit
noch ein Handtuch ..	még egy törölközőt ...	'meːg ɛʧ 'tørølkøzøːt
ein paar Kleiderbügel	egy pár ruhaakasztót ..	'ɛʧ 'paːr 'ruhɔɔkɔs- toːt
noch ein Kopfkissen ..	még egy kispárnát ...	'meːg ɛʧ 'kiʃpaːrnaːt
ein Scheuertuch	egy felmosórongyot ...	ɛʧ 'fɛlmoʃoːrondot
ein Stück Seife	egy szappant	ɛʧ 'sɔpːɔnt
eine Wolldecke	egy gyapjútakarót	ɛʤ 'dɔpjuːtɔkɔroːt

Wie funktioniert das?   **Ist unser Zimmer schon fertig?**
Hogy működik ez?   Kész van már a szobánk?
'hoʤ 'myːkødik 'ɛz   'keːz 'vɔn 'maːr ɔ 'sobaːnk

Können Sie diese Wäsche waschen lassen?
Ki tudja mosatni ezt a fehérneműt?
'ki 'tuʤɔ 'moʃɔtni 'ɛst ɔ 'fɛheːrnɛmyːt

Können Sie etwas gegen die Mücken im Zimmer tun?
Tud csinálni valamit a szúnyogok ellen a szobában?
'tut 'ʧinaːlni 'vɔlɔmit ɔ 'suːɲogok 'ɛlːen ɔ 'sobaːbɔn

Vielen Dank!   **Das ist für Sie.**
Nagyon köszönöm!   Ez az Öné.
'nɔʤon 'køsønøm   'ɛz ɔz 'øneː

Beanstandungen

Es fehlt ...	**Es fehlen ...**	**... ist nicht sauber.**
Hiányzik ...	Hiányzanak ...	...nem tiszta.
'hia:nʐik	'hia:nʐɔnɔk	'nɛm 'tistɔ

In meinem Zimmer brennt kein Licht.
A szobámban egyik lámpa sem ég.
ɔ 'soba:mbɔn 'ɛɟik 'la:mpɔ 'ʃɛm 'e:g

Diese Birne (Die Sicherung) ist durchgebrannt.
Ez a körte (A biztosíték) kiégett.
'ɛz ɔ 'kørtɛ (ɔ 'bistoʃi:te:k) 'kie:gɛt:

Die Steckdose ist kaputt.	**Es ist hier (abends) sehr laut.**
A konnektor rossz.	Itt (este) nagy a zaj.
ɔ 'kon:ɛktor 'ros:	'it: ('ɛʃtɛ) 'nɔɟ ɔ 'zɔj

Die *Klingel (Heizung)* funktioniert nicht.
A *csengő (fűtés)* nem működik.
ɔ 'tʃɛngø: ('fy:te:ʃ) 'nɛm 'my:kødik

Der Schlüssel paßt nicht.	**Es regnet durch.**
A kulcs nem belevaló.	Beázik.
ɔ 'kultʃ 'nɛm 'bɛlɛvɔlo:	'bɛa:zik

Das Fenster *schließt schlecht (geht nicht auf).*
Az ablak *rosszul zár (nem nyílik).*
ɔz 'ɔblɔk 'ros:ul 'za:r ('nɛm 'ɲi:lik)

Es kommt kein (heißes) Wasser.	**Der Hahn tropft.**
Nem folyik a (meleg) víz.	Csöpög a csap.
'nɛm 'fojik ɔ ('mɛlɛg) 'vi:z	'tʃøpøg ɔ 'tʃɔp

Die Spülung geht nicht.	**Der Abfluß ist verstopft.**
Az öblítő nem működik.	A lefolyó eldugult.
ɔz 'øbli:tø: 'nɛm 'my:kødik	ɔ 'lɛfojo: 'ɛldugult

Aus meinem Zimmer ist ... gestohlen worden.
A szobámból ellopták a ...
ɔ 'soba:mbo:l 'ɛl:opta:k ɔ

Abreise

Ich reise morgen ab.
Holnap elutazom.
'holnɔp 'ɛlutɔzɔm

Wir fahren morgen weiter.
Holnap továbbutazunk.
'holnɔp 'tova:b:utɔzunk

Bis wann *müssen wir (muß ich)* **das Zimmer räumen?**
Meddig kell *elhagynunk (elhagyom)* a szobát?
'mɛd:ik 'kɛl: 'ɛlhɔɟnunk ('ɛlhɔɟnom) ɔ 'soba:t

Kann ich bitte meine Rechnung haben?
Kérem a számlámat.
'ke:rɛm ɔ 'sa:mla:mɔt

Machen Sie mir bitte die Rechnung fertig.
Készítse el kérem a számlát!
'ke:si:tʃ:ɛ 'ɛl 'ke:rɛm ɔ 'sa:mla:t

Bestellen Sie bitte für morgen 8 Uhr ein Taxi.
Rendeljen kérem holnap reggel nyolcra egy taxit!
'rɛndɛljen 'ke:rɛm 'holnɔp 'rɛg:ɛl 'ɲoltsrɔ ɛ𝖏 'tɔksit

Können Sie das Gepäck zum *Wagen (Taxi)* **bringen lassen?**
Vitesse ki kérem a poggyászt a *kocsihoz (taxihoz)*?
'vitɛʃ:ɛ 'ki 'ke:rɛm ɔ 'poɟ:a:st ɔ 'kotʃihoz ('tɔksihoz)

Wann geht *der Autobus (der Zug)* **nach …?**
Mikor indul *az autóbusz (a vonat) …-ba/-be*?
'mikor 'indul ɔz 'ɔuto:bus (ɔ 'vonɔt) '…bɔ/bɛ

Senden Sie bitte meine Post an diese Adresse nach.
Küldje kérem a postámat utánam erre a címre!
'kyld:ɛ 'ke:rɛm ɔ 'poʃta:mɔt 'uta:nɔm 'ɛr:ɛ ɔ 'tsi:mrɛ

Herzlichen Dank für alles!
Nagyon köszönök mindent!
'nɔɟon 'køsønøk 'mindɛnt

Es war sehr schön.
Nagyon jó volt.
'nɔɟon 'jo: 'volt

Wir haben uns hier sehr wohl gefühlt.
Nagyon jól éreztük itt magunkat.
'nɔɟon 'jo:l 'e:rɛstyk 'it: 'mɔgunkɔt

Wir haben uns hier gut erholt.
Jól kipihentük magunkat.
'jo:l 'kipihɛntyk 'mɔgunkɔt

Abendessen	vacsora	'vɔtʃorɔ
Abfalleimer	szemétvödör	'sɛmeːdvødør
Abreise	elutazás	'ɛlutɔzaːʃ
Ankunft	érkezés	'eːrkɛzeːʃ
Anmeldung	bejelentkezés	'bɛjɛlɛntkɛzeːʃ
Anzahlung	foglaló	'foglɔloː
Appartement	lakosztály, apartman	'lɔkostaːj, 'ɔpɔrtmɔn
Aufenthaltsraum	társalgó	'taːrʃɔlgoː
Ausgang	kijárat	'kijaːrɔt
ausziehen	kiköltözik	'kikøltøzik

Badetuch	fürdőlepedő	'fyrdøːlɛpɛdøː
Badewanne	fürdőkád	'fyrdøːkaːd
Badezimmer	fürdőszoba	'fyrdøːsobɔ
Beanstandung	panasz	'pɔnɔs
Bedienung	kiszolgálás	'kisolgaːlaːʃ
Beleuchtung	világítás	'vilaːgiːtaːʃ
Bett	ágy	'aːɟ
– Bettdecke	ágyterítő	'aːțțɛriːtøː
– Kinderbett	gyerekágy	'ɟɛrɛkaːɟ
– Kopfkissen	kispárna	'kiʃpaːrnɔ
– Matratze	matrac	'mɔtrɔts
Bettcouch	heverő	'hɛvɛrøː
Bettvorleger	ágyelő	'aːɟɛløː
Bettwäsche	ágynemű	'aːɟnɛmyː
– Bezug	huzat	'huzɔt
– Kopfkissenbezug	kispárnahuzat	'kiʃpaːrnɔhuzɔt
– Laken	lepedő	'lɛpɛdøː
Bügeleisen	vasaló	'vɔʃɔloː

Direktion	igazgatóság	'igɔzgɔtoːʃaːg
Dusche	zuhany	'zuhɔɲ
Eimer	vödör	'vødør
Eingang	bejárat	'bɛjaːrɔt
einziehen	beköltözik	'bɛkøltøzik
Empfang	porta, recepció	'portɔ, 'rɛtsɛptsio
Empfangschef	recepciófőnök	'rɛtsɛptsio:føːnøk
Erkundigung	érdeklődés	'eːrdɛkløːdeːʃ
Etage	emelet	'ɛmɛlɛt

Fahrstuhl	lift	'lift
Fenster	ablak	'ɔblɔk
Fensterscheibe	ablaktábla	'ɔblɔkta:blɔ
Garten	kert	'kɛrt
Glühbirne	villanykörte	'vil:ɔŋkørtɛ
Grillraum	grill	'gril:
Handtuch	törölköző	'tørølkøzø:
Hausschlüssel	kapukulcs	'kɔpukultʃ
Haustür	bejárati ajtó	'bɛja:rɔti 'ɔjto:
Heizkörper	fűtőtest	'fy:tø:tɛʃt
Heizung	fütés	'fy:te:ʃ
Herd	tűzhely	'ty:shɛj
Hotel	szálloda	'sa:l:odɔ
–Strandhotel	fürdőszálló	'fyrdø:sa:l:o:
Hotelhalle	előcsarnok	'ɛlø:tʃɔrnok
Hotelpension	panzió	'panzio:
Hotelrestaurant	szállodai étterem	'sa:l:odɔi 'e:t:ɛrɛm
Kamin	kandalló	'kɔndɔl:o:
Kategorie	kategória	'kɔtɛgo:riɔ
Keller	pince	'pintsɛ
Kleiderbügel	ruhaakasztó	'ruhɔɔkɔsto:
Klimaanlage	klimaberendezés	'kli:mɔbɛrɛndɛze:ʃ
Klingel	csengő	'tʃɛngø:
Kochnische	főzőfülke	'fø:zø:fylkɛ
Korridor	folyosó	'fojoʃo:
Küche	konyha	'koɲhɔ
Kühlschrank	hűtőszekrény	'hy:tø:sɛkre:ŋ
Lampe	lámpa	'la:mpɔ
Lichtschalter	villanykapcsoló	'vil:ɔŋkɔptʃolo:
Liegestuhl	nyugágy	'ɲuga:ɟ
Lüftung	szellőzés	'sɛl:ø:ze:ʃ
Mahlzeit	étkezés	'e:tkɛze:ʃ
Miete	bér	'be:r
mieten	bérel	'be:rɛl
Mini-Bar	minbár	'miniba:r

Nachttisch	éjjeliszekrény	'e:j:ɛlisɛkre:ŋ
Nachttischlampe	éjjeliszekrény-lámpa	'e:jɛlisɛkre:ŋ 'la:mpɔ
Nebenkosten	mellékköltségek	'mɛl:e:k:øltʃe:gɛk

Ofen	kályha	'ka:jhɔ
– heizen	fűt	'fy:t

Pfanne *(Brat-)*	serpenyő	'ʃɛrpɛŋø:
Pförtner, Portier	portás	'porta:ʃ
Privatstrand	magánstrand	'mɔga:nʃtrɔnd

Rechnung	számla	'sa:mlɔ
Reiseleiter	idegenvezető	'idɛgɛnvɛzɛtø:
Rezeption	recepció	'rɛtsɛptsio:
Rollstuhl	tolószék	'tolo:se:k

Saison	szezon, idény	'sɛzon, 'ide:ŋ
Sauna	szauna	'sɔunɔ
Schrank	szekrény	'sɛkre:ŋ
Schublade	fiók	'fio:k
Sessel	fotel	'fotɛl
Sonnenschirm	napernyő	'nɔpɛrŋø:
Spiegel	tükör	'tykør
Spielplatz	játszótér	ja:ts:o:te:r
Stecker	konnektordugó	'kon:ɛktordugo:
Stuhl	szék	'se:k
– Kinderstuhl	gyerekszék	'dɛrɛkse:k
Swimming-pool	uszoda	'usodɔ
– beheizt	temperált (vizű)	'tɛmpɛra:ld ('vi:zy:)

Telefon	telefon	'tɛlɛfon
Teppich	szőnyeg	'sø:ŋɛg
Terrasse	terasz	'tɛrɔs
Tisch	asztal	'ɔstɔl
Tischdecke	asztalterítő	'ɔstɔltɛri:tø:
Toilette	WC	've:tse:
Toilettenpapier	WC-papír	've:tse:pɔpi:r
Topf *(Koch-)*	fazék, lábas	'fɔze:k, 'la:bɔʃ
Treppe	lépcső	'le:ptʃø:
Trinkgeld	borravaló	'bor:ɔvɔlo:

Tür	ajtó	'ɔjtoː
Türklinke	ajtókilincs	'ɔjtoːkilintʃ
Türschloß	ajtózár	'ɔjtoːzaːr
Übernachtung	éjszakázás	'eːjsɔkɔzaːʃ
umziehen	átköltözik	'aːtkøltøzik
Unterkunft	szállás	'saːlːaːʃ
Ventilator	ventillátor	'vɛntilːaːtor
Verlängerungsschnur	hosszabbító	'hosːɔbːiːtoː
Verlängerungswoche .	további hét	'tovaːbːi 'heːt
vermieten	bérbe ad, kiad	'beːrbɛ ɔd, 'kiɔd
Vorhang	függöny	'fygːøn̩
Wand	fal	'fɔl
Waschbecken	mosdó	'moʒdoː
Wäsche	fehérnemű	'fɛheːrnɛmyː
– bügeln	– vasal	'vɔʃɔl
– trocknen	– szárít	'saːriːt
– waschen	– mos	'moʃ
Wasser	víz	'viːz
– heißes	– forró, meleg	'forːoː, 'mɛlɛg
– kaltes	– hideg	'hidɛg
Wasserglas	vizespohár	'vizɛʃpohaːr
Wasserhahn	vízcsap	'viːstʃɔp
Wechselstrom	váltóáram	'vaːltoːaːrɔm
Wohnung	lakás	'lɔkaːʃ
Zentralheizung	központi fűtés	'køsponti 'fyːteːʃ
Zimmer	szoba	'sobɔ
– Kinderzimmer	– gyerekszoba	'ɟɛrɛksobɔ
– Schlafzimmer	– hálószoba	'haːloːsobɔ
– Wohnzimmer	– nappali	'nɔpːɔli
Zimmermädchen . . .	szobalány	'sobɔlaːn̩
Zwischenstecker	T-dugó	'teːdugoː

Camping, Jugendherberge

Gibt es hier *einen Campingplatz (eine Jugendherberge)*?
Van itt *egy kemping (egy diákszálló)*?
'vɔn 'it: ɛʤ 'kɛmping (ɛʤ 'diɑːksaːlːoː)

Können wir hier zelten?
Sátorozhatunk itt?
'ʃaːtoroshɔtunk 'it:

Haben Sie noch freie Plätze?
Van még szabad hely?
'vɔn 'meːk 'sɔbɔt 'hɛj

Ist der Platz *nachts bewacht (auch für Wohnwagen eingerichtet)*?
Őrzik a területet éjjel (Be van rendezve lakókocsira is)?
'øːrzik ɔ 'tɛrylɛtɛt 'eːjːɛl ('bɛ vɔn 'rɛndɛzvɛ 'lɔkoːkotʃirɔ 'iʃ)

Wieviel kostet eine Übernachtung (in der Campinghütte)?
Mennyibe kerül egy éjszakára (a kempingfaházban)?
'mɛɲ:ibɛ 'kɛryl 'ɛʤ 'eːjsɔkaːrɔ (ɔ 'kɛmpinkfɔhaːzbɔn)

Wie hoch ist die Gebühr für *das Auto (den Wohnwagen)*?
Mennyit kell fizetni *az autóért (a lakókocsiért)*?
'mɛɲ:it 'kɛl: 'fizɛtni ɔz 'ɔutoːeːrt (ɔ 'lɔkoːkotʃieːrt)

Ich bleibe ... *Tage (Wochen)*.
... napig (hétig) maradok.
'nɔpig ('heːtig) 'mɔrɔdok

Kann man hier ...?
Lehet itt ...?
'lɛhɛt 'it:

Gibt es in der Nähe ein Lebensmittelgeschäft?
Van a közelben élelmiszerbolt?
'vɔn ɔ 'køzɛlbɛn 'eːlɛlmisɛrbolt

Kann ich hier Gasflaschen *ausleihen (tauschen)*?
Lehet itt gázpalackot *kölcsönözni (cserélni)*?
'lɛhɛt 'id: 'gaːspɔlɔtskot 'køltʃønøzni ('tʃɛreːlni)

Wo sind die *Toiletten (Waschräume)*?
Hol vannak a *WC-k (mosdók)*?
'hol 'vɔnːɔk ɔ 've:tseːk ('moʒdoːk)

Wo kann man ...?
Hol lehet ...?
'hol 'lɛhɛt

Gibt es hier Stromanschluß?
Van itt elektromos csatlakozás?
'vɔn 'it: 'ɛlɛktromoʃ 'tʃɔtlɔkozaːʃ

Kann ich ... (aus)leihen?
Tudok kölcsönözni ...
'tudok 'køltʃønøzni

Kann man dieses Wasser trinken?
Iható ez a víz?
'ihɔtoː 'ɛz ɔ 'viːz

Abfall	hulladék	'hul:ɔde:k
Benutzungsgebühr	használati díj	'hɔsna:lɔti 'di:j
bügeln	vasal	'vɔʃɔl
Camping	kemping	'kɛmping
Campingausrüstung	kempingfelszerelés	'kɛmpinkfɛlsɛrɛle:ʃ
Campingausweis	kempingigazolvány	'kɛmpingigɔzolva:ŋ
Campinggebühr	kempingdíj	'kɛmpingdi:j
Duschraum	zuhanyozó	'zuhɔŋozo:
Eßgeschirr	edény	'ɛde:ŋ
Gaskocher	gázfőző	'ga:sfø:zø:
Geschirrspülraum	mosogató	'moʃogɔto:
Herbergsvater	s. *Verwalter*	
Jugendgruppe	ifjúsági csoport	'ifju:ʃa:gi 'tʃoport
kochen	főz	'fø:z
Kochgeschirr	főzőedény	'fø:zø:ɛde:ŋ
Kochstelle	főzőhely	'fø:zø:hɛj
Kühlbox	hűtőrekesz	'hy:tø:rɛkɛs
Lagerfeuer	tábortűz	'ta:borty:z
Leihgebühr	kölcsönzési díj	'køltʃønze:ʃi 'di:j
Mitgliedskarte	tagsági jegy	'tɔkʃa:gi 'jɛɟ
Platzreservierung	helyfoglalás	'hɛjfoglɔla:ʃ
Platzwart	gondnok	'gondnok
Rucksack	hátizsák	'ha:tiʒa:k
Schlafplatz	hálóhely	'ha:lo:hɛj
Schlafraum	háló(helyiség)	'ha:lo:(hɛjiʃe:g)
Schlafsack	hálózák	'ha:lo:ʒa:k
Spirituskocher	spirituszfőző	'ʃpiritusfø:zø:
Studentenausweis	diákigazolvány	'dia:kigɔzolva:ŋ
Tagesraum	társalgó	'ta:rʃɔlgo:
Trinkwasser	ivóvíz	'ivo:vi:z
Verpflegung	ellátás	'ɛl:a:ta:ʃ
Verwalter	gondnok	'gondnok
Vorbestellung	előrendelés	'ɛlø:rɛndɛle:ʃ
waschen	mos	'moʃ
– sich waschen	mosakszik	'moʃɔksik
Waschgelegenheit	mosakodási lehetőség	'moʃɔkoda:ʃi 'lɛhɛtø:ʃe:g
Zelt	sátor	'ʃa:tor
zelten	sátorozik	'ʃa:torozik
Zeltplatz	sátorhely	'ʃa:torhɛj

ESSEN UND TRINKEN

Bestellung

Herr Ober!	**Fräulein!**	**Ist hier noch frei?**
Fóúr!	Kisasszony!	Van még szabad asztal?
'føːuːr	'kiʃɔsːoɲ	'vɔn 'meːk 'sɔbɔd 'ɔstɔl

Wir _möchten (haben bestellt)_ einen Tisch für ... Personen.
Szeretnénk (Rendeltünk) egy asztalt ... személyre.
'sɛrɛtneːnk ('rɛndɛltynk) ɛɟ 'ɔstɔlt ... 'sɛmeːjrɛ

Wir möchten etwas trinken.
Csak inni szeretnénk valamit.
'tʃɔk 'inːi 'sɛrɛtneːng 'vɔlɔmit

Ich möchte ...
Kérek ...
'keːrɛk

Bitte _die Speisekarte (dieses Menü)_.
Az étlapot (ezt a menüt) kérem.
ɔz 'eːtlɔpot ('ɛst ɔ 'mɛnyːt) 'keːrɛm

Dasselbe bitte.
Ugyanazt kérem.
'uɟɔnɔst 'keːrɛm

Können Sie uns dasselbe bringen, was _der Herr (die Dame)_ (dort) hat?
Hozza nekünk ugyanazt, amit az az úr (az a hölgy) fogyaszt!
'hozːɔ nɛkynk 'uɟɔnɔst 'ɔmit 'ɔz ɔz 'uːr ('ɔz ɔ 'hølɟ) 'foɟɔst

Das sieht sehr appetitlich aus.
Ez nagyon gusztusosnak látszik.
'ɛz 'nɔɟon 'gustuʃoʃnɔk 'laːtsːik

Wie heißt dieses Gericht?
Hogy hívják ezt az ételt?
'hoɟ 'hiːvjaːk 'ɛst ɔz 'eːtɛlt

Ich nehme das hier.
Ezt kérem itt.
'ɛst 'keːrɛm 'it

Als _Vorspeise (Zum Nachtisch)_ bitte ...
Előételnek (Desszertnek) ... kérek.
'ɛløːeːtɛlnɛk ('dɛsːɛrtnɛk) ... 'keːrɛk

Haben Sie auch _vegetarische Kost (Diätkost, Kinderteller)_?
Van Önöknél vegetáriánus étel (diétás étel, gyermekadag) is?
'vɔn 'ønøkneːl 'vɛgɛtaːriaːnus 'eːtɛl ('dieːtaːʃ 'eːtɛl, 'ɟɛrmɛkɔdɔg) 'iʃ

Bringen Sie uns bitte _eine Portion (... Portionen)_ ...
Hozzon nekünk kérem egy adag (... adag) ...
'hozːon nɛkynk 'keːrɛm 'ɛɟ 'ɔdɔg (... 'ɔdɔg)

Bitte _eine Tasse (ein Glas, eine Flasche)_ ...
Kérek egy csésze (egy pohár, egy üveg) ...
'keːrɛk ɛɟ 'tʃeːsɛ (ɛɟ 'pohaːr, ɛɟ 'yvɛg)

Tischgerät

Aschenbecher	hamutartó	ˈhɔmutɔrtoː
Besteck	evőeszköz	ˈɛvøːɛskøz
– Fischbesteck	halevőeszköz	ˈhɔlɛvøːɛskøz
Brotkorb	kenyérkosár	ˈkɛɲɛːrkoʃɑːr
Eierbecher	tojástartó	ˈtojɑːʃtɔrtoː
Essig- und Ölständer	ecet- és étolajtartó	ˈɛtsɛt ˈeːʃ ˈeːtolɔjtɔrtoː
Flasche	üveg, palack	ˈyvɛg, ˈpɔlɔtsk
Gabel	villa	ˈvilːɔ
Glas	pohár	ˈpohɑːr
– Bierglas	söröspohár	ˈʃørøʃpohɑːr
– Schnapsglas	pálinkáspohár	ˈpɑːlinkɑːʃpohɑːr
– Weinglas	borospohár	ˈboroʃpohɑːr
Kännchen	kancsó	ˈkɔntʃoː
– Milchkännchen	tejeskancsó	ˈtɛjɛʃkɔntʃoː
Kanne	kanna	ˈkɔnːɔ
– Kaffeekanne	– kávéskanna	ˈkɑːveːʃkɔnːɔ
– Teekanne	– teáskanna	ˈtɛɑːʃkɔnːɔ
Karaffe	vizeskancsó	ˈvizɛʃkɔntʃoː
Korkenzieher	dugóhúzó	ˈdugoːhuːzoː
Löffel	kanál	ˈkɔnɑːl
– Teelöffel	– kávéskanál	ˈkɑːveːʃkɔnɑːl
Messer	kés	ˈkeːʃ
Pfefferstreuer	borsszóró	ˈborʃsoːroː
Platte	tál	ˈtɑːl
Salzstreuer	sószóró	ˈʃoːsoːroː
Sauciere	levesestál	ˈlɛvɛʃɛʃtɑːl
Schüssel	tál	ˈtɑːl
Senfglas	mustárosüveg	ˈmuʃtɑːroʃyvɛg
Serviette	szalvéta	ˈsɔlveːtɔ
Tablett	tálca	ˈtɑːltsɔ
Tasse	csésze	ˈtʃeːsɛ
Teller	tányér	ˈtɑːɲɛr
– kleiner Teller	kistányér	ˈkiʃtɑːɲɛr
Tischtuch	asztalkendő	ˈɔstɔlkɛndøː
Trinkbecher	ivókehely	ˈivoːkɛhɛj
Untertasse	csészealj	ˈtʃeːsɛɔlj
Zahnstocher	fogpiszkáló	ˈfokpiskɑːloː
Zuckerdose	cukortartó	ˈtsukortɔrtoː

Frühstück

Deutsch	Ungarisch	Lautschrift
Aufschnitt	felvágott	'fɛlvaːgɔt:
Brot	kenyér	'kɛɲeːr
– frisch/altbacken	friss/szikkadt	'friʃ:/sik:ɔt:
– eine Scheibe Brot	egy szelet kenyér	'ɛʧ'sɛlɛt 'kɛɲeːr
– belegte Brote	szendvics	'sɛndviʧ
– Schwarzbrot	feketekenyér	'fɛkɛtɛ'kɛɲeːr
– Weißbrot	fehérkenyér	'fɛheːr'kɛɲeːr
Brötchen, Semmel	zsemlye	'ʒɛmjɛ
– belegtes Brötchen	vajaszsemlye	'vɔjɔʒ:emjɛ
– Milchbrötchen	puffancs	'pufːɔnʧ
Butter	vaj	'vɔj
Ei	tojás	'tojaːʃ
– hartgekocht	kemény tojás	'kɛmeːɲ 'tojaːʃ
– weichgekocht	lágy tojás	'laːʧ 'tojaːʃ
– Ei im Glas	lágy tojás pohárban	'laːʧ 'tojaːʃ 'poháːrbɔn
– Rührei	rántotta	'raːntɔtːɔ
– Spiegelei	tükörtojás	'tykørtojaːʃ
Frühstücksbüfett	svéd asztal	'ʒveːd 'ɔstɔl
Honig	mez	'meːz
Hörnchen	kifli	'kifli
Kaffee	kávé	'kaːveː
– mit Milch	tejes	'tɛjɛʃ
– mit Sahne	tejszínes	'tɛjsiːnɛʃ
– koffeinfrei	koffeinmentes	'kofːɛinmɛntɛʃ
Kakao	kakaó	'kɔkɔoː
Käse	sajt	'ʃɔjt
– Schafkäse	juhsajt	'juʃɔjt
Kuchen	sütemény, kalács	'ʃytɛmeːɲ, 'kɔlaːʧ
Marmelade	lekvár, dzsem	'lɛgvaːr 'dʒɛm
Milch	tej	'tɛj
Schinken	sonka	'ʃonkɔ
Tee	tea	'tɛɔ
– mit Zitrone	citromos	'tsitromoʃ
– Pfefferminztee	fodormentatea	'fodormɛntɔtɛɔ
Wasser	víz	'viːz
– heißes Wasser	forró víz	'forːoː 'viːz
Wurst	kolbász	'kolbaːs
Zucker	cukor	'tsukor
Zwieback	kétszersült	'keːtsɛrʃylt

Mittag- und Abendessen

Guten Appetit!
Jó étvágyat!
'jo: 'e:dva:dɔt

Danke, gleichfalls!
Köszönöm, viszont!
'køsønøm 'visont

Zum Wohl!
Egészségére!
'εge:ʃ:e:ge:rε

Was trinken Sie zum Essen?
Milyen italt óhajt?
'mijen 'itɔlt 'o:hɔjt

Was empfehlen Sie?
Mit ajánl?
'mit 'ɔja:nl

Das ist eine Spezialität des Hauses.
Ez egy házi specialitásunk.
'εz εɟ 'ha:zi 'ʃpɛtsiɔlita:ʃunk

Ich probiere es.
Megkóstolom
'mɛk:o:ʃtolom

Würden Sie mir bitte … reichen?
Ideadná kérem a …?
'idεɔdna: 'ke:rεm ɔ

Können Sie uns einen Kinderstuhl bringen?
Tudna nekünk hozni egy gyerekszéket?
'tudnɔ nεkynk 'hozni εɟ 'ɟεrεksе:kεt

Möchten Sie noch etwas?
Óhajt még valamit?
'o:hɔjt 'me:g 'vɔlɔmit

Noch … bitte.
Még … kérek.
'me:g … 'ke:rεk

Bitte nichts mehr.
Nem kérek többet.
'nεm 'ke:rεk 'tøb:εt

Nein, danke.
Köszönöm, nem.
'køsønøm 'nεm

Nur ein wenig
Csak egy keveset.
'tʃɔk εɟ 'kεvεʃεt

Hat es Ihnen geschmeckt?
Ízlett?
'i:zlεt:

Es war ausgezeichnet.
Kitűnő volt.
'kity:nø: 'volt

Dieses *Gericht (Getränk, Bier)* ist wirklich vorzüglich.
Ez az *étel (ital, sör)* igazán kitűnő.
'εz ɔz 'e:tεl ('itɔl, 'ʃør) 'igɔza:n 'kity:nø:

Ich darf keinen Alkohol trinken.
Nem szabad szeszes italt innom.
'nεm 'sɔbɔt 'sεsεʃitɔlt 'in:om

Es ist *sehr gemütlich (sehr nette Atmosphäre)* hier.
Nagyon *hangulatos (kellemes az atmoszféra)* itt.
'nɔɟon 'hɔngulɔtoʃ ('kεl:εmεʃ ɔz 'ɔtmosfe:rɔ) it:

Zubereitung

frisch	friss	'friʃ:
gebacken/gebraten	sütve, sült	'ʃydvɛ, 'ʃylt
– durchgebraten	átsütve	'a:tʃydvɛ
– halb durch (medium)	félig átsütve	'fe:lig 'a:tʃydvɛ
– englisch	angolosan	'ɔngoloʃɔn
– am Spieß	nyárson	'ɲa:rʃon
gedünstet	párolva, párolt	'pa:rolvɔ, 'pa:rolt
gefüllt	töltve, töltött	'tøldvɛ, 'tøltøt:
gegrillt	roston sütve, … sült	'roʃton 'ʃydvɛ, …'ʃylt
– auf dem Holzkohlen- grill	faszénparázson	'fɔse:npɔra:ʒon
gekocht	főzve, főtt	'fø:zvɛ, 'fø:t:
gepökelt	pácolva, pácolt	'pa:tsolvɔ, 'pa:tsolt
geräuchert	füstölve, füstölt	'fyʃtølvɛ, 'fyʃtølt
geröstet	pirítva, pirított	'piri:dvɔ, 'piri:tot
gesalzen	sózva; sós, sózott	'ʃo:zvɔ; 'ʃo:ʃ, 'ʃo:zot
geschmort	dínsztelve, dínsztelt	'di:nstelvɛ, 'di:nstelt
gewürzt	füszeres(en)	'fy:sɛrɛʃ(ɛn)
mürbe	porhanyós(an)	'porhɔɲo:ʃ(ɔn)
reif	érlelve, érett	'e:rlɛlvɛ, 'e:rɛt:
roh	nyers(en)	'ɲɛrʃ(ɛn)
saftig	puhán, puha	'puha:n, 'puhɔ
Soße	mártás	'ma:rta:ʃ
– mit Soße	mártással	'ma:rta:ʃ:ɔl
– ohne Soße	mártás nélkül	'ma:rta:ʃ 'ne:lkyl
– Chilisoße	chilimártás	'tʃilima:rta:ʃ
– Rahmsoße	tejfölös mártás	'tɛjføløʃ 'ma:rta:ʃ
– süßsaure Soße	savanykás mártás	'ʃɔvɔɲka:ʃ 'ma:rta:ʃ
– Tomatensoße	paradicsommártás	'pɔrɔditʃom:a:rta:ʃ
– Vanillesoße	vaniliaöntet	'vɔniliɔøntet
weich/zart	puha/omlós	'puhɔ/'omlo:ʃ

Anmerkung: Es werden je zwei Entsprechungen aufgeführt: die erste für den prädikativen (aussagenden), die zweite für den attributiven (beifügenden) Gebrauch. Beispiel:

Die Paprikaschoten sind **gefüllt**. A paprika **töltve** van.
Ich bestelle **gefüllte** Paprikaschoten. **Töltött** paprikát rendelek.

Zutaten

Beilage	körités, köret	'køri:te:ʃ, 'køret
Chilipulver	chilipor	'tʃilipor
Dill	kapor	'kɔpor
Essig	ecet	'ɛtsɛt
Fett	zsír	'ʒi:r
Gelee	zselé	'ʒɛle:
Gewürz	fűszer	'fy:sɛr
Gewürzgurken	csemege uborka	'tʃɛmɛgɛ 'uborkɔ
Kapern	kápri	'ka:pri
Knoblauch	fokhagyma	'fokhɔɟmɔ
Korinthen	koriander	'koriɔndɛr
Kräuter	fűszerkeverék	'fy:sɛrkɛvɛre:k
Kümmel	kömény	'køme:ŋ
Lorbeerblätter	babérlevél	'bɔbe:rlɛve:l
Margarine	margarin	'mɔrgɔrin
Mayonnaise	majonéz	'mɔjone:z
Meerrettich	torma	'tormɔ
Mehl	liszt	'list
Muskatnuß	szerecsendió	'sɛrɛtʃɛndio:
Nelken	szegfűszeg	'sɛkfy:sɛg
Öl/Oliven	olaj/oliva	'olɔj/'oli:vɔ
Paprika (mild/scharf)	paprika (édes/erős)	'pɔprikɔ('e:dɛʃ/ 'ɛrø:ʃ)
Petersilie	petrezselyem	'pɛtrɛʒɛjɛm
Pfeffer	bors	'borʃ
Rosinen	mazsola	'mɔʒolɔ
Rosmarin	rozmaring	'rozmɔring
Sahne	tejszín	'tɛjsi:n
Salz	só	'ʃo:
Schmalz	zsír	'ʒi:r
Schnittlauch	metélőhagyma	'mɛte:lø:hɔɟmɔ
Senf	mustár	'muʃta:r
Speck	szalonna	'sɔlon:ɔ
Tomatenketchup	ketchup	'kɛtʃøp
Zimt	fahéj	'fɔhe:j
Zitrone	citrom	'tsitrom

SPEISEKARTE

Vorspeisen

ELŐÉTELEK	'ɛløːeːtɛlɛk	**VORSPEISEN**
Hideg előételek	'hidɛg 'ɛløːeːtɛlɛk	**kalte Vorspeisen**
ajókagyűrű	'ojoːkɔdyːryː	**Sardellenringe**
angolszalonna	'ongolsɔlonːɔ	**Bacon, Lachsschinken**
csabai kolbász	'tʃɔbɔi 'kolbaːs	**Csabaer Paprikawurst**
császárhús	'tʃaːsaːrhuːʃ	**durchwachsener Speck**
füstölt kolbász	'fyʃtølt 'kolbaːs	**geräucherte Wurst**
füstölt (marha)nyelv	'fyʃtølt '(mɔrhɔ)ɲɛlv	**Räucherzunge**
halkocsonya	'hɔlkotʃoɲɔ	**Fischsülze**
halmajonéz	'hɔlmɔjoneːz	**Fischmayonnaise**
hideg fogas	'hidɛk 'fogɔʃ	**kalter Zander**
hideg jércemell	'hidɛg 'jeːrtsɛmɛl	**kalte Hühnerbrust**
hideg libamári zsírjában	'hidɛg 'libɔmaːj 'ʒiːrjaːbɔn	**kalte Gänseleber**
hideg sült	'hidɛk 'ʃylt	**kalter Braten**
hússaláta	'huːʃːɔlaːtɔ	**Fleischsalat**
kaszinótojás	'kɔsinoːtojaːʃ	**Ei mit Mayonnaise**
kaviár	'kɔviaːr	**Kaviar**
kocsonya	'kotʃoɲɔ	**Sülze**
kötözött sonka	'køtøzøt: 'ʃonkɔ	**Rollschinken**
libamájpástétom	'libɔmaːjpaːʃteːtom	**Gänseleberpastete**
pástétom	'paːʃteːtom	**Pastete**
pirítós	'piriːtoːʃ	**Toast**
rákkoktél	'raːkːokteːl	**Krebscocktail**
sonka tormával	'ʃonkɔ 'tormaːvɔl	**Schinken mit Meerrettich**
svéd gombasaláta	'ʃveːd 'gombɔʃɔlaːtɔ	**schwedischer Pilzsalat**
szalonna	'sɔlonːɔ	**Speck**
– abált	'ɔbaːlt	**gekocht**
– füstölt	'fyʃtølt	**geräuchert**

szardinia vajjal	'sɔrdiniɔ 'vɔjːɔl	**Sardinen mit Butter**
szendvics	'sɛndvitʃ	**belegte Brote**
vegyes felvágott . . .	'vedʒɛʃ 'felvaːgoːt	**Aufschnittplatte**
vegyes ízelítő	'vedʒɛʃ 'iːzɛliːtøː	**gemischte Häppchen**
tatárbífsztek	'tɔtaːrbiːfstɛk	**Tatarbeefsteak**
téliszalámi	'teːlisɔlaːmi	**ungarische Salami**

Meleg előételek	'mɛlɛg 'ɛløːeːtɛlɛk	**warme Vorspeisen**
hasé	'hɔʃeː	**Blätterteigpastete, Haché**
gombafejek rántva . .	'gombɔfɛjɛk 'raːndvɔ . .	**Pilzköpfe, gebraten**
hortobágyi palacsinta	'hortobaːdʒi 'pɔlɔtʃintɔ .	**Hortobágyer Palat- schinken** *(mit Fleischfüllung in Sauerrahmsoße)*
májrizottó	'maːjrizotːoː	**Leberrisotto**
sonkás palacsinta . .	'ʃonkaːʃ 'pɔlɔtʃintɔ	**Palatschinken mit**
rántva	'raːndvɔ	**Schinkenfüllung, gebraten**
velőrózsa rántva	'vɛløːroːʒɔ 'raːndvɔ . . .	**Hirn gebraten**
velőscsont	'vɛløːʃtʃont	**Markknochen**
virsli mustárral	'virʃli 'muʃtaːrːɔl	**Würstchen mit Senf**
– tormával	'tormaːvɔl	**mit Meerrettich**

Suppen

LEVESEK	'lɛvɛʃɛk	**SUPPEN**
bableves	'bɔblɛvɛʃ	**Bohnensuppe**
– füstölt hússal	'fyʃtølt 'huːʃːɔl	**mit Räucherfleisch**
burgonyaleves	'burgoɲɔlɛvɛʃ	**Kartoffelsuppe**
– magyaros	'mɔdʒɔroʃ	**ungarische**
– tejfölös	'tejføløʃ	**mit saurer Sahne**
csontleves	'tʃontlɛvɛʃ	**Knochenbrühe**
erőleves	'ɛrøːlɛvɛʃ	**Bouillon**
– tojással	'tojaːʃːɔl	**mit Ei**
gombaleves	'gombɔlɛvɛʃ	**Pilzsuppe**
gulyásleves	'gujaːʃlɛvɛʃ	**Gulaschsuppe**
halászlé	'hɔlaːsleː	**Fischsuppe**
hideg gyümölcsleves .	'hidɛg 'dʒymøltʃlɛvɛʃ . .	**Obstkaltschale**

húsleves	'huːʃlɛvɛʃ	**Fleischbrühe**
– daragaluskával . . .	'dɔrɔgɔluʃkaːvɔl	**mit Grießnocken**
– finommetélttel	'finomːeteːltːɛl	**mit Nudeln**
– májgaluskával	'maːjgɔluʃkaːvɔl	**mit Lebernocken**
– májgombóccal	'maːjgomboːtsːɔl	**mit Leberknödeln**
karalábéleves	'kɔrɔlaːbeːlɛvɛʃ	**Kohlrabisuppe**
karfiolleves	'kɔrfiolːɛvɛʃ	**Blumenkohlsuppe**
krumplileves	'krumplilɛvɛʃ	*s.* burgonyaleves
lebbencsleves	'lɛbːɛntʃlɛvɛʃ	**ung. Fleckerlsuppe**
ököruszályleves	'økørusaːjlɛvɛʃ	**Ochsenschwanz-**
		suppe
paradicsomleves	'pɔrɔditʃomlɛvɛʃ	**Tomatensuppe**
raguleves	'rɔgulɛvɛʃ	**Gemüsesuppe mit**
		Fleischragout
rákkrémleves	'raːkːreːmlɛvɛʃ	**Krebscremesuppe**
spárgaleves	'ʃpaːrgɔlɛvɛʃ	**Spargelsuppe**
szegedi halászlé	'sɛgɛdi 'hɔlaːsleː	**Szegediner Fisch-**
		suppe
újházy tyúkhúsleves .	'uːjhaːzi 'tyukhuːʃlɛvɛʃ .	**Hühnersuppe**
zellerkrémleves	'zɛlːɛrkreːmlɛvɛʃ	**Selleriecremesuppe**
zöldbableves	'zøldbɔblɛvɛʃ	**grüne Bohnensuppe**
zöldborsóleves	'zøldborʃoːlɛvɛʃ	**grüne Erbsensuppe**
zöldségleves	'zøltʃeːglɛvɛʃ	**Gemüsesuppe**

Fische

HALAK	'hɔlɔk	**FISCHE**
angolna	'ɔngolnɔ	**Aal**
békacomb	'beːkɔtsomb	**Froschschenkel**
csuka	'tʃukɔ	**Hecht**
fogas	'fogɔʃ	**Zander**
harcsa	'hɔrtʃɔ	**Wels**
kecsege	'kɛtʃɛgɛ	**Stör**

lazac	'lɔzɔts	**Lachs**
pisztráng	'pistraːng	**Forelle**
ponty	'pɔnʈ	**Karpfen**
rák	'raːk	**Krebs**
süllő	'ʃylːøː	**Zander**
tonhal	'tonhɔl	**Thunfisch**

Gemüsegerichte, Beilagen

FŐZELÉKEK, KÖRETEK	'føːzeleːkɛk, 'køretɛk	**GEMÜSE-GERICHTE, BEILAGEN**
burgonya	'burgoɲɔ	**Kartoffel**
– burgonyapüré	'burgoɲɔpyreː	**Kartoffelpüree**
– hasábburgonya	'hɔʃaːbːurgoɲɔ	**Pommes frites**
– pirított burgonya	'piriːtod: 'burgoɲɔ	**Röstkartoffeln**
– rakott burgonya	'rɔkod: 'burgoɲɔ	**Schichtkartoffeln**
– sült burgonya	'ʃyld 'burgoɲɔ	**Bratkartoffeln**
– tört burgonya	'tørd 'burgoɲɔ	**Salzkartoffeln**
burgonyafánk	'burgoɲɔfaːnk	**Kartoffelkrokette**
főzelék	'føːzeleːk	**Gemüse, geschmort**
káposzta	'kaːpostɔ	**Kraut, Weißkohl**
– savanyú káposzta	'ʃɔvɔɲuː 'kaːpostɔ	**Sauerkraut**
kelbimbó	'kɛlbimboː	**Rosenkohl**
kelkáposzta	'kɛlkaːpostɔ	**Wirsingkohl**
kelvirág	'kɛlviraːg	**Blumenkohl**
kukorica	'kukoritsɔ	**Mais(kolben)**
– főtt	'føːtː	**gekocht**
lecsó	'lɛtʃoː	**Letscho**
lencse	'lɛntʃɛ	**Linsen**
mártás	'maːrtaːʃ	**Soße**
paraj	'pɔrɔj	**Spinat**
rizs	'riʒ	**Reis**
sárgarépa	'ʃaːrgɔreːpɔ	**Mohrrübe**
sóska	'ʃoːʃkɔ	**Sauerampfer**
spenót	'ʃpɛnoːt	**Spinat**
tök	'tøk	**Kürbis**

S. auch Suppen S. 95 und Zubereitung S. 92

Mehlspeisen

TÉSZTÁK	'te:sta:k	MEHLSPEISEN
császármorzsa	'tʃa:sa:rmorʒɔ	Kaiserschmarren
csipetke	'tʃipɛtkɛ	Teigfleckchen
csőtészta	'tʃø:te:stɔ	Makkaroni
derelye	'dɛrɛjɛ	Maultaschen
galuska	'gɔluʃkɔ	Nocken, Nockerl
gombóc	'gombo:ts	Knödel, Kloß
– barackos g.	'bɔrɔtskoʃ 'g.	Aprikosenknödel
– szilvás g.	'silva:ʃ 'g.	Pflaumenknödel
gránátoskocka	'gra:na:toʃkotskɔ	Fleckchen mit ge-kochten Kartoffeln
káposztáskocka	'ka:postɑ:ʃkotskɔ	Krautfleckchen
lángos	'la:ngoʃ	Langosch, Fladen
máglyarakás	'ma:gjɔrɔka:ʃ	Semmelschmarren mit Äpfeln
palacsinta	'pɔlɔtʃintɔ	Palatschinken, Eier-kuchen
– csokoládés p.	'tʃokola:de:ʃ 'p.	mit Schokolade übergossen
– diós p.	'dio:ʃ 'p.	mit Nußcreme
– ízes p.	'i:zɛʃ 'p.	mit Marmelade
– mákos p.	'ma:koʃ 'p.	mit Mohncreme
– rakott p.	'rɔkot: 'p.	in Schichten gelegt
– túrós p.	'tu:ro:ʃ 'p.	mit Süßquark
tarhonya	'tɔrhoɲɔ	Graupennudeln
tészta	'te:stɔ	Teig; Mehlspeise; Nudeln
tojásos galuska	'toja:ʃoʒ 'gɔluʃkɔ	Eiernockerl
túrós csusza	'tu:ro:ʃ 'tʃusɔ	Topfenfleckchen
– tepertővel	'tɛpɛrtø:vɛl	mit Grammeln
vargabéles	'vɔrgɔbe:lɛʃ	Blätterteig und Nu-deln mit Süßquark und Rosinen

Fleischgerichte

HUSÉTELEK	'hu:ʃeːtɛlɛk	**FLEISCH-GERICHTE**
bárány	'baːraːŋ	**Lamm**
báránysült	'baːraːŋʃylt	**Lammbraten**
birka	'birkɔ	**Schaf**
birkapörkölt	'birkɔpørkølt	**Schafsgulasch**
borjú	'borjuː	**Kalb**
– becsinált	'bɛtʃinaːlt	**Ragout, Frikassee**
– bécsi szelet	'beːtʃi 'sɛlɛt	**Wiener Schnitzel**
– borjújava	'borjuːjɔvɔ	**Kalbsfilet**
– borjúkaraj	'borjuːkɔrɔj	**Kalbskotelett**
– borjúláb	'borjuːlaːb	**Kalbshaxe**
– borjúmáj	'borjuːmaːj	**Kalbsleber**
– borjúmirigy	'borjuːmiriɟ	**Kalbsmilch**
– borjúpaprikás	'borjuːpɔprikaːʃ ...	**Kalbsgulasch mit Sauerrahmsoße**
– borjúpörkölt	'borjuːpørkølt	**Kalbsgulasch**
– borjúszegy	'borjuːsɛɟ	**Kalbsbrust**
– borjúszelet	'borjuːsɛlɛt	**Kalbsschnitzel**
disznó	'disnoː	**Schwein;** *s.* **sertés**
disznótoros	'disnoːtoroʃ	**Schlachterplatte**
malac	'mɔlɔts	**Ferkel, Spanferkel**
malacpecsenye	'mɔlɔtspɛtʃɛɲɛ	**Spanferkelbraten**
marha	'mɔrhɔ	**Rind**
– bélszín	'beːlsiːn	**Lendenbraten, Beefsteak**
– bélszínszelet	'beːlsiːnsɛlɛt	**Filetsteak**
– bográcsgulyás ...	'bograːdʒgujaːʃ ...	**Kesselgulasch**
– felsál, felsár	'fɛlʃaːl, 'fɛlʃaːr	**Lendenstück**
– hagymás rostélyos	'hɔɟmaːʃ 'roʃteːjoʃ	**Zwiebelrostbraten**
– hátszín	'haːtsiːn	**Rumpsteak**
– marhapörkölt	'mɔrhɔpørkølt	**Rindergulasch**
– marhaszegy	'mɔrhɔsɛɟ	**Rinderbrust**
– (marha)tokány ...	'(mɔrhɔ)tokaːŋ ...	**Schmorbraten**
– vadas marha	'vɔdɔʃ 'mɔrhɔ	**Sauerbraten**
sertés	'ʃɛrteːʃ	**Schwein**
– borda	'bordɔ	**Rippe, Kotelett**
– csülök	'tʃyløk	**Haxe**

– karaj	'kɔrɔj	**Kotelett**
– natúrszelet	'nɔtuːrsɛlɛt	**Naturschnitzel**
– párizsi szelet	'paːriʒi 'sɛlɛt	**Pariser Schnitzel**
– rablóhús nyárson	'rɔbloːhuːʃ 'ɲaːrʃon	**Räuberbraten am Spieß**
– rizses hús	'riʒɛʃ 'huːʃ	**Reisfleisch**
– sertésjava	'ʃɛrteːʃjɔvɔ	**Jungfernbraten**
– sertéspörkölt	'ʃɛrteːʃpørkølt	**Schweinsgulasch**
– sertéscomb	'ʃɛrteːʃtsomb	**Schweinskeule**
– sertéssült	'ʃɛrteːʃːylt	**Schweinebraten**
– szűzérmék	'syːzeːrmeːk	**Jungfernmedaillons**
– töltött hús	'tøltøtː 'huːʃ	**Fleischroulade**
sült kolbász	'ʃylt 'kolbaːs	**Bratwurst**
ürü	'yry	**Hammel**
– fokhagymás ürü-comb	'fokhɔdmaːʃ 'yrytsomb	**Hammelkeule mit Knoblauch**
vagdalt	'vɔgdɔlt	**Hackfleisch, Frikassee**

Innereien

BELSŐSÉGEK	'bɛlʃøːʃeːgɛk	**INNEREIEN**
máj	'maːj	**Leber**
– magyarosan	'mɔdɔroʃon	**in Letscho**
– pirított m.	'piriːtot: 'm.	**geröstete**
– rántott m.	'raːntot: 'm.	**(paniert) gebraten**
– roston sült m.	'roʃton 'ʃylt 'm.	**vom Rost**
pacal	'pɔtsol	**Kuttelflecke**
tüdő	'tydøː	**Lunge**
velő	'vɛløː	**Hirn**
vese	'vɛʃɛ	**Nieren**

Wild und Geflügel

VADAK ÉS SZÁRNYASOK	'vɔdɔk 'eːʃ 'saːrɲoʃok	**WILD UND GEFLÜGEL**
aprólék	'ɔproːleːk	**Geflügelklein**
csirke	'tʃirkɛ	**Hähnchen, Huhn**
– paprikás csirke	'pɔprikaːʃtʃirkɛ	**Hühnchenpaprikás**

– rántott csirke	'ra:ntot: 'tʃirkɛ	**Brathähnchen (paniert)**
– sült csirke	'ʃylt 'tʃirkɛ	**Brathähnchen**
– töltött csirke	'tøltøt: 'tʃirkɛ	**Hähnchenroulade**
fácán	'fa:tsa:n	**Fasan**
fogoly	'fogoj	**Rebhuhn**
fürj	'fyrj	**Wachtel**
galamb	'gɔlɔmb	**Taube**
kacsasült	'kɔtʃɔʃylt	**Entenbraten**
libasült	'libɔʃylt	**Gänsebraten**
nyúlgerinc	'ɲu:lgɛrints	**Hasen-, Kaninchenrücken**
őzgerinc	'ø:zgɛrints	**Rehrücken**
pulykamell	'pujkɔmɛl:	**Truthahnbrust**
szarvaspecsenye	'sɔrvɔʃpetsɛɲɛ	**Hirschbraten**
vaddisznópörkölt	'vɔd:isno:pørkølt	**Wildschweingulasch**

Salate

SALÁTÁK	'ʃɔla:ta:k	**SALATE**
babsaláta	'bɔpʃɔla:tɔ	**Bohnensalat**
burgonyasaláta	'burgoɲɔʃɔla:tɔ	**Kartoffelsalat**
cékla	'tse:klɔ	**rote Rüben**
ecetes paprika	'ɛtsɛtɛʃ 'paprikɔ	**Paprikaschoten in Essig**
fejessaláta	'fɛjɛʃ:ɔla:tɔ	**Kopfsalat**
gomba	'gombɔ	**Pilz**
– sampion	'ʃɔmpion	**Champignons**
gyümölcssaláta	'dymøltʃ:ɔla:tɔ	**Obstsalat**
káposztasaláta	'ka:postɔʃɔla:tɔ	**Krautsalat**
kovászos uborka	'kova:soʃ 'uborkɔ	**Sauerteiggurken**
paprikasaláta	'pɔprikɔʃɔla:tɔ	**Paprikasalat**
paradicsomsaláta	'porɔditʃomʃɔla:tɔ	**Tomatensalat**
uborkasaláta	'uborkɔʃɔla:tɔ	**Gurkensalat**
vöröskáposzta	'vørøʃka:postɔ	**Rotkohl, Blaukraut**
vöröskáposztával töltött paprika	'vørøʃka:posta:vɔl 'tøltøt: 'pɔprikɔ	**Paprikaschoten mit Rotkohlfüllung**

S. auch „Vorspeisen" auf S. 94

Nachtisch, Süßspeisen

ÉDESSÉGEK	'e:dɛʃe:gɛk	NACHTISCH, SÜSSSPEISEN
befőtt	'bɛfø:t	Eingemachtes
felfújt	'fɛlfu:jt	Auflauf
gesztenyepüré	'gɛstɛnɛpyre:	Kastanienreis
kompót	'kompo:t	Kompott
krém	'kre:m	Creme
parfé	'pɔrfe:	Halbgefrorenes
puding	'puding	Pudding
somlói galuska	'ʃomlo:i 'gɔluʃkɔ	Schomlauer Nockerl

Obst, Früchte

GYÜMÖLCS	'dymøltʃ	OBST, FRÜCHTE
alma	'ɔlmɔ	Apfel
áfonya	'a:foɲɔ	Blaubeeren
banán	'bɔna:n	Banane
barack	'bɔrɔtsk	Aprikose
birsalma	'birʃɔlmɔ	Quitte
cseresznye	'tʃɛrɛsɲɛ	(Süß-)Kirsche
dió	'dio:	Nuß
egres	'ɛgrɛʃ	Stachelbeere
eper	'ɛpɛr	Erdbeere
görögdinnye	'gørødiɲ:ɛ	Wassermelone
körte	'kørtɛ	Birne
mandarin	'mɔndɔrin	Mandarine
mandula	'mɔndulɔ	Mandel
málna	'ma:lnɔ	Himbeere
meggy	'mɛɟ:	Sauerkirsche
mogyoró	'moɟoro:	Haselnuß
narancs	'nɔrɔntʃ	Apfelsine
ribiszke, ribizli	'ribiskɛ, 'ribizli	Johannisbeere
őszibarack	'ø:sibɔrɔtsk	Pfirsich
sárgadinnye	'ʃa:rgɔdiɲ:ɛ	(Zucker-)Melone
szamóca	'sɔmo:tsɔ	Erdbeere
szilva	'silvɔ	Pflaume
szőlő	'sø:lø:	Weintraube

GETRÄNKEKARTE

Wein

BOROK	'borok	WEINE
aszú	'ɔsuː	Ausbruch
bor	'bor	Wein
– asztali bor	'ɔstɔli 'bor	Tafelwein
– csemegebor	'tʃɛmɛgɛbor	Dessertwein
– édes	'eːdɛʃ	süß
– fehér bor	'fɛheːr 'bor	Weißwein
– félédes	'feːleːdɛʃ	halbsüß
– félszáraz	'feːlsaːrɔz	halbtrocken
– folyó borok	'fojoː 'borok	offene Weine
– habzóbor	'hɔbzoːbor	Schaumwein
– minőségi bor	'minøːʃeːgi 'bor	Qualitätswein
– palackos bor	'pɔlɔtskoʒ 'bor	Flaschenwein
– rozé	'rozeː	Rosé
– száraz	'saːrɔz	trocken, herb
– vörös bor	'vørøʒ 'bor	Rotwein
bikavér	'bikɔveːr	Stierblut
burgundi	'burgundi	Burgunder
ezerjó	'ɛzɛrjoː	Tausendgut
forralt bor	'forːɔld 'bor	Glühwein
fröccs	'frøtʃ	Spritzer
– kisfröccs	'kiʃfrøtʃ	mit $1/2$ Wein
– nagyfröccs	'nɔtʃfrøtʃ	mit $2/3$ Wein
hárslevelű	'haːrʃlɛvɛlyː	Lindenblättriger
kadarka	'kɔdɔrkɔ	Kadarka
kékfrankos	'keːkfrɔnkoʃ	Blaufränker
kéknyelű	'keːkɲɛlyː	Blaustengler
leányka	'lɛaːnkɔ	Mädchentraube
muskotály	'muʃkotaːj	Muskateller
pezsgő	'pɛʒgøː	Sekt
rizling	'rizling	Riesling
szürkebarát	'syrkɛbɔraːt	Graumönch
zöldszilváni	'zøltsilvaːni	Grünsilvaner

Bier

sör	'ʃør	**Bier**
– ászoksör	'aːsokʃør	**Lagerbier**
– baksör	'bɔkʃør	**Bockbier**
– barna sör	'bɔrnɔ 'ʃør	**dunkles Bier**
– csapolt sör	'tʃɔpolt 'ʃør	**Bier vom Faß**
– egy korsó	ɛ̧ 'korʃoː	**ein Krug**
– egy pohár	ɛ̧ 'pohaːr	**ein Glas**
– egy üveg	ɛḏ 'yvɛg	**eine Flasche**
– világos sör	'vilaːgoʃ 'ʃør	**helles Bier**

Andere alkoholische Getränke

szeszes italok	'sɛsɛʃ 'itɔlok	**Spirituosen**
gyomorkeserű	'ḏomorkɛʃɛryː	**Magenbitter**
konyak	'koɲɔk	**Weinbrand, Kognak**
likőr	'likøːr	**Likör**
pálinka	'paːlinkɔ	**Schnaps**
– borókapálinka	'boroːkɔpaːlinkɔ	**Wacholderschnaps**
– kisüsti	'kiʃyʃti	**Hausgebrannter**
– törköly	'tørkøj	**Treberschnaps**

Alkoholfreie Getränke

üdítő italok	'ydiːtø 'itɔlok	**alkoholfreie Getränke**
ásványvíz	'aːʒvaːɲviːz	**Mineralwasser**
gyümölcslé	'ḏymøltʃleː	**Fruchtgetränk, natur**
limonádé	'limonaːdeː	**Limonade**
must	'muʃt	**Most**
szódavíz	'soːdɔviːz	**Sodawasser, Selters**
szörp	'sørp	**Saftkonzentrat mit Selters**

Alkoholfreie Getränke werden weitgehend mit ihren nationalen oder internationalen Markennamen angegeben.

Café und Konditorei

(S. auch „Frühstück" auf S. 90)

Ich möchte	Kérek	ˈkeːrɛk
ein Stück Kuchen . . .	egy süteményt	ɛt̬ ˈʃytɛmɛːn̩t
einen Kaffee	egy kávét	ɛt̬ ˈkaːveːt
eine Portion Eis	egy adag fagylaltot . . .	ɛd̬ ˈɔdɔk ˈfɔd̬lɔltɔt
– mit Sahne	tejszínhabbal	ˈtɛjsiːnhɔbːɔl
– ohne Sahne	tejszínhab nélkül	ˈtɛjsiːnhɔb ˈneːlkyl
ein Glas Orangensaft	egy pohár narancslevet	ɛt̬ ˈpohaːr ˈnɔrɔntʃlɛ- veːt
zwei Eiskaffee	két jegeskávét	ˈkeːt ˈjɛgɛʃkaːveːt
Café	eszpresszó	ˈɛspresːoː
Eis	fagylalt	ˈfɔd̬lɔlt
– Erdbeereis	eperfagylalt	ˈɛpɛrfɔd̬lɔlt
– Sahneeis	tejszínfagylalt	ˈtɛjsiːnfɔd̬lɔlt
– Schokoladeneis . . .	csokoládéfagylalt . . .	ˈtʃokolaːdeːfɔd̬lɔlt
– Vanilleeis	vaníliafagylalt	ˈvɔniːliɔfɔd̬lɔlt
– Zitroneneis	citromfagylalt	ˈtsitromfɔd̬lɔlt
Eisbecher	fagylaltkehely	ˈfɔd̬lɔltkɛhɛj
– mit Früchten	gyümölccsel	ˈdʲymøltʃːɛl
Eiscreme	jégkrém	ˈjeːkˌreːm
Eisdiele	fagylaltozó	ˈfɔd̬lɔltozoː
Eiskaffee	jegeskávé	ˈjɛgɛʃkaːveː
kandierte Früchte . . .	kandírozott gyümölcs	ˈkɔndiːrozodː ˈdʲymøltʃ
Gebäck	sütemény	ˈʃytɛmɛːn̩
– Mandelgebäck	mandulás sütemény . . .	ˈmɔndulaːʃ ˈʃytɛmɛːn̩
– Teegebäck	teasütemény	ˈtɛɔʃytɛmɛːn̩
Kaffee	kávé	ˈkaːveː
Kekse	keksz	ˈkɛks
Konditorei	cukrászda	ˈtsukraːzdɔ
Kuchen	sütemény, kalács . . .	ˈʃytɛmɛːn̩, ˈkɔlaːtʃ
– Apfelkuchen	almáslepény	ˈɔlmaːʃlɛpɛːn̩
– Bisquitrolle	piskótatekercs	ˈpiʃkoːtɔtɛkɛrtʃ

–Cremeschnitte	krémes	'kre:mɛʃ
_Käsekuchen	túrós lepény	'tu:ro:ʃ 'lɛpe:ɲ
–Napfkuchen	kuglóf	'kuglo:f
Kuchenbrötchen	puffancs	'pufɔntʃ
Makronen	habcsók	'hɔptʃo:k
Milch (frische)	(friss) tej	('friʃ:) 'tɛj
–kalte/heiße	hideg/forró	'hidɛg/'for:o:
Milchbar	tejbár, tejbüfé	'tɛjba:r, 'tɛjbyfe:
Milchmixgetränk	turmixital	'turmiksitɔl
Portion	adag	'ɔdɔg
Pralinen	praliné	'prɔline:
Sahne	tejszín	'tɛjsi:n
Schlagsahne	tejszínhab	'tɛjsi:nhɔb
Schokolade	csokoládé	'tʃokola:de:
Strudel	rétes	're:tɛʃ
–Apfelstrudel	almásrétes	'ɔlma:ʃre:tɛʃ
–Kirschstrudel	cseresznyésrétes	'tʃɛrɛsɲɛ:ʃre:tɛʃ
–Mohnstrudel	mákosrétes	'ma:koʃre:tɛʃ
–Nußstrudel	diósrétes	'dio:ʃre:tɛʃ
–Sauerkirschstrudel	meggyesrétes	'mɛɟ:ɛʃre:tɛʃ
–Topfenstrudel	túrósrétes	'tu:ro:ʃre:tɛʃ
Süßigkeiten	édességek	'e:dɛʃ:e:gɛk
Tee (mit Rum)	(rumos) tea	('rumoʃ) 'tɛɔ
–mit Zitrone	citromos (tea)	'tsitromoʃ ('tɛɔ)
Torte	torta	'tortɔ
–Butterkremtorte	vajaskrémtorta	'vɔjɔʃkre:mtortɔ
–Nußtorte	diótorta	'dio:tortɔ
–Obsttorte	gyümölcstorta	'ɟymøltʃtortɔ
–Sandtorte	piskótaszelet	'piʃko:tɔsɛlɛt
–Schokoladentorte	csokoládétorta	'tʃokola:de:tortɔ
Tortenschnitte	tortaszelet	'tortɔsɛlɛt
Zucker	cukor	'tsukor

Beanstandungen, Bezahlen

Hier fehlt noch *eine Portion (ein Besteck, ein Glas)*.
Itt hiányzik még *egy adag (egy evőeszköz, egy pohár)*.
'it: 'hia:ŋzik 'me:g 'ɛɟ 'ɔdɔg ('ɛɟ 'ɛvø:ɛskøz, 'ɛɟ 'poha:r)

Dies wollte ich nicht.	**Das ist nicht mehr frisch.**	
Nem ezt akartam.	Ez már nem friss.	
'nɛm 'ɛst 'ɔkɔrtɔm	'ɛz 'ma:r 'nɛm 'friʃ:	

Das ist zu ...	Ez túl…	'ɛs 'tu:l
fett	zsíros	'ʒi:roʃ
hart	kemény	'kɛmɛ:ŋ
heiß	forró	'for:o:
kalt	hideg	'hidɛg
salzig	sós	'ʃo:ʃ
sauer	savanyú	'ʃɔvɔŋu:
scharf	erős	'ɛrø:ʃ
zäh	rágós	'ra:go:ʃ

Ich möchte zahlen!	**Die Rechnung, bitte!**
Szeretnék fizetni!	Fizetek, kérem!
'sɛrɛtne:k 'fizɛtni	'fizɛtɛk 'ke:rɛm

Ich zahle alles zusammen.	**Wir zahlen getrennt.**
Mindent egyben fizetek.	Külön-külön fizetünk.
'mindɛnt 'ɛɟbɛn 'fizɛtɛk	'kyløn 'kyløn 'fizɛtynk

Das scheint nicht zu stimmen.
Úgy látszik, ez nem stimmel.
'ɛst 'nɛm 'foɟɔstɔt:unk

Das haben wir nicht gehabt.
Ezt nem fogyasztottunk.
'u:ɟ 'la:ts:ik 'ɛz 'nɛm 'ʃtim:ɛl

Geben Sie auf 120 heraus.	**Das ist für Sie.**
Százhúszból kérek vissza.	Ez az Öné.
'sa:shu:zbo:l 'ke:rɛk 'vis:ɔ	'ɛz ɔz 'øne:

IN DER STADT

Auf der Straße

Ich suche …	Keresem …	ˈkɛrɛʃɛm
die Bushaltestelle …	a buszmegállót …	ɔ ˈbusmɛgaːlːoːt
das Fremdenverkehrs-amt …	az idegenforgalmi hiva-talt	ɔzˈidɛgɛnforgɔlmi ˈhivɔtɔlt
das …-Hotel …	a(z) … szállodát …	ɔ(z) … ˈsːaːlːodaːt
die …-Kirche …	a(z) … templomot …	ɔ(z) … ˈtɛmplomot
das Museum …	a múzeumot …	ɔ ˈmuːzɛumot
den …-Platz …	a(z) … teret …	ɔ(z) … ˈtɛrɛt
das Polizeirevier …	a rendőrörsöt …	ɔ ˈrɛndøːrørʃøt
das Postamt …	a postahivatalt …	ɔ ˈpoʃtɔhivɔtɔlt
das Rathaus …	a tanácsházát …	ɔ ˈtɔnaːtʃhaːzaːt
die …-Straße …	a(z) … utcát/utat …	ɔ(z) … ˈutsːaːt/ˈutɔt
die Straßenbahnhalte-stelle …	a villamosmegállót …	ɔ ˈvilːɔmoʃmɛgaː-lːoːt
einen Taxistand …	egy taxiállomást …	ɛɟ ˈtɔksiaːlːomaːʃt

Ist es weit?	**Das ist nicht weit.**	**Das ist ziemlich weit.**
Messze van?	Nincs messze.	Elég messze van.
ˈmɛsːɛ ˈvɔn	ˈnintʃ ˈmɛsːɛ	ˈɛlɛːg ˈmɛsːɛ ˈvɔn

Wie viele Minuten zu Fuß?	**Wieviel Haltestellen?**
Hány perc gyalog?	Hány megálló?
ˈhaːɲ ˈpɛrdz ˈɟɔlog	ˈhaːɲ ˈmɛgaːlːoː

In welcher Richtung liegt …?	**Wo finde ich …?**
Melyik irányban van …?	Hol találom …?
ˈmɛjik ˈiraːɲbɔn ˈvɔn	ˈhol ˈtɔlaːlom

Immer geradeaus.
Mindig csak egyenesen.
ˈmindik ˈtʃɔk ˈɛɟɛnɛʃɛn

An der nächsten Kreuzung nach *links (rechts)*.
A következő kereszteződésnél *balra (jobbra)*.
ɔ ˈkøvɛtkɛzø ˈkɛrɛstɛzøːdeːʃnɛːl ˈbɔlrɔ (ˈjobːrɔ)

Bus, Straßenbahn, Taxi

Ist das *der Bus (die Straßenbahn, die U-Bahn)* nach ...?
Es a *busz (villamos, metró)* megy ... felé?
'ɛz ɔ 'bus ('vil:ɔmoʃ, 'mɛtro:) 'mɛɟ ... 'fɛlɛ:

Verzeihung, wo hält der *O-Bus (Bus)* nach (zu) ...?
Pardon, hol áll meg a *troli (busz)* ... felé?
'pɔrdon 'hol a:l: mɛg ɔ 'troli ('bus) ... 'fɛlɛ:

Welcher *Bus (O-Bus)* fährt nach ...?
Hányas *busz (troli)* megy ... felé?
'ha:ɲɔʒ 'bus ('troli) 'mɛɟ ... 'fɛlɛ:

Wieviel Haltestellen sind es?
Hány megállónyira van?
'ha:ɲ 'mɛga:l:o:ɲirɔ 'vɔn

Muß man umsteigen?
Át kell szállni?
'a:t 'kɛl: 'sa:l:ni

Wo muß ich *aussteigen (umsteigen)*?
Hol kell *leszállnom (átszállnom)*?
'hol 'kɛl: 'lɛsa:l:nom ('a:tsa:l:nom)

Wo bekomme ich *die Fahrkarten für den Bus (ein Taxi)*?
Hol kapok *buszjegyet (egy taxit)*?
'hol 'kɔpok 'busjɛɟɛt (ɛɟ 'tɔksit)

Fahren Sie mich *zum Hafen (ins Zentrum, in die ... Straße)*.
Vigyen *a hajóállomáshoz (a belvárosba, a[z] ... utcába)*!
'viɟɛn ɔ 'hɔjo:a:l:oma:ʃhoz (ɔ 'bɛlva:roʒbɔ ɔ[z] ... 'utsa:bɔ)

Wieviel kostet es *nach (zum, zur)* ...?
Mennyibe kerül a(z) ...ig?
'mɛɲ:ibɛ 'kɛryl ɔ(z) '...ig

Können Sie uns einige Sehenswürdigkeiten zeigen?
Meg tud nekünk mutatni néhány látnivalót?
'mɛk 'tud nɛkynk 'mutɔtni 'ne:ha:ɲ 'la:tnivɔlo:t

Warten *(Halten)* Sie hier bitte einen Augenblick.
Várjon *(Álljon meg)* itt kérem egy pillanatra!
'va:rjon ('a:l:jon 'mɛg) 'it: 'ke:rɛm ɛɟ 'pil:ɔnɔtrɔ

Ausflüge und Besichtigungen

Wir möchten einen (Boots-)Ausflug nach ... buchen.
Szeretnénk befizetni egy (hajó)kirándulásra ...-*ba*/-*be*.
'sɛrɛtneːnk 'bɛfizɛtni ɛ̯t ('hɔjoː)kiraːndulaːʃrɔ '...bɔ/bɛ

Ich möchte für *morgen (übermorgen)* eine Stadtrundfahrt buchen.
Szeretnék befizetni *holnapra (holnaputánra)* egy városnézésre.
'sɛrɛtneːg 'bɛfizɛtni 'hɔlnɔprɔ ('hɔlnɔputaːnrɔ) ɛ̯d 'vaːroʃneːzeːʃrɛ

Für morgen bitte zwei Plätze nach ...	**Wann geht es los?**
Holnapra kérek két helyet ...-*ba*/-*be*.	Mikor indul?
'hɔlnɔprɔ 'keːrɛk 'keːt 'hɛjɛt '...bɔ/bɛ	'mikor 'indul

Was ist im Preis inbegriffen?	**Wann kommen wir zurück?**
Mi van benne az árban?	Mikor érünk vissza?
'mi 'vɔn 'bɛn:ɛ ɔz 'aːrbɔn	'mikor 'eːrynk 'vis:ɔ

Wann (Wo) treffen wir uns?	**Wir treffen uns ...**
Mikor (Hol) találkozunk?	... találkozunk.
'mikor ('hol) 'tɔlaːlkozunk	'tɔlaːlkozunk

Haben wir Zeit *zur freien Verfügung (für einen Einkaufsbummel)*?
Van *szabad időnk (időnk vásárolni valamit)*?
'vɔn 'sɔbɔd 'idøːnk ('idøːng 'vaːʃaːrolni 'vɔlɔmit)

Kommen wir auch nach ...?	**Besichtigen wir auch ...?**
Eljutunk ...-*ba*/-*be* is?	Megnézzük a(z) ... is?
'ɛljutunk '...bɔ/bɛ 'iʃ	'mɛgneːz:yk ɔ(z) ... 'iʃ

Wann *ist (sind)* ... geöffnet?	**Was kostet der Eintritt?**
Mikor *van (vannak)* nyitva ...	Mibe kerül a belépő?
'mikor 'vɔn ('vɔn:ɔk) 'ɲidvɔ	'mibɛ 'kɛryl ɔ 'bɛleːpøː

Haben wir auch einen Führer, der Deutsch spricht?
Van olyan vezető is, aki beszél németül?
'vɔn 'ojɔn 'vɛzɛtøː 'iʃ 'ɔki 'bɛsɛːl 'neːmɛtyl

Ich möchte (Wir möchten) eine Fahrt in die Pußta machen.
Szeretnék (Szeretnénk) kirándulni a pusztára.
'sɛrɛtneːk ('sɛrɛtneːnk) 'kiraːndulni ɔ 'pustaːrɔ

Ich würde mir gern die *Reiterspiele (Ausstellung)* ansehen.
Szeretném megnézni a *lovasjátékokat (kiállítást)*.
'sɛrɛtne:m 'mɛgneːzni ɔ 'lovɔʃjaːteːkokɔt ('kiaːlːiːtaːʃt)

Kann man heute ... besichtigen?
Meg lehet ma nézni ...
'mɛg 'lɛhɛt 'mɔ 'neːzni

die Ausgrabungen ...	az ásatásokat	ɔz 'aːʃotaːʃokɔt
die Burg	a várat	ɔ 'vaːrɔt
das Freilichtmuseum .	a szabadtéri múzeumot	ɔ 'sɔbɔtːeːri 'muːzɛumot
die Nationalgalerie ..	a Nemzeti Galériát	ɔ 'nɛmzɛti 'gɔleːriaːt
das Nationalmuseum	a Nemzeti Múzeumot	ɔ 'nɛmzɛti 'muːzɛumot
den Palast	a palotát	ɔ 'pɔlotaːt
das Parlamentsgebäude	a parlament épületét ..	ɔ 'pɔrlomɛnt 'eːpyletɛːt
den Vergnügungspark	a Vidám Parkot	ɔ 'vidaːm 'pɔrkot

Wann beginnt die Führung?   **Darf man hier fotografieren?**
Mikor kezdődik a vezetés?   Szabad itt fényképezni?
'mikor 'kɛzdøːdik ɔ 'vɛzɛteːʃ   'sɔbɔd 'itː 'feːɲkeːpɛzni

Was für ein *Gebäude (Denkmal)* ist das?
Milyen *épület (emlékmű)* ez?
'mijɛn 'eːpylɛt ('ɛmleːkmyː) 'ɛz

Von wem stammt *dieses Bild (diese Skulptur)*?   **Wer hat ... gebaut?**
Kitől való ez a *kép (szobor)*?   Ki építette ...?
'kitøːl 'voloː 'ɛz ɔ 'keːp ('sobor)   'ki 'eːpiːtɛtːɛ

Aus welchem Jahrhundert stammt ...?   **Wann wurde ... gebaut?**
Melyik századból való ...   Mikor épült ...?
'mɛjik 'saːzɔdboːl 'voloː   'mikor 'eːpylt

Wo befindet sich ...?   **Ist das *der (die, das)* berühmte ...?**
Hol található ...?   Ez a híres ...
'hol 'tɔlaːlhɔtoː   'ɛz ɔ 'hiːrɛʃ

*Hier *lebte (wurde geboren, starb)* ...
Itt *élt (született, halt meg)* ...
'itː 'eːlt ('sylɛtɛtː, 'hɔlt 'mɛg)

Allee	fasor	'faʃor
Altstadt	óváros	'oːvaːroʃ
antik	antik	'ɔntik
Aquarium	akvárium	'ɔkvaːrium
Ausflugsprogramm	kiránduló program	'kiraːndulo: 'progrɔm
Bach	patak	'pɔtɔk
Baudenkmal	műemlék	'myːɛmleːk
– aus der Römerzeit	a római korból	ɔ 'roːmɔi 'korboːl
– aus der Türkenzeit	a török időből	ɔ 'tørøk 'idøːbøːl
Bauernhof	parasztgazdaság, tanya	'pɔrɔzdgɔzdɔʃaːg, 'tɔɲɔ
Berg	hegy	'hɛɟ
Bergwerk	bánya	'baːɲɔ
Besichtigung	látogatás, megtekintés	'laːtogɔtaːʃ, 'mɛktɛkinteːʃ
Bibliothek	könyvtár	'kønftaːr
Blumenmarkt	virágpiac	'viraːkpiɔts
Bootsfahrt	hajókirándulás	'hɔjoːkiraːndulaːʃ
Botanischer Garten	botanikus kert	'botɔnikuʃ 'kɛrt
Botschaft	nagykövetség	'nɔtʃkøvɛtʃeːg
Brücke	híd	'hiːd
Brunnen	kút	'kuːt
Burg	vár	'vaːr
Bürgersteig	járda	'jaːrdɔ
Denkmal	emlékmű	'ɛmleːkmyː
Dorf	falu	'fɔlu
Drahtseilbahn	drótkötélpálya, libegő	'droːtkøteːlpaːjɔ, 'libɛgøː
Durchgang	átjáró	'aːtjaːroː
Einkaufszentrum	bevásárló központ	'bɛvaːʃaːrloː 'køspont
Endhaltestelle	végállomás	'veːgaːlːomaːʃ
Fabrik	gyár	'ɟaːr
Felsen	szikla	'siklɔ
Feuerwehr	tűzoltóság	'tyːzoltoːʃaːg
Flohmarkt	ócskapiac	'oːtʃkɔpiɔts
Fremdenführer	idegenvezető	'idɛgɛnvɛzɛtøː
Fremdenverkehrsamt	idegenforgalmi hivatal	'idɛgɛnforgɔlmi 'hivɔtɔl

Deutsch	Ungarisch	Aussprache
Fundbüro	talált tárgyak osztálya .	'tɔla:lt 'ta:rdʒɔk 'osta:jɔ
Fußgänger	gyalogos	'dʒlogoʃ
Fußgängerübergang .	gyalogos átkelőhely ...	'dʒlogoʃ 'a:tkɛlø:hɛj
Fußgängerzone	sétáló utca	'ʃe:ta:lo: 'utsɔ
Fußweg	járda	'ja:rdɔ
Galerie	galéria	'gɔle:riɔ
Garten	kert	'kɛrt
Gasse	utca, köz	'utsɔ, 'køz
Gebäude	épület	'e:pylɛt
Gegend	vidék, táj	'vide:k, 'ta:j
Gericht(sgebäude) ..	bíróság	'bi:ro:ʃa:g
Geschäft, Laden	üzlet, bolt	'yzlɛt, 'bolt
Graben	árok	'a:rok
Grünanlage	zöldterület	'zølt:erylɛt
Haltestelle	megálló	'mɛga:l:o:
Hauptstadt	főváros	'fø:va:roʃ
Hauptstraße	főutca	'fø:utsɔ
Haus	ház	'ha:z
Hausnummer	házszám	'ha:s:a:m
Industriegebiet	ipari terület, gyárnegyed	'ipari 'tɛrylɛt, 'dʒa:rnɛdʒed
Innenstadt	belváros	'bɛlva:roʃ
Kaserne	laktanya	'lɔktɔnɔ
Kasino	kaszinó	'kɔsino:
Kraftwerk	erőmű	'ɛrø:my:
Kutschfahrt	kocsikázás	'kotʃika:za:ʃ
Landschaft	táj	'ta:j
Markt	piac	'piɔts
Markthalle	vásárcsarnok	'va:ʃa:rtʃornok
Mauer (Stadt-)	(város)fal	('va:roʃ)fɔl
Messegelände	vásárterület	'va:ʃa:rtɛrylɛt
Ministerium	minisztérium	'ministe:rium
Museum	múzeum	'mu:zɛum
Nationalpark	nemzeti park	'nɛmzɛti 'pɔrk
Naturschutzgebiet ..	természetvédelmi terület	'tɛrme:sɛdve:dɛlmi 'tɛrylɛt
Nebenstraße	mellékutca	'mɛl:e:kuts:ɔ
Öffnungszeiten	nyitvatartási idő	'ɲidvɔtorta:ʃi 'idø:
Opernhaus	Operaház	'opɛrɔha:z

Park	park	'pɔrk
Parlament	parlament	'pɔrlɔmɛnt
Pavillon	pavilon	'pɔvilon
Platz	tér	'teːr
Polizei	rendőrség	'rɛndøːrʃeːg
Polizeirevier	rendőrörs	'rɛndøːrørʃ
Rathaus	tanácsháza	'tɔnaːtʃhaːzɔ
Reisebüro	utazási iroda	'utɔzaːʃi 'irodɔ
Rennbahn	versenypálya	'vɛrʃɛɲpaːjɔ
Rettungsstation	mentőállomás	'mɛntøːaːlːomaːʃ
Ruine	rom	'rom
Rundfahrt	körutazás	'kørutɔzaːʃ
Rundgang	körséta	'kørʃeːtɔ
Schloß	vár, kastély	'vaːr, 'kɔʃteːj
Schnellbahn	gyorsvasút	'ɟorʒvɔʃuːt
Stadt	város	'vaːroʃ
Stadtteil, -viertel	városnegyed	'vaːroʃnɛɟɛd
Stadttor	városkapu	'vaːroʃkɔpu
Stadtzentrum	városközpont	'vaːroʃkøspont
Stausee	duzzasztott tó	'duzːɔstot: 'toː
Sternwarte	csillagvizsgáló	'tʃilːɔgviʒgaːloː
Strandpromenade	parti sétány	'pɔrti 'ʃeːtaːɲ
Straßenbahn	villamos	'vilːɔmoʃ
Tagestour	egésznapos kirándulás	'ɛgeːsnɔpoʃ 'kiraːn- dulaːʃ
Tempel	templom	'tɛmplom
Tierklinik	állatorvosi klinika	'aːlːɔtorvoʃi 'kli- nikɔ
Tropfsteinhöhle	cseppkőbarlang	'tʃɛpːkøːbɔrlong
U-Bahnstation	metróállomás	'mɛtroːaːlːomaːʃ
Uferpromenade	parti sétány	'pɔrti 'ʃeːtaːɲ
Umgebung	környék	'kørɲeːk
Vorort	előváros	'ɛløːvaːroʃ
Wald	erdő	'ɛrdøː
Wasserfall	vízesés	'viːzɛʃeːʃ
Windmühle	szélmalom	'seːlmɔlom
Zoo	állatkert	'aːlːɔtkɛrt

Boots- und Schiffsausflüge

Kann ich bei Ihnen einen Fahrplan für die Ausflugsschiffe bekommen?
Kaphatok Önöknél egy kirándulóhajó-menetrendet?
'kɔphɔtok 'ønøkneːl ɛȷ 'kiraːndulo:hɔȷoː 'mɛnɛtrɛndɛt

Wo *kann ich mich (können wir uns)* für den Ausflug nach ... anmelden?
Hol *jelentkezhetem (jelentkezhetünk)* a(z) ...-i kirándulásra?
'hol 'jɛlɛntkɛshɛtɛm ('jɛlɛntkɛshɛtynk) ɔ(z) '...i 'kiraːndulaːʃrɔ

Ist es weit bis zur *Anlegestelle (Schiffsstation)*?
Messze van a *kikötő (hajóállomás)*?
'mɛsːɛ 'vɔn ɔ 'kikøtøː ('hɔȷoːaːlːomaːʃ)

Muß ich bei Ihnen Karten vorbestellen?
Önnél kell jegyeket rendelnem?
'øn:eːl 'kɛl 'jɛɟɛkɛt 'rɛndɛlnɛm

Kann man die Karten auch an Bord lösen?
Megválthatók a jegyek a fedélzeten is?
'mɛgvaːlthɔtoːk ɔ 'jɛɟɛk ɔ 'fɛdeːlzɛtɛn 'iʃ

Wie lange dauert der Ausflug?   **Legt das Schiff in ... an?**
Meddig tart a kirándulás?   Kiköt a hajó ...-*nál/-nél*?
'mɛdːik 'tɔrt ɔ 'kiraːndulaːʃ   'kikøt ɔ 'hɔȷoː '...naːl/neːl

Wo kann man hier ein *Ruderboot (Motorboot)* mieten?
Hol lehet itt *evezőscsónakot (motorcsónakot)* bérelni?
'hol 'lɛhɛt 'it: 'ɛvɛzøːʃtʃoːnɔkod ('motortʃoːnɔkod) 'beːrɛlni

Fährt dieses *Schiff (Boot)* nach ...?   **Sind noch freie Plätze?**
Ez a hajó megy ...-*ba/-be?*   Van még szabad hely?
'ɛz ɔ 'hɔȷoː 'mɛɟ '...bɔ/bɛ   'vɔn 'meːk 'sɔbɔt 'hɛj

Anker	horgony	'horgoɲ
Boje	bója	'bo:jɔ
Boot	csónak, hajó	'tʃo:nɔk, 'hɔȷo:
– Fischerboot	halászladik	'hɔla:slɔdik
Bootsverleih	csónakkölcsönző	'tʃo:nɔkːøltʃønzøː
Bord	fedélzet	'fɛdeːlzɛt
Bug	(hajó)orr	'(hɔȷo:)or:

Deck	fedélzet	'fɛdeːlzɛt
Fähre	komp	'komp
Fahrwasser	hajózó víz	'hojoːzoː 'viːz
Fluß	folyó	'fojoː
Halbinsel	félsziget	'feːlsigɛt
Heck	tat	'tɔt
Insel	sziget	'sigɛt
Jacht	jacht	'jɔçt
– Motorjacht	motoros jacht	'motoroʃ 'jɔçt
Kabine	kabin	'kɔbin
Kabinenboot	kabinos csónak	'kɔbinoʃ 'tʃoːnɔk
Kai	rakpart	'rɔkpɔrt
Kajüte	kajüt	'kɔjyt
Kanal	csatorna	'tʃɔtornɔ
Kapitän	kapitány	'kɔpitaːɲ
Kommandobrücke	parancsnoki híd	'pɔrɔntʃnoki 'hiːd
Kurs	útirány	'uːtiraːɲ
Lastkahn	uszály	'usaːj
Mannschaft	legénység	'lɛgeːɲʃeːg
Mast	árbóc	'aːrboːts
Matrose	matróz	'mɔtroːz
Mole	móló	'moːloː
Passagier	utas	'utɔʃ
Reling	korlát	'korlaːt
Rettungsring	mentőöv	'mɛntøːøv
Ruder (Steuer)	kormánylapát	'kormaːɲlɔpaːt
Sandbank	homokpad	'homokpɔd
Schiff	hajó	'hojoː
– Fahrgastschiff	utasszállító hajó	'utɔʃsaːlːiːtoː 'hojoː
– Dampfer	gőzhajó	'gøːshojoː
Schlepper	vontató	'vontɔtoː
Schleuse	zsilip	'ʒilip
Schwimmweste	úszómellény	'uːsoːmɛlːeːɲ
See, der	tó	'toː
Seil, Tau	hajókötél	'hojoːkøteːl
Stausee	duzzasztott tó	'duzːɔstotː 'toː
Steuermann	kormányos	'kormaːɲoʃ
Tragflügelboot	szárnyashajó	'saːrɲɔʃhojoː
Wasserschutzpolizei	vízi rendőrség	'viːzi 'rɛndøːrʃeːg
Wellen	hullámok	'hulaːmok

Kirchen, Gottesdienst

Wo ist die ...-Kirche?
Hol van a ... templom?
'hol 'vɔn ɔ ...'tɛmplom

Ist das die ...-Kirche?
Ez a(z) ... templom?
'ɛz ɔ(z) ... 'tɛmplom

Ich würde gern *in die Kirche gehen (diese Kirche besuchen)*.
Szívesen *elmennék a templomba (meglátogatnám ezt a templomot)*.
'si:vɛʃɛn 'ɛlmɛnːeːk ɔ 'tɛmplombɔ ('mɛglaːtogɔtnaːm 'ɛst ɔ 'tɛmplomot)

Wann finden die Gottesdienste statt?
Mikor van istentisztelet?
'mikor 'vɔn 'iʃtɛntistɛlɛt

Findet hier heute eine *Trauung (Taufe, Konfirmation)* statt?
Van itt ma *esketés (keresztelő, konfirmáció)*?
'vɔn 'itː 'mɔ 'ɛʃkɛteːʃ ('kɛrɛstɛløː 'konfirmaːtsioː)

Werden in dieser Kirche Kirchenkonzerte veranstaltet?
Rendeznek ebben a templomban templomi hangversenyeket?
'rɛndɛznɛk 'ɛbːɛn ɔ 'tɛmplombɔn 'tɛmplomi 'hɔngvɛrʃɛɲɛkɛt

Kann man auch den Glockenturm besteigen?
Fel lehet menni a harangtoronyba is?
'fɛl 'lɛhɛt 'mɛnːi ɔ 'hɔrɔnktoroɲbɔ iʃ

Kann man auch die Schatzkammer besichtigen?
Meg lehet nézni a kincstárat is?
'mɛg 'lɛhɛt 'neːzni ɔ 'kintʃtaːrɔt iʃ

Rufen Sie bitte einen *Geistlichen (Priester)*!
Hívjon kérem *egy lelkészt (papot)*!
'hiːvjon 'keːrɛm ɛɟ 'lɛlkeːst (pɔpot))

Ich bin	....	vagyok	....	'vɔɟok
Christ	....	keresztény	....	'kɛrɛsteːɲ
Jude	....	zsidó	....	'ʒidoː
Katholik	....	katolikus	....	'kɔtolikuʃ
konfessionslos	....	felekezet nélküli	......	'fɛlɛkɛzɛt 'neːlkyli
Moslem	....	mohamedán	....	'mohɔmɛdaːn
Protestant	....	protestáns	....	'protɛʃtaːnʃ

Wann wurde diese Kirche erbaut?
Mikor épült ez a templom?
'mikor 'e:pylt 'ɛzɔ 'tɛmplom

Wer ist hier beigesetzt?
Ki van itt eltemetve?
'ki vɔn it: 'ɛltɛmɛdvɛ

Abendmahl	úrvacsora, áldozás	'u:rvɒtʃorɔ, 'a:ldo-za:ʃ
Abtei	apátság	'ɔpatʃ:a:g
Altar	oltár	'olta:r
Andacht	áhitat	'a:hitɔt
barock	barokk	'bɔrok:
Basilika	bazilika	'bɔzilikɔ
Beichtstuhl	gyóntatószék	'ɟo:ntɔto:se:k
Bogen	(bolt)ív	'(bolt)i:v
Christentum	kereszténység	'kɛrɛste:nʃe:g
christlich	keresztény	'kɛrɛste:ɲ
Christus	Krisztus	'kristuʃ
Chor	kórus	'ko:ruʃ
Dom	székesegyház	'se:kɛʃɛɟha:z
Dorfkirche	a falu temploma	ɔ 'fɔlu 'tɛmplomɔ
evangelisch	evangélikus	'ɛvɔnge:likuʃ
Evangelium	evangélium	'ɛvɔnge:lium
Feiertag	ünnepnap	'yn:ɛpnɔp
Fresko	freskó	'frɛʃko
Friedhof	temető	'tɛmɛtø:
Gestühl	ülés	'yle:ʃ
Glaubensbekenntnis . .	hitvallás	'hidvɔl:a:ʃ
Glocke	harang	'hɔrɔng
gotisch	gótikus	'go:tikuʃ
Gott	isten	'iʃtɛn
Grab	sír	'ʃi:r
Grabplatte	sírkőlap	'ʃi:rkø:lɔp
Hochamt	nagymise	'nɔɟmiʃɛ
Kanzel	szószék	'so:se:k
Kapelle	kápolna	'ka:polnɔ
Kathedrale	székesegyház	'se:kɛʃɛɟha:z
katholisch	katolikus	'kɔtolikuʃ
Kirche	templom, egyház	'tɛmplom, 'ɛɟha:z
Kirchendiener	templomszolga	'tɛmplomsolgɔ
Kloster	kolostor	'koloʃtor
Klosterkirche	kolostori templom	'koloʃtori 'tɛmplom

Konfession	felekezet	ˈfɛlɛkɛzɛt
Kreuz	kereszt	ˈkɛrɛst
Kreuzgang	kerengő	ˈkɛrɛngøː
Kruzifix	feszület	ˈfɛsylɛt
Krypta	kripta	ˈkriptɔ
Kuppel	kupola	ˈkupolɔ
Leuchter	gyertyatartó	ˈɟɛrtʲɔtɔrtoː
Messe	mise	ˈmiʃɛ
mohammedanisch	mohamedán	ˈmohɔmɛdaːn
Mönch	szerzetes, barát	ˈsɛrzɛtɛʃ, ˈbɔraːt
Mosaik	mozaik	ˈmozɔik
Mosaikfenster	mozaikablak	ˈmozɔikɔblɔk
Moschee	mecset	ˈmɛtʃɛt
Nonne	apáca	ˈɔpaːtsɔ
Orgel	orgona	ˈorgonɔ
Orgelkonzert	orgonahangverseny	ˈorgonɔhɔngvɛrʃɛɲ
Pastor	lelkész	ˈlɛlkeːs
Pfarrer	plébános	ˈpleːbaːnoʃ
Pfeiler	pillér	ˈpilːeːr
Portal	portál	ˈportaːl
Predigt	prédikáció	ˈpreːdikaːtsioː
protestantisch	protestáns	ˈprotɛʃtaːnʃ
Prozession	körmenet	ˈkørmɛnɛt
Religion	vallás	ˈvɔlaːʃ
religiös	vallásos	ˈvɔlaːʃoʃ
romanisch	román	ˈromaːn
Rosenkranz	rózsafűzér	ˈroːʒɔfyːzeːr
Sakristei	sekrestye	ˈʃɛkrɛʃtʲɛ
Sarkophag	szarkofág	ˈsɔrkofaːg
Säule	oszlop	ˈoslop
Schiff	hajó	ˈhɔjoː
Statue	szobor	ˈsobor
Stil	stílus	ˈʃtiːluʃ
Synagoge	zsinagóga	ˈʒinɔgoːgɔ
Taufbecken	keresztelő medence	ˈkɛrɛstɛløː ˈmɛdɛntsɛ
Turm	torony	ˈtoroɲ
Vorhalle	előcsarnok	ˈɛløːtʃɔrnok

EINKÄUFE

Wo kann ich ... *kaufen (bekommen)*?
Hol *vásárolhatok (kaphatok)* ...?
'hol 'vaːʃaːrolhɔtok ('kɔphɔtok)

Gibt es hier *einen Supermarkt (ein Fachgeschäft für ...)*?
Van itt *egy ABC-áruház (...-i szaküzlet)*?
'vɔn 'itː 'ɛɟ 'aːbeːtseː 'aːruhaːz ('...i 'sɔkyzlɛt)

Haben Sie ...?	**Ich möchte ...**	**Wir möchten ...**
Van ...?	Szeretnék ...	Szeretnénk ...
'vɔn	'sɛrɛtneːk	'sɛrɛtneːnk

Zeigen Sie mir bitte ...	**Ich brauche ...**
Mutasson kérem ...	Szükségem van ...
'mutɔʃːon 'keːrɛm	'sykʃeːgɛm 'vɔn

Geben Sie mir bitte	..	Kérek	....	'keːrɛk
eine Dose	....	egy doboz	....	'ɛɟ 'doboz
eine Flasche	....	egy üveg	....	'ɛɟ 'yvɛg
ein Glas	....	egy üveg	....	'ɛɟ 'yvɛg
100 Gramm		10 deka		'tiːz 'dɛkɔ
einen Karton	....	egy karton	....	'ɛṭ 'kɔrton
ein Kilo	....	egy kiló	....	'ɛṭ 'kiloː
ein halbes Kilo	.....	fél kiló		'feːl 'kiloː
ein Liter	....	egy liter	....	'ɛɟ 'litɛr
einen Meter	....	egy méter	....	'ɛɟ 'meːtɛr
ein Paar	....	egy pár		'ɛṭ 'paːr
eine Packung	.....	egy csomag	....	'ɛṭ 'tʃomɔg
eine Rolle	....	egy tekercs	....	'ɛṭ 'tɛkɛrtʃ
ein Stück	....	egy darab	....	'ɛɟ 'dɔrɔb
eine Tube	....	egy tubus		'ɛṭ 'tubuʃ
eine Tüte	....	egy zacskó	....	'ɛɟ 'zɔtʃkoː

Noch etwas (mehr).	**Genug.**	**Danke, das ist alles.**
Még egy kicsit.	Elég.	Köszönöm, ez minden.
'meːg ɛṭ 'kitʃit	'ɛleːg	'køsønøm 'ɛz 'mindɛn

Haben Sie etwas *Besseres (Billigeres, anderes)*?
Van valami *jobb (olcsóbb, más)*?
'vɔn 'vɔlɔmi 'jobː ('oltʃoːbː, 'maːʃ)

Können Sie es bestellen?
Meg tudja rendelni?
'mɛk 'tudːɔ 'rɛndɛlni

Wann bekommen Sie es?
Mikor kapja meg?
'mikor 'kɔpjɔ 'mɛg

Kann ich es umtauschen?
Kicserélhetem?
'kitʃɛreːlhɛtɛm

Bekomme ich einen Garantieschein?
Kapok garancialevelet?
'kɔpog 'gɔrɔntsiɔlɛvɛlɛt

Wieviel kostet das?
Mibe (mennyibe) kerül?
'mibɛ ('mɛnːibɛ) 'kɛryl

Nehmen Sie auch deutsches Geld?
Elfogad német pénzt is?
'ɛlfogɔd 'neːmɛt 'peːnst 'iʃ

Danke, ich werde es mir noch überlegen.
Köszönöm, még meggondolom.
'køsønøm 'meːg 'mɛgːondolom

Ich nehme *es (sie)*.
Ezt veszem.
'ɛzd 'vɛsɛm

Das gefällt mir.
Ez tetszik.
'ɛs 'tɛtsːik

Die *Form (Farbe)* gefällt mir (nicht).
A *forma (szín)* nem tetszik (nekem).
'ɔ 'formɔ ('siːn) 'nɛm 'tɛtsːik ('nɛkɛm)

Das ist zu	....	Ez túl		'ɛs 'tuːl
breit	....	széles	....	'seːlɛʃ
dunkel	....	sötét	....	'ʃøteːt
eng	....	szűk	....	'syːk
groß	....	nagy	....	'nɔɟ
hell	....	világos	....	'vilaːgoʃ
klein	....	kicsi	....	'kitʃi
schmal	....	keskeny	....	'kɛʃkɛɲ
teuer	....	drága	....	'draːgɔ
viel	....	sok	....	'ʃok
weit	....	bő	....	'bøː
wenig	....	kevés	....	'kɛveːʃ

An wen soll ich mich mit einer Reklamation wenden?
Kihez forduljak egy reklamációval?
'kihɛs 'forduljɔk ɛɟ 'rɛklɔmaːtsioːvɔl

Geschäfte

Antiquitäten	régiségek	're:giʃe:gɛk
Baby-Artikel	bébicikkek	'be:bitsik:ɛk
Bäckerei	pékség	'pe:kʃe:g
Bekleidung	ruházat	'ruha:zɔt
Blumenhandlung	virágbolt	'vira:gbolt
Boutique	butik	'butik
Buchhandlung	könyvesbolt	'kønvɛʒbolt
Drogerie	drogéria	'droge:riɔ
Einkaufszentrum	bevásárló központ	'bɛva:ʃa:rlo: 'køspont
Eisenwaren	vasáruk	'voʃa:ruk
Elektrohandlung	villamos cikkek	'vil:omoʃ 'tsik:ɛk
Fischhandlung	halbolt	'hɔlbolt
Fleischerei	húsbolt	'hu:ʒbolt
Fotogeschäft	Ofotért	'ofote:rt
Fotograf	fényképész	'fe:ɲke:pe:s
Friseur	fodrász	'fodra:s
Gemüsehandlung	zöldségkereskedés	'zøltʃe:k:ɛrɛʃkɛde:ʃ
Geschäft	bolt, üzlet	'bolt, 'yzlɛt
Glaswaren	üvegáru	'yvɛga:ru
Haushaltswaren	háztartási bolt	'hastɔrta:ʃi 'bolt
Immobilien	ingatlan *Sg.*	'ingɔtlɔn
Juwelier	ékszerész	'e:ksɛre:s
Kaufhaus	áruház	'a:ruha:z
Konditorei	cukrászda	'tsukra:zdɔ
Konfektion	konfekció	'konfɛktsio:
Kosmetiksalon	kozmetikaszalon	'kozmɛtikɔsolon
Kunsthändler	műkereskedés	'my:kɛrɛʃkɛde:ʃ
Kunsthandwerk	iparművészet	'ipɔrmy:ve:sɛt
Kurzwaren	rövidáru	'røvida:ru
Lebensmittel	élelmiszer	'e:lɛlmisɛr
Lederwaren	bőrdiszmű	'bø:rdi:smy:
Milchgeschäft	tejbolt	'tɛjbolt
Möbelgeschäft	bútorüzlet	'bu:toryzlɛt
Musikalienhandlung	hangszerbolt, zeneműbolt	'hɔnksɛrbolt, 'zɛnɛmy:bolt

Obstgeschäft	gyümölcsbolt	'ɟymøldʒbolt
Optiker	látszerész	'laːtsːɛreːs
Parfümerie	illatszerbolt	'ilːɔtsːɛrbolt
Pelzgeschäft	szőrmeüzlet	'søːrmɛyzlɛt
Porzellangeschäft	porcelánbolt	'portsɛlaːnbolt
Reinigung	tisztítás	'tistiːtaːʃ
– chem. Reinigung	vegytisztítás	'vɛʈtistiːtaːʃ
Reiseandenken	ajándékbolt	'ɔjaːndeːgbolt
Schallplattengeschäft	hanglemezbolt	'hɔnglɛmɛzbolt
Schmuck	ékszer	'eːksɛr
Schneiderei	szabóság	'sɔboːʃaːg
Schreibwaren	írószer	'iːroːsɛr
Schuhgeschäft	cipőbolt	'tsipøːbolt
Schuhmacher	cipész	'tsipeːs
Selbstbedienung	önkiszolgálás	'ønkisolgaːlaːʃ
Spielzeuggeschäft	játékbolt	'jaːteːgbolt
Spirituosengeschäft	italáru-üzlet	'itɔlaːruyzlɛt
Sportartikel	sportszerek	'sportsːɛrɛk
Supermarkt	ABC-áruház	'aːbeːtseːˈaruhaːz
Süßwaren	édességbolt	'eːdɛʃːeːgbolt
Tabakladen	dohánybolt, trafik	'dohaːɲbolt, 'trɔfik
Textilien	szövet, méteráru	'søvɛt, 'meːtɛraːru
Uhrmacher	órás	'oːraːʃ
Volkskunstartikel	népművészeti cikkek	'neːpmyveːsɛti 'tsikːɛk
Warenhaus	áruház	'aːruhaːz
– Schaufenster	kirakat	'kirɔkɔt
Wäschegeschäft	fehérneműbolt	'fɛheːrnɛmyːbolt
Wäscherei	mosoda	'moʃodɔ
Weinhandlung	borkereskedés	'borkɛrɛʃkɛdeːʃ
Zeitungshändler	újságárus	'uːjʃaːgaːruʃ

ZÖLDSÉG-GYÜMÖLCS	ÓRA-ÉKSZER
Gemüse – Obst	Uhren – Juwelen

SZÜNNAP	NYITVA … – …
Ruhetag	Geöffnet von … bis …

Blumen

Blumen	virág	'viraːg
Blumenstrauß	virágcsokor	'viraːktʃokor
Chrysanthemen	krizantin	'krizɔntin
Dahlien	dália	'daːliɔ
Gladiolen	gladiolusz	'glɔdiolus
Nelken	szegfü	'sɛkfyː
Rosen	rózsa	'roːʒɔ
Tulpen	tulipán	'tulipaːn
Veilchen	ibolya	'ibojɔ

Buchhandlung

Band	kötet	'køtɛt
Broschüre	brosúra	'broʃuːrɔ
Buch	könyv	'kønv
Gedichtband	verskötet	'vɛrʃkøtɛt
Illustrierte	magazin	'mɔgɔzin
Katalog	katalógus	'kɔtɔloːguʃ
Kinderbuch	gyermekkönyv	'dɛrmɛkːøɲv
Kochbuch	szakácskönyv	'sɔkaːtʃkøɲv
Landkarte	térkép	'teːrkeːp
Lehrbuch	tankönyv	'tɔnkøɲv
Märchenbuch	mesekönyv	'mɛʃɛkøɲv
Prospekt	prospektus	'proʃpɛktuʃ
Reiseführer	útikalauz	'uːtikɔlɔuz
Roman	regény	'rɛgeːɲ
Sprachführer	nyelvi kalauz	'ɲɛlvi 'kɔlɔuz
Stadtplan	várostérkép	'vaːroʃteːrkeːp
Straßenkarte	autótérkép	'ɔutoteːrkeːp
Taschenbuch	zsebkönyv	'ʒɛpkøɲv
Übersetzung	fordítás	'fordiːtaːʃ
Wanderkarte	turistatérkép	'turiʃtɔteːrkeːp
Wörterbuch	szótár	'soːtaːr

Haben Sie *Bücher (Zeitschriften)* in deutscher Sprache?
Vannak Önöknél német nyelvű *könyvek (folyóiratok)?*
'vɔnːɔk 'ønøkneːl 'neːmɛt 'ɲɛlvyː 'køɲvɛk ('fojoːiːrɔtok)

Fotogeschäft

Entwickeln Sie mir bitte diesen Film.
Hívja elő kérem ezt a filmet!
hi:vjɔ 'ɛlø: 'ke:rɛm 'ɛst ɔ 'filmɛt

Von jedem Negativ bitte *einen Abzug (eine Vergrößerung)*.
Minden negatívról egy *levonatot (nagyítást)* kérek.
'mindɛn 'nɛgɔti:vro:l 'ɛɟ 'lɛvonɔtot ('nɔɟi:ta:ʃt) 'ke:rɛk

– **neun mal neun.**	– **neun mal dreizehn.**
– kilencszer kilenceset.	– kilencszer tizenhármasat.
'kilɛnts:ɛr 'kilɛntsɛʃɛt	'kilɛnts:ɛr 'tizɛnha:rmɔʃɔt

Wann sind die Bilder fertig?
Mikor lesznek a képek készen?
'mikor 'lɛsnɛk ɔ 'ke:pɛk 'ke:sɛn

Ich möchte ...	– **einen Kassettenfilm.**
Kérek ...	– egy kazettás filmet.
'ke:rɛk	'ɛɟ 'kɔzɛt:a:ʃ 'filmɛt

– **einen Super-8-Farbfilm (mit Tonspur).**
– egy szupernyolcas (hangsávos) színesfilmet.
'ɛɟ 'supɛrɲoltsɔʃ ('hɔnkʃa:voʃ) 'si:nɛʃfilmɛt

– **einen Schwarzweiß-Kleinbildfilm.**	– **einen Pocketfilm.**
– egy fekete-fehér kisfilmet.	– egy pocketfilmet.
'ɛɟ 'fɛkɛtɛ'fɛhe:r 'kiʃfilmɛt	'ɛɟ 'pokitfilmɛt

– **einen 36er Dia-Kleinbildfilm.**
– egy harminchatos dia-kisfilmet.
'ɛɟ 'hɔrmintshɔtoʃ 'diɔ'kiʃfilmɛt

– **einen 24er Farbnegativfilm.**
– egy huszonnégyes színes negatív filmet.
'ɛɟ 'huson:e:ɟɛʃ 'si:nɛʃ 'nɛgɔti:f 'filmɛt

Würden Sie mir *den Film (eine neue Batterie)* einlegen?
Betenné nekem a filmet *(Betenne nekem egy új elemet)*?
bɛtɛn:e: 'nɛkɛm ɔ 'filmɛt ('bɛtɛn:ɛ 'nɛkɛm ɛɟ 'u:j 'ɛlɛmɛt)

Abzug	levonat, másolat	'lɛvonɔt, 'maːʃolɔt
– glänzend	fényes	'feːɲɛʃ
– seidenmatt	selyemfényü	'ʃɛjɛmfeːɲyː
Aufnahme	felvétel	'fɛlveːtɛl
Auslöser	kioldó	'kioldoː
– Selbstauslöser	önkioldó	'ønkioldoː
belichten	exponál	'ɛksponaːl
Belichtungsmesser	fénymérő	'feːɲmeːrøː
Bild	kép	'keːp
Blende	blende	'blɛndɛ
Blitzwürfel	kockavaku	'kotskɔvɔku
Dia(positiv)	dia(pozitív)	'diɔ(pozitiːv)
Diarähmchen	diakeret	'diɔkɛrɛt
Elektronenblitzgerät	elektronikus vaku	'ɛlɛktronikuʃ 'vɔku
Empfindlichkeit	érzékenység	'eːrzeːkɛɲʃeːg
Entwicklung	előhívás	'ɛløːhiːvaːʃ
filmen	filmez	'filmɛz
Filmkamera	filmfelvevő	'filmfɛlvɛvøː
Filter	szűrő	'syːrøː
Fotoapparat	fényképezőgép	'feːɲkeːpɛzøːgeːp
fotografieren	fényképez	'feːɲkeːpɛz
Fototasche	fotótáska	'fotoːtaːʃkɔ
Knopfbatterie	gombelem	'gombɛlɛm
Negativ	negatív	'nɛgɔtiːv
Objektiv	objektív	'objɛktiːv
Rollfilm	tekercses film	'tɛkɛrtʃɛʃ 'film
Schmalfilm	keskenyfilm	'kɛʃkɛɲfilm
Sofortbildkamera	Polaroid rendszerű gép	'polɔroid 'rɛntsːɛryː 'geːp
Sofortbild-Farbfilm	Polaroid színes film	'polɔroid 'siːnɛʃfilm
Sonnenblende	napellenző	'nɔpɛlːɛnzøː
Stativ	állvány	'aːlːvaːɲ
Sucher	kereső	'kɛrɛʃøː
Tageslichtfilm	napfényfilm	'nɔpfeːɲfilm
Unterwasserkamera	víz alatti felvevő	'viːz 'ɔlɔtːi 'fɛlvɛvøː
Vergrößerung	nagyítás	'nɔɟiːtaʃ
Verschluß	zár	'zaːr

Juwelier

Anhänger	függő	'fyg:ø:
Armband	karkötö	'kɔrkøtø:
Bernstein	borostyán	'boroʃʈaːn
Brillant	briliáns	'briliaːnʃ
Brosche	bross	'broʃ:
echt	valódi	'vɔloːdi
Ehering	jegygyűrű	'jɛɟ:y:ry:
Gold	arany	'ɔrɔŋ
Kette	lánc	'laːnts
Manschettenknöpfe	mandzsettagomb	'mɔndʒɛtːɔgomb
Modeschmuck	divatékszer	'divɔteːksɛr
Ohrklipps	klipsz	'klips
Ohrringe	fülbevaló	'fylbɛvɔloː
Perlen	gyöngy	'ɟønɟ
Ring	gyűrű	'ɟy:ry:
Schmuck	ékszer	'eːksɛr
Silber	ezüst	'ɛzyʃt
vergoldet	aranyozott, -zva *adv.*	'ɔrɔŋozotː, -zvɔ
versilbert	ezüstözött, -zve *adv.*	'ɛzyʃtøzøtː, -zvɛ

Kleidung, Wäsche

Kann ich es anprobieren?
Felpróbalhatom?
'fɛlproːbaːlhɔtom

Bitte Größe …
…-*as*/-*es* méretet kérek.
'…ɔʃ/ɛʃ 'meːrɛtɛt 'kɛːrɛk

Bitte eine Nummer *größer (kleiner)*.
Egy számmal *nagyobbat (kisebbet)* kérek.
'ɛɟ 'saːmːɔl 'nɔɟobːɔt ('kiʃɛbːɛt) 'kɛːrɛk

… paßt gut.
… jó.
'joː

… paßt nicht.
… nem jó.
'nɛm 'joː

Können Sie es ändern?
Meg tudja igazítani?
'mɛk 'tudjɔ 'igɔziːtɔni

Das ist zu *knapp (kurz, lang, weit)*.
Ez túl *szük (rövid, hosszú, bő)* .
'ɛs 'tuːl 'syːk ('røvid, 'hosːuː, 'bøː)

Anorak	anorák	'ɔnoraːk
Anzug	öltöny	'øltønʲ
Badeanzug	fürdőruha	'fyrdøːruhɔ
Badehose	fürdőnadrág	'fyrdøːnɔdraːg
Bademantel	fürdőköpeny	'fyrdøːkøpɛnʲ
Bademütze, -kappe	fürdősapka	'fyrdøːʃɔpkɔ
Bikini	bikini	'bikini
Blue jeans	farmer	'fɔrmɛr
Bluse	blúz	'bluːz
Büstenhalter	melltartó	'mɛlːtɔrtoː
Folklorebluse	népművészeti blúz	'neːpmyːveːsɛti 'bluːz
Freizeithemd	szabadidőing	'sɔbɔdidøːing
Halstuch	nyaksál	'nʲɔkʃaːl
Handschuhe	kesztyű	'kɛstyː
Hemd	ing	'ing
– mit kurzen Ärmeln	rövidujjú	'røviduJːuː
– mit langem Arm	hosszúujjú	'hosːuːuJːuː
Hose	nadrág	'nɔdraːg
– kurze Hose	rövid nadrág	'røvid 'nɔdraːg
Hosenanzug	nadrágkosztüm	'nɔdraːkːostym
Hüfthalter	csípőszorító	'tʃiːpøːsoriːtoː
Hut	kalap	'kɔlɔp
– Strohhut	szalmakalap	'sɔlmɔkɔlɔp
Jacke	dzseki, kabátka	'dʒɛki, 'kɔbaːtkɔ
Jackenkleid	komplé	'kompleː
Jackett	zakó	'zɔkoː
Kinderbekleidung	gyerekruházat	'dʲɛrɛkruhaːzɔt
Kleid	ruha	'ruhɔ
Kostüm	kosztüm	'kostym
Krawatte	nyakkendő	'nʲɔkːɛndøː
Lederhose	bőrnadrág	'bøːrnɔdraːg
Lederjacke	bőrdzseki	'bøːrdʒɛki
Ledermantel	bőrkabát	'bøːrkɔbaːt
Mantel	kabát	'kɔbaːt
Mieder	fűző	'fyːzøː
Morgenrock	pongyola	'pondʲolɔ
Mütze	sapka	'ʃɔpkɔ

Nachthemd	hálóing	'ha:lo:ing
Oberhemd	(felső)ing	('fɛlʃøː)ing
Pelzjacke	rövid bunda	'røvid 'bundɔ
Pelzmantel	bunda	'bundɔ
Pulli	rövidujjú pulóver	'røvidujːuː 'puloːvɛr
Pullover	pulóver	'puloːvɛr
Regenmantel	esőkabát	'ɛʃøːkɔbaːt
Rock	szoknya	'soknɔ
Sakko	zakó	'zɔkoː
Schal	sál	'ʃaːl
Schihose	sínadrág	'ʃiːnɔdraːg
Schlafanzug	pizsama	'piʒɔmɔ
Schlüpfer, Slip	bugyi	'buɟi
Schürze	kötény	'køteːɲ
Shorts	sort	'ʃort
Socken	zokni	'zokni
Sommerkleid	nyári ruha	'ɲaːri 'ruhɔ
Sporthemd	sporting	'ʃporting
Sportjacke	sportzeke	'ʃpordzɛkɛ
Strickjacke	kardigán, kötött mellény	'kɔrdigaːn, 'køtøt: 'mɛlːeːɲ
Strümpfe	harisnya	'hɔriʃɲɔ
Strumpfhose	harisnyanadrág	'hɔriʃɲɔnɔdraːg
Taschentuch	zsebkendő	'ʒɛpkɛndøː
Trainingsanzug	tréningruha	'treːningruhɔ
Trainingshose	tréningnadrág	'treːningnɔdraːg
T-Shirt	póló(ing)	'poːloː(ing)
Unterhemd	atlétatrikó	'ɔtleːtɔtrikoː
Unterhose	alsónadrág	'ɔlʃoːnɔdraːg
Unterrock	alsószoknya, kombiné	'ɔlʃoːsoknɔ, 'kombineː
Unterwäsche	alsónemű	'ɔlʃoːnɛmy:
Volkstracht	népviselet	'neːbviʃɛlɛt
Weste	mellény	'mɛlːeːɲ
–Strickweste	kötött mellény	'køtøt: 'mɛlːeːɲ
Windjacke	széldzseki	'seːldʒɛki

Kurzwaren, Zubehör

Band	szalag	'sɔlɔg
Druckknopf	patent	'pɔtɛnt
Faden	cérna	'tʃeːrnɔ
Fingerhut	gyűszű	'dyːsyː
Garn	fonal	'fonɔl
Gummiband	gumi(szalag)	'gumi(sɔlɔg)
Gürtel	öv	'øv
– Ledergürtel	bőröv	'bøːrøv
Hosenträger	nadrágtartó	'nɔdraːktɔrtoː
Knopf	gomb	'gomb
Nadel	tű	'tyː
Nähgarn	varrófonal	'vɔrːoːfonɔl
Nähnadel	varrótű	'vɔrːoːtyː
Nähseide	gépselyem	'geːpʃɛjɛm
Reißverschluß	cippzár	'tsibːzaːr
Schere	olló	'olːoː
Schnalle	csat	'tʃɔt
Sicherheitsnadel	biztosítótű	'bistoʃiːtoːtyː
Spitze	csipke	'tʃipkɛ
Stecknadel	gombostű	'gomboʃtyː
Stickerei	himzés	'himzeːʃ
Stopfgarn	stoppolófonal	'ʃtopːoloːfonɔl
Strumpfhalter	harisnyatartó	'hɔriʃɲɔtɔrtoː
Wolle	gyapjú	'dɔpju:
Zentimetermaß	centiméter	'tsɛntimeːtɛr
Zubehör	tartozék, cubehör	'tɔrtozeːk, 'tsubɛhør
Zwirn	cérna	'tseːrnɔ

Stoffe

Baumwolle	pamut	'pɔmut
Flanell	flanell	'flɔnɛlː
Kammgarn	fésüs (gyapjú)szövet	'feːʃyʃ '(dɔpjuː)søvɛt
Kord	kord	'kord
Kunstfaser	műszál	'myːsaːl
Leinen	vászon	'vaːson

Nylon	nejlon	'nɛjlon
Samt	bársony	'baːrʃoŋ
Seide	selyem	'ʃɛjɛm
Stoff	anyag, szövet	'ɔɲɔg, 'søvɛt
– bunt	színes, tarka	'siːnɛʃ, 'tɔrkɔ
– einfarbig	egyszínű	'ɛt͡siːny:
– gemustert	mintás	'mintaːʃ
– gestreift	csikos	't͡ʃiːkoʃ
– kariert	kockás	'kotskaːʃ
– pflegeleicht	könnyen kezelhető	'køɲɛn 'kɛzɛlhɛtøː
Wolle	gyapjú	'dɔpjuː
– reine Wolle	tiszta gyapjú	'tistɔ 'dɔpjuː

Reinigung, Reparaturen

Ich möchte *dieses Kleid (diesen Anzug)* reinigen lassen.
Szeretném ezt *a ruhát (az öltönyt)* kitisztíttatni.
'sɛrɛtneːm 'ɛst ɔ 'ruhaːt (ɔz 'øltøɲt) 'kitistiːtːɔtni

Ich möchte diese Wäsche waschen lassen.
Szeretném ezt a fehérneműt kimosatni.
'sɛrɛtneːm 'ɛst ɔ 'fɛhɛːrnɛmyːt 'kimoʃɔtni

Können Sie dies aufbügeln?
Át tudja ezt vasalni?
'aːt 'tudːɔ 'ɛzd 'vɔʃɔlni

Können Sie dies stopfen?
Meg tudja ezt stoppolni?
'mɛk 'tudːɔ 'ɛst 'stopːolni

Können Sie *das etwas kürzer machen (den Knopf annähen)*?
Fel tudja *hajtani egy kicsit (varrni ezt a gombot)*?
fɛl 'tudːɔ 'hɔjtɔni ɛt͡ʃ 'kit͡ʃit ('vɔrːni 'ɛst ɔ 'gombot)

Können Sie das etwas länger machen?
Le tudja engedni egy kicsit?
'lɛ 'tudːɔ 'ɛngɛdni ɛt͡ʃ 'kit͡ʃit

Können Sie diesen Fleck entfernen?
El tudja ezt a foltot távolítani?
'ɛl 'tudːɔ 'ɛst ɔ 'foltot 'taːvoliːtɔni

Optiker

Können Sie diese Brille reparieren?
Meg tudja ezt a szemüveget javítani?
'mɛk 'tudjɔ 'ɛst ɔ 'sɛrmyvɛgɛt 'jɔviːtɔni

Ich bin *kurzsichtig (weitsichtig)*.
Rövidlátó (Távollátó) vagyok.
'røvidlaːtoː ('taːvolːaːtoː) 'vɔɟok

Ich brauche Gläser mit ... Dioptrien.
... dioptriás üvegre van szükségem.
'dioptriaːʃ 'yvɛgrɛ 'vɔn 'sykʃeːgɛm

Brille	szemüveg	'sɛmyvɛg
Brillenetui	szemüvegtok	'sɛmyvɛktok
Brillenfassung	szemüvegkeret	'sɛmyvɛkːɛrɛt
Fernglas	távcső	'taːftʃøː
Kontaktlinsen	kontaktlencse	'kontɔktlɛntʃɛ
Lupe	nagyító	'nɔɟiːtoː
Sonnenbrille	napszemüveg	'nɔpsɛmyvɛg

Schreibwaren

Bleistift	ceruza	'tsɛruzɔ
Briefpapier	levélpapír	'lɛveːlpɔpiːr
Buntstifte	színes ceruza	'siːnɛʃ 'tsɛruzɔ
Filzschreiber	filctoll, rostirón	'filtstolː, 'roʃtiroːn
Füllfederhalter	töltőtoll	'tøltøːtolː
Klebstoff	ragasztó	'rɔgɔstoː
Kohlepapier	indigó	'indigoː
Kugelschreiber	golyóstoll	'gojoːʃtolː
– Mine	betét	'bɛtɛːt
Notizblock	jegyzettömb	'jɛɟzɛtːømb
Papier	papír	'pɔpiːr
– Packpapier	csomagolópapír	'tʃomɔgoloːpɔpiːr
– Schreibpapier	gépírópapír	'geːpiːroːpɔpiːr
Radiergummi	radírgumi	'rɔdiːrgumi
Tinte	tinta	'tintɔ
Zeichenblock	rajztömb	'rɔjstømb

Schuhe

Ich habe Größe ...	**Bitte ein Paar ...**
A méretem ... *-as/-es.*	Kérek egy pár ...
ɔ 'me:rɛtɛm '... ɔʃ/ɛʃ	'ke:rɛk 'ɛɟ 'pa:r

Schuhe	cipőt	'tsipø:t
– Badeschuhe	strandcipőt	'ʃtrɔnt:sipø:t
– Damenschuhe	női cipőt	'nø:i 'tsipø:t
(mit flachem Absatz) .	(lapos sarkú)	('lɔpoʃ 'ʃɔrku:)
– Halbschuhe	félcipőt	'fe:ltsipø:t
– Kinderschuhe	gyerekcipőt	'ɟɛrɛktsipø:t
– Strandschuhe	strandcipőt	'ʃtrɔnt:sipø:t
– Turnschuhe	tornacipőt	'tornɔtsipø:t
– Wanderschuhe . . .	turistacipőt	'turiʃtɔtsipø:t
Sandalen	szandált	'sɔnda:lt
Sandaletten	szandált	'sɔnda:lt
Stiefel	csizmát	'tʃizma:t
– Schi-Stiefel	síbakancsot	'ʃi:bɔkɔntʃot

Eine Nummer *größer (kleiner).*	**Der Absatz ist zu** *hoch (niedrig).*
Egy számmal *nagyobbat (kisebbet)*	A sarok túl *magas (alacsony).*
ɛɟ 'tsa:m:ɔl 'nɔɟɔb:ɔt ('kiʃɛb:ɛt)	ɔ 'ʃɔrok 'tu:l 'mɔgɔʃ ('ɔlɔtʃoɲ)

Bitte *reparieren (besohlen, neue Absätze machen).*
Kérem *megjavítani (megtalpalni, megsarkalni).*
'ke:rɛm 'mɛɟjɔvi:tɔni ('mɛktɔlpɔlni, 'mɛkʃɔrkɔlni)

Können Sie mir das nähen?	**Wann sind sie fertig?**
Megvarrhantná ezt nekem?	Mikor lesz kész?
'mɛgvɔr:hɔtna: ɛst 'nɛkɛm	'mikor lɛs ke:s

Einlegesohle	betét, talpbetét	'bɛtе:t, 'tɔlb:ɛte:t
Leder	bőr	'bø:r
– Rindleder	marhabőr	'mɔrhɔbø:r
– Wildleder	vadbőr	'vɔdbø:r
Schnürsenkel	cipőfűző	'tsipø:fy:zø:
Schuhanzieher	cipőkanál	'tsipø:kɔna:l
Schuhkrem	cipőkrém	'tsipø:kre:m
Sohle	talp	'tɔlp
– Ledersohle	bőrtalp	'bø:rtɔlp

Tabakladen

Ein Päckchen ... *Zigaretten (Feinschnitt)* **bitte.**
Kérek egy doboz ... *cigarettát (vágott dohányt)* .
'ke:rɛk ɛɟ 'doboz ... 'tsigɔrɛt:a:t ('va:god: 'doha:ɲt)

Bitte eine *Gaspatrone (Schachtel Streichhölzer)* **.**
Kérek egy *gázpatront (doboz gyufát)* .
'ke:rɛk ɛɟ 'ga:spɔtront ('doboz 'ɟufa:t)

Feuerstein	tűzkő	'ty:skø:
Feuerzeug	öngyújtó	'ønɟu:jto:
– Gasfeuerzeug	gázöngyújtó	'gazønɟu:jto:
– Einwegfeuerzeug	eldobható öngyújtó	'ɛldɔphɔto: 'ønɟu:j-to:
Pfeife	pipa	'pipɔ
– Tonpfeife	agyagpipa	'ɔɟɔkpipɔ
Pfeifenreiniger	pipaszurkáló	'pipɔsurka:lo:
Tabak	dohány	'doha:ɲ
– Pfeifentabak	pipadohány	'pipɔdoha:ɲ
– leicht/stark	könnyű/erős	'køɲ:y:/'ɛrø:ʃ
Zigarette	cigaretta	'tsigɔrɛt:ɔ
– Filterzigarette	filteres cigaretta	'filtɛrɛʃ 'tsigɔrɛt:ɔ
– ohne Filter	filter nélküli	'filtɛr 'ne:lky:li
– nikotinarm	nikotinszegény	'nikotinsɛge:ɲ
Zigarettenpapier	cigarettapapír	'tsigɔrɛt:ɔpɔpi:r
Zigarettenspitze	cigarettaszipka	'tsigɔrɛt:ɔsipkɔ
Zigarillo	cigarilló	'tsigɔril:o:
Zigarre	szivar	'sivɔr

Toiletten- und Pflegeartikel

Augenbrauenstift	szemöldökceruza	'sɛmøldøktsɛruzɔ
Babyflasche	cumisüveg	'tsumiʃyvɛg
– Sauger	cumi	'tsumi
Babyöl	babaolaj	'bɔbɔolɔj
Bürste	kefe	'kɛfɛ

Creme	krém	'kreːm
Damenbinden	egészségügyi kötö	'ɛgeːʃːeːgyːdi 'køtøː
Deodorant	dezodor	'dɛzodor
Haarbürste	hajkefe	'hɔjkɛfɛ
Haarfärbemittel	hajfesték, hajszínezö	'hɔjfɛʃteːk, 'hɔjsiːnɛ- zøː
Haarfestiger	hajlakk	'hɔjlɔk:
Haarklemmen	hajcsat	'hɔjtʃɔt
Haarnadel	hajtű	'hɔjty:
Haarnetz	hajháló	'hɔjhaːloː
Haarspray	hajspray	'hɔjʃpreː
Haarwaschmittel	hajsampon	'hɔjʃompon
Haarwasser	hajszesz	'hɔjsɛs
Hautkrem	bőrápoló krém	'bøːraːpoloː 'kreːm
Kamm	fésű	'feːʃy:
Kleiderbürste	ruhakefe	'ruhakɛfɛ
Kölnisch Wasser	kölni(víz)	'kølni(viːz)
Lack	lakk	'lɔk:
Lidschatten	szemhéjfesték	'sɛmheːjfɛʃteːk
Lidstrich	szemhéjtus	'sɛmheːjtuʃ
Lippenstift	rúzs	'ruːʒ
Lockenwickel	hajcsavaró	'hɔjtʃɔvɔroː
Mundwasser	szájvíz	'saːjviːz
Nagellack	körömlakk	'kørømlɔk:
Nagellackentferner	lakklemosó	'lɔk:lɛmoʃo
Nagelschere	körömolló	'kørømolːoː
Papiertaschentücher	papírzsebkendő	'popiːrʒɛpkɛndø
Parfüm	parfüm	'pɔrfym
Pinzette	csipesz	'tʃipɛs
Präservative	óvszer	'oːfsɛr
Puder	púder, hintőpor	'puːdɛr, 'hintøːpor
–Körperpuder	testhintőpor	'tɛʃthintøːpor
Puderdose	púderes doboz	'puːdɛrɛʒ 'doboz
Rasierapparat	borotva	'borodvɔ
Rasierklingen	borotvapenge	'borodvɔpɛngɛ
Rasierkrem	borotvakrém	'borodvɔkreːm
Rasierpinsel	borotvaecset	'borodvɔɛtʃɛt
Rasierwasser	arcvíz	'ɔrdzviːz
–nach der Rasur	after shave	'ɔftɛrʃeiv
–vor der Rasur	preshave	'prɛʃeiv
Rouge	rúzs	'ruːʒ

Schere	olló	'oːloː
Schwamm	szivacs	'sivɔtʃ
Seife	szappan	'sɔpːɔn
Shampoo	sampon	'ʃɔmpɔn
– mild	nem csípős	'nɛm 'tʃiːpøːʃ
Slipeinlagen	egészségügyi betét	'ɛgeːʃːeːgydi 'bɛteːt
Sonnenkrem	napozókrém	'nɔpozoːkreːm
Sonnenmilch	napozótej	'nɔpozoːtɛj
Sonnenöl	napolaj	'nɔpolɔj
Spiegel	tükör	'tykør
Tampons	tampon	'tɔmpon
Toilettenartikel	toalettcikkek	'toolɛtsːikːɛk
Toilettenpapier	WC-papír	've:tse:pɔpiːr
Wimperntusche	szempillatus	'sɛmpilːɔtuʃ
Windeln	pelenka, pólya	'pɛlɛnkɔ, 'poːjɔ
– Mullwindeln	mullpólya	'mulːpoːjɔ
Windelhöschen	pelenkanadrág	'pɛlɛnkɔnɔdraːg
Zahnbürste	fogkefe	'fokːɛfɛ
Zahnpasta	fogkrém	'fokːreːm

Uhrmacher

Können Sie die Uhr reparieren (eine neue Batterie einsetzen)?
Meg tudja javítani az órát (Be tud tenni egy új elemet)?
'mɛk 'tudʒɔ 'jɔviːtɔni ɔz 'oːraːt ('bɛ 'tut 'tɛnːi ɛɟ 'uːj 'ɛlɛmɛt)

Ich brauche ein neues Armband (Riemchen).
Kérek egy új óraszíjat.
'keːrɛk ɛɟ 'uːj 'oːrɔsiːjɔt

Armbanduhr	karóra	'kɔroːrɔ
Digitaluhr	digitális óra	'digitaːliʃ 'oːrɔ
Glas	üveg	'yvɛg
Quarzuhr	kvarcóra	'kvɔrtsoːrɔ
Stoppuhr	stopperóra	'ʃtopːɛroːrɔ
Taschenuhr	zsebóra	'ʒɛboːrɔ

Uhr	óra	'oːrɔ
Uhrenarmband	óraszíj	'oːrɔsiːj
Wecker	vekker, ébresztőóra	'vɛkːɛr, 'eːbrɛstøːoːrɔ
Zeiger	mutató	'mutɔtoː
Zifferblatt	számlap	'saːmlɔp

Waffen

Jagdgewehr	vadászpuska	'vɔdaːspuʃkɔ
Kaliber	kaliber	'kɔlibɛr
Kleinkalibergewehr	kiskaliberű puska	'kiskɔlibɛryː 'puʃkɔ
Munition	lőszer	'løːsɛr
−Schrotmunition	sörét	'søreːt
Patrone	golyó	'gojoː
Schrotflinte	sörétes puska	'ʃøreːtɛʃ 'puʃkɔ
Waffe	fegyver	'fɛɟvɛr
Waffenschein	fegyverviselési engedély	'fɛɟvɛrviʃɛleːʃi 'ɛngɛdeːj

Verschiedenes

Aktentasche	aktatáska	'ɔktɔtaːʃkɔ
Babynahrung	bébiétel	'beːbieːtɛl
Ball	labda	'lɔbdɔ
Batterie	elem	'ɛlɛm
Bild	kép	'keːp
Bindfaden	kötözőzsineg	'køtøzøːʒinɛg
Bonbons	cukorka	'tsukorkɔ
Büchsenöffner	konzervnyitó	'konzɛrvɲitoː
Campingbeutel	kempingtáska	'kɛmpinktaːʃkɔ
Elektrorasierer	villanyborotva	'vilːɔɲborodvɔ
Figur	figura	'figurɔ
Flaschenöffner	üvegnyitó	'yvɛgɲitoː
Fleckenwasser	folttisztító	'foltːistiːtoː
Gummitier	gumiállat	'gumiaːlːɔt
Handarbeit	kézimunka	'keːzimunkɔ
Handtasche	kézitáska, retikül	'keːzitaːʃkɔ, 'rɛtikyl
−Ledertasche	bőrretikül	'bøːrːɛtikyl

Hängematte	függőágy	'fyg:øːaːɖ
Hundeleine	póráz	'poːraːz
Keramik	kerámia	'kɛraːmiɔ
Kerze	gyertya	'dɛrtɔ
Kerzenständer	gyertyatartó	'dɛrtɔtɔrtoː
Kindertee	gyermektea	'dɛrmɛktɛɔ
Klebefolie	ragasztófólia	'rɔgɔstoːfoːliɔ
Kompaß	iránytű	'iraːɲty
Konserven	konzerv	'konzɛrv
Kopftuch	fejkendő	'fɛjkɛndøː
Korb	kosár	'koʃaːr
Korkenzieher	dugóhúzó	'dugoːhuːzoː
Kühltasche	hűtőtáska	'hyːtøːtaːʃkɔ
Papierservietten	papírszalvéta	'pɔpiːrsɔlveːtɔ
Plastikbeutel	műanyag zacskó	'myːɔɲɔg 'zɔtʃkoː
Porzellan	porcelán	'portsɛlaːn
Poster	poszter	'postɛr
Puppe	baba	'bɔbɔ
Regenschirm	esernyő	'ɛʃɛrɲøː
Reproduktion	reprodukció	'rɛproduktsioː
Rucksack	hátizsák	'haːtiʒaːk
Spazierstock	sétabot	'ʃeːtɔbot
Spielkarten	játékkártya	'jaːteːkːaːrtɔ
Spielzeug	játék(szer)	'jaːteːk(sɛr)
Stofftier	textilállatka	'tɛkstilaːlːɔtkɔ
Tasche	táska, zseb	'taːʃkɔ, 'ʒɛb
Taschenlampe	zseblámpa	'ʒɛblaːmpɔ
Taschenmesser	zsebkés	'ʒɛpkeːʃ
Thermometer	hőmérő	'høːmeːrøː
Thermosflasche	termosz	'tɛrmos
Töpferwaren	fazekasáru	'fɔzɛkɔʃaːru
Trachtenpuppe	népviseletes baba	'neːbviʃɛlɛtɛʒ 'bɔbɔ
Untersetzer	alátét	'ɔlaːteːt
Vase	váza	'vaːzɔ
Waschpulver	mosópor	'moʃoːpor

POST, TELEGRAMME, TELEFON

Wo ist das nächste Postamt?
Hol a legközelebbi postahivatal?
'hol ɔ 'lɛk:øzɛlɛbːi 'poʃtɔhivɔtɔl

Bis wann ist die Post geöffnet?
Meddig van nyitva a posta?
'mɛdːig 'vɔn 'ɲidvɔ ɔ 'poʃtɔ

Können Sie mir sagen, wo ... ist?
Meg tudja mondani, hol van ...
'mɛk 'tudːɔ 'mondɔni 'hol 'vɔn

– die Annahme eingeschriebener Sendungen –
az ajánlottlevél-feladás?
ɔz 'ɔjaːnlotːlɛveːl 'fɛlɔdaːʃ

– die Ausgabe postlagernder Sendungen –
a postán maradó küldemények kiadása?
ɔ 'poʃtaːn 'mɔrɔdoː 'kyldɛmeːɲɛk 'kiɔdaːʃɔ

– der Schalter für *Telegramme (Einzahlungen, Paketausgabe)* **–**
a *táviratfeladási (pénzbefizetési, csomagkiadási)* ablak?
ɔ 'taːviːrɔtfɛlɔdaːʃi ('peːnzbɛfizɛteːʃi, 'tʃomɔkːiɔdaːʃi) 'ɔblɔk

Was kostet *dieser Brief (diese Karte, dieses Päckchen)* ...
Mibe kerül ez a *levél (lap, kiscsomag)* ...
'mibɛ 'kɛryl 'ɛz ɔ 'lɛveːl ('lɔp, 'kiʃtʃomɔg)

– in die *Bundesrepublik Deutschland (Schweiz)*?
– az *NSZK-ba (Svájcba)*?
ɔz 'ɛnɛska:bɔ ('ʃvaːjdzbɔ)

– nach Österreich?
– Ausztriába?
'ɔustria:bɔ

Bitte *eine Briefmarke (... Briefmarken)* **für** ...
Kérek *egy bélyeget (... bélyeget)* ...
'keːrɛk ɛd 'beːjɛgɛt (... 'beːjɛgɛt)

eine Ansichtskarte . .	képeslapra	'keːpɛʃlɔprɔ
diesen Auslandsbrief .	erre a külföldi levélre . .	'ɛrːɛ ɔ 'kylføldi leveːlrɛ
einen Eilbrief	expresszlevélre	'ɛkspresːleveːlrɛ
einen Einschreibebrief	ajánlott levélre	'ɔjaːnlot: 'leveːlrɛ
diesen Luftpostbrief .	erre a légipostai levélre .	'ɛrːɛ ɔ 'leːgipoʃtɔi leveːlrɛ
dieses Päckchen	erre a kiscsomagra	'ɛrːɛ ɔ 'kiʃtʃomɔgrɔ
zwei Postkarten	két levelezőlapra	'keːt 'lɛvɛlɛzøːlɔprɔ

Bitte fünf Briefmarken zu ...
Kérek öt ... forintos bélyeget.
'keːrɛk 'øt ... 'forintoӡ 'beːjɛgɛt

Haben sie auch Sondermarken?
Vannak különleges bélyegei is?
'vɔnːɔk 'kylønlɛgɛӡ 'beːjɛgɛi 'iʃ

Je zwei Stück, bitte.
Két-két darabot kérek.
'keːt 'keːd 'dɔrɔbot 'keːrɛk

Bitte diesen Briefmarkensatz.
Ezt a bélyegsorozatot kérem.
'ɛst ɔ 'beːjɛkʃorozɔtot 'keːrɛm

Wie lange geht ein *Brief (Paket, Päckchen)* nach ...?
Mikorra ér egy *levél (csomag, kiscsomag) ...-ba/-be*?
'mikorːɔ 'eːr ɛɟ 'lɛveːl ('tʃomɔg 'kiʃtʃomɔg) '...bɔ/bɛ

Bitte diesen Brief *per Einschreiben (als Eilbrief).*
Ezt a levelet *ajánlottan (expressz)* kérem.
'ɛst ɔ 'lɛvɛlɛt 'ɔjaːnlotːɔn ('ɛkspresː) 'keːrɛm

Was kostet er?
Mibe kerül?
'mibɛ 'kɛryl

Bitte *eine Zahlkarte (einen Einlieferungsschein).*
Kérek *egy befizetési lapot (egy feladóvevényt)*.
'keːrɛk ɛɟ 'bɛfizɛteːʃi 'lɔpot (ɛɟ 'fɛlɔdoːvɛveːɲt)

Haben Sie Post auf diesen Namen?
Van küldemény erre a névre?
'vɔn 'kyldɛmeːɲ 'ɛrːɛ ɔ 'neːvrɛ

Wo muß ich unterschreiben?
Hol kell aláírnom?
'hol 'kɛl 'ɔlaːiːrnom

Brauche ich dafür eine Zollinhaltserklärung?
Szükségem van hozzá vámnyilatkozatra?
'sykʃeːgɛm vɔn 'hozːaː 'vaːmɲilɔtkozɔtrɔ

POSTÁN MARADÓ KÜLDEMÉNYEK	UTALVÁNY – ÁTUTALÁSI UTALVÁNY
Postlagernde Sendungen	**Geldüberweisungen**

LEVELEK	LEVÉLFELVÉTEL, ÉRTÉKCIKKÁRUSÍTÁS
Briefe	**Briefannahme, Wertzeichenverkauf**

TÁVÍRATFELVÉTEL	TAKARÉKSZOLGÁLAT
Telegrammannahme	**Postsparkasse**

CSOMAGFELVÉTEL	CSOPORTVEZETŐ
Paketannahme	**Abteilungsleiter**

FELSZÓLALÁSOK ÉS TUDAKOZVÁNY

Reklamationen und Auskunftsformulare

Telegramme

Bitte ein Telegrammformular.		**Ich möchte … aufgeben.**
Kérek egy táviratblankettát.		Szeretnék feladni …
'ke:rɛk ɛʧ 'tavi:rɔdblɔnkɛtta:t		'sɛrɛtne:k 'fɛlɔdni

ein Telegramm	egy táviratot	ɛʧ 'ta:vi:rɔtɔt
– mit bezahlter Rück-		
antwort	fizetett válasszal	'fizɛtɛd 'va:lɔs:ɔl
ein dringendes Tele-		ɛʧ 'ʃyrgø:ʃ 'ta:vi:-
gramm	egy sürgős táviratot ...	rɔtɔt
ein Brieftelegramm ..	egy levéltáviratot	ɛʤ 'lɛve:lta:vi:rɔtɔt
ein Schmuckblattele-		
gramm	egy dísztáviratot	ɛʧ 'di:sta:virɔtɔt

Wieviel kosten zehn Worte nach …?

Mibe kerül tíz szó …-*ba*/-*be*?
'mibɛ 'kɛryl 'ti:s 'so: '…bɔ/bɛ

Wann ist es in …?	**Ist das Telegramm heute noch in …?**
Mikor van …-*ban*/-*ben*?	Megérkezik a távirat még ma …-*ba*/-*be*?
'mikor 'vɔn '…bɔn/bɛn	'mɛgɛːrkɛzik ɔ 'ta:vi:rɔt 'me:g 'mɔ '…bɔ/bɛ

Telefon

Wo ist die nächste Telefonzelle?

Hol a legközelebbi telefonfülke?
'hol ɔ 'lɛk:øzɛlɛb:i 'tɛlɛfonfylkɛ

Wo kann ich telefonieren?	**Darf ich bei Ihnen telefonieren?**
Hol tudok telefonálni?	Telefonálhatok Önöknél?
'hol 'tudok 'tɛlɛfona:lni	'tɛlɛfona:lhɔtok 'ønøkne:l

Das Telefonbuch, bitte!	**Kann man nach … durchwählen?**
Kérem a telefonkönyvet!	Lehet közvetlenül tárcsázni …-*ba*/-*be*?
'ke:rɛm ɔ 'tɛlɛfonkønyvɛt	'lɛhɛt 'kɔzvɛtlɛnyl 'ta:rtʃa:zni '…bɔ/bɛ

Wie ist die Vorwählnummer von …?

Mi … előszáma?
'mi … 'ɛløsa:mɔ

Bitte ein Ferngespräch nach …
Kérek egy telefonbeszélgetést …-ba/-be.
'ke:rɛk ɛɟ 'tɛlɛfonbɛse:lgɛtɛ:ʃt '…bɒ/bɛ

Wird es lange dauern?
Sokáig fog tartani?
'ʃoka:ik fok 'tɒrtɒni

Haben Sie 2-Forint-Münzen für den Münzfernsprecher?
Van kétforintosa a nyilvános telefonhoz?
'vɒn 'ke:tforintoʃɒ ɒ 'ɲilva:noʃ 'tɛlɛfonhoz

Was kostet ein *Ortsgespräch (Gespräch nach …)*?
Mibe kerül *egy helyi beszélgetés (egy beszélgetés …-val/-vel)*?
'mibɛ 'kɛryl ɛɟ 'hɛji 'bɛse:lgɛtɛ:ʃ (ɛɟ 'bɛse:lgɛtɛ:ʃ '…vɒl/vɛl)

Ab wieviel Uhr gilt der Nachttarif?
Hány órától érvényes az éjszakai díjszabás?
'ha:ɲ 'o:ra:to:l 'e:rve:ɲɛʃ ɒz 'e:jsɒkɒi 'di:jsɒba:ʃ

*Ihr Gespräch ist in Kabine 4.
A 4-es fülkében beszélhet.
ɒ 'ne:dʒɛʃ 'fylke:bɛn 'bɛse:lhɛt

*Welche Nummer haben Sie?
Mi az Ön száma?
'mi ɒz 'øn 'sa:mɒ

Verbinden Sie mich bitte mit …
Kapcsolja nekem kérem …-t!
'kɒptʃoljɒ nɛkɛm 'ke:rɛm '…t

Falsch verbunden!
Téves kapcsolás!
'te:vɛʃ 'kɒptʃola:ʃ

Die Leitung ist besetzt.
A vonal foglalt.
ɒ 'vonɒl 'foglɒlt

Die Leitung ist gestört.
Vonalzavar van.
'vonɒlzɒvɒr vɒn

Der Teilnehmer meldet sich nicht.
Az előfizető nem jelentkezik.
ɒz 'ɛlø:fizɛtø: 'nɛm 'jɛlɛntkɛzik

Bitte streichen Sie das Gespräch.
Törölje kérem a beszélgetést!
'tørøljɛ 'ke:rɛm ɒ 'bɛse:lgɛtɛ:ʃt

Kann ich *Herrn (Frau, Fräulein)* … sprechen?
Beszélhetek … *úrral (…-néval, … kisasszonnyal)*?
'bɛse:lhɛtɛk … 'u:rrɒl ('…ne:vɒl, … 'kiʃɒs:oɲɒl)

Hier ist …
Itt …
'it:

Wer ist dort?
Ki beszél ott?
'ki 'bɛse:l 'ot:

Bleiben Sie am Apparat!
Tartsa a vonalat!
'tɒrtʃ:ɒ ɒ 'vonɒlɒt

Buchstabiertafel

A mint Attila	'ɒt:ilɒ	Cs mint Csokoládé	'tʃokola:de:
Á mint Ádám	'a:da:m	D mint Debrecen	'dɛbrɛtsɛn
B mint Budapest	'budɒpɛʃt	E mint Erzsébet	'ɛrʒɛbɛt
C mint Cegléd	'tsɛglɛ:d	É mint Éva	'e:vɒ

F mint Ferenc	'fɛrɛnts		P mint Péter	'peːtɛr
G mint Gusztáv	'gustaːv		R mint Rudolf	'rudolf
Gy mint Gyula	'ɟulɔ		S mint Sándor	'ʃaːndor
H mint Három	'haːrom		Sz mint Szilárd	'silaːrd
I mint Ilona	'ilonɔ		T mint Tivadar	'tivɔdɔr
J mint János	'jaːnoʃ		Ty mint Tyúkleves	'tuːklɛvɛʃ
K mint Kelemen	'kɛlɛmɛn		U mint Udvar	'udvɔr
L mint Lajos	'lɔjoʃ		Ú mint Újság	'uːjʃag
Ly mint Lajos ipszilon	'ipsilon		Ü mint Üzenet	'yzɛnɛt
M mint Márton	'maːrton		Ú mint Úrhajó	'yːrhɔjoː
N mint Nefelejcs	'nɛfɛlɛjtʃ		V mint Vendéglő	'vɛndeːgløː
Ny mint Nyelvtan	'ɲɛlftɔn		W mint Washington	'vɔʃinkton
O mint Ottó	'otːoː		X mint iksz	'iks
Ó mint Óváros	'oːvaːroʃ		Y mint ipszilon	'ipsilon
Ő mint Ődön	'ødøn		Z mint Zenekar	'zɛnɛkɔr
Ö mint Osziebarack	'øːsi'bɔrɔtsk		Zs mint Zsigmond	'ʒigmond

Münzfernsprecher

Kezelési sorrend

Reihenfolge der Bedienung

1. Emelje le a kézibeszélőt és várja meg a tárcsahangot.

Heben Sie den Hörer ab und warten Sie den Ton ab.

2. Dobjon be egy db. 2 forintost, ezért 3 percig beszélhet.

Werfen Sie eine 2-Forint-Münze ein, dafür können Sie 3 Minuten sprechen.

3. Tárcsázzon.

Wählen Sie.

4. A hívott jelentkezik, a piros fény az érme bevételezését jelzi.

Der Angerufene antwortet, das rote Licht zeigt die Einnahme der Münze an.

5. Ha 3 percnél tovább kíván beszélni, dobjon be újabb 2 forintost, erre a piros fény kialszik.

Wollen Sie länger als 3 Minuten sprechen, so werfen Sie erneut eine 2-Forint-Münze ein, darauf erlischt das rote Licht.

6. A beszélgetés befejezése vagy sikertelen hívás után helyezze vissza a kézibeszélőt. A fel nem használt érmét a készülék visszaadja.

Nach Ende des Gesprächs oder im Falle eines erfolglosen Anrufs bitte den Hörer aufhängen. Das Gerät gibt die unbenutze Münze zurück.

Bei der Mehrheit der Münzfernsprecher ist die Gebrauchsanweisung graphisch angezeigt.

Absender	feladó	'fɛlɔdoː
Absenderanschrift	a feladó címe	ɔ 'fɛlɔdoː 'tsiːmɛ
anrufen	felhív, telefonál	'fɛlhiːv, 'tɛlɛfonaːl
Aufgabeschein	feladóvevény	'fɛlɔdoːvɛvɛːɲ
Auslandsgespräch	külföldi beszélgetés	'kylføldi 'bɛseːlgɛtɛːʃ
Bestimmungsort	rendeltetési hely	'rɛndɛltɛtɛːʃi 'hɛj
Briefkasten	postaláda, levélszekrény	'poʃtɔlaːdɔ, 'lɛvɛːlsɛkrɛːɲ
Briefmarkenautomat	bélyegautomata	'beːjɛgoutoːmɔtɔ
Briefträger	postás, levélhordó	'poʃtaːʃ, 'lɛvɛːlhordoː
Briefumschlag	boríték	'boriːtɛːk
Drucksache	nyomtatvány	'ɲomtɔdvaːɲ
Einschreiben!	ajánlott!	'ɔjaːnlot:
Empfänger	címzett	'tsiːmzɛt:
Ferngespräch	telefon(beszélgetés)	'tɛlɛfon(bɛseːlgɛtɛːʃ)
frankieren	bérmentesít	'beːrmɛntɛʃiːt
– frankiert	bérmentesítve *adv.*	'beːrmɛntɛʃiːdvɛ
– unfrankiert	felbélyegezetlenül *adv.*	'fɛlbeːjɛgɛzɛtlɛnyl
Gebühr	díj	'diːj
Leerung	ürítés	'yːriːtɛːʃ
Luftpost	légiposta	'leːgipoʃtɔ
Münzfernsprecher	nyilvános telefon	'ɲilvaːnoʃ 'tɛlɛfon
Nachgebühr	portó	'portoː
per Nachnahme	utánvéttel	'utaːnvɛt:ɛl
notieren	jegyez	'jɛɟɛz
Paketkarte	szállítólevél	'saːliːtoːlɛvɛːl
Philatelist	bélyeggyűjtő	'beːjɛgɟyːjtøː
Porto	portó	'portoː
Postfach	postafiók	'poʃtɔfioːk
Postleitzahl	irányítószám	'iraːɲiːtoːsaːm
R-Gespräch	R-beszélgetés	'ɛrbɛseːlgɛtɛːʃ
Rückporto	válaszportó	'vaːlɔsportoː
Schalter	ablak	'ɔblɔk
Sondermarke	különleges bélyeg	'kylønlɛgɛz 'beːjɛg
Telegrafenamt	táviróhivatal	'taːviːroːhivɔtɔl
Vorwählnummer	előszám	'ɛløːsaːm
Wertangabe	értékbevallás	'eːrtɛːgbɛvɔlːaːʃ
Wertbrief	értéklevél	'eːrtɛːklɛvɛːl

BANK, GELDWECHSEL

Währung

Die ungarische Währung
1 forint (Ft) = 100 fillér ['fiːleːr] (fill.)

Im Umlauf sind:
Banknoten zu 10, 20, 50, 100, 500 und 1000 Ft
Münzen zu 1, 2, 5, 10 und 20 Ft,
           10, 20 und 50 fillér

Wo kann ich (Kann ich bei Ihnen) Geld umtauschen?
Hol válthatok pénzt (Tudok Önöknél pénzt váltani)?
'hol 'vaːlthɔtok 'peːnst ('tudok 'ønøkneːl 'peːnzd 'vaːltɔni)

Ich möchte 100 DM in Forint umwechseln.
Szeretnék 100 márkát forintra váltani.
'sɛrɛtneːk 'saːz 'maːrkaːt 'forintrɔ 'vaːltɔni

Wieviel bekomme ich für 1000 Schilling?
Mennyit kapok 1000 schillingért?
'mɛɲit 'kɔpok 'ɛzɛr 'ʃilːingeːrt

Können Sie mir diesen Betrag in Deutsche Mark zurücktauschen?
Vissza tudja nekem váltani ezt az összeget márkára?
'visːɔ 'tudjɔ nɛkɛm 'vaːltɔni 'ɛst ɔz 'øsːɛgɛt 'maːrkaːrɔ

Wie ist der Wechselkurs für ...?
Mi a ... árfolyama?
'mi ɔ ... 'aːrfojɔmɔ

Bitte auch etwas Kleingeld.   **Können Sie wechseln?**
Kérek valami aprót is.   Tud váltani?
'keːrɛg 'vɔlɔmi 'ɔproːt 'iʃ   'tud 'vaːltɔni

Ich möchte diesen *Scheck (Reisescheck)* einlösen.
Szeretném beváltani ezt a *csekket (úticsekket)* .
'sɛrɛtneːm 'bɛvaːltɔni 'ɛst ɔ 'tʃɛkːɛt ('uːtitʃɛkːɛt)

Ich erwarte eine Geldüberweisung aus ...
Pénzátutalást várok ...*-ból/-ből.*
'peːnzaːtutɔlaːʒd 'vaːrok '...boːl/bøːl

auszahlen	kifizet	'kifizɛt
Bank	bank	'bɔnk
– Nationalbank	Nemzeti Bank	'nɛmzɛti 'bɔnk
Bankkonto	bankszámla	'bɔnksa:mlɔ
bar	készpénzben	'ke:spɛnzbɛn
Bargeld	készpénz	'ke:spe:nz
Betrag	összeg	'øs:ɛg
Devisen	deviza	'dɛvizɔ
Eurocheque	Eurocsekk	'ɛurotʃɛk:
Formular	űrlap	'y:rlɔp
Geld	pénz	'pe:nz
– abheben	kivesz	'kivɛs
– einzahlen	befizet	'bɛfizɛt
– D-Mark	NSZK márka	'ɛnɛska: 'ma:rkɔ
– Schilling	schilling	'ʃil:ing
– Schweizer Franken	svájci frank	'ʒva:jtsi 'frɔnk
Geldschein	bankjegy	'bɔnkjɛɟ
Geldwechsel	pénzváltás	'pe:nzva:lta:ʃ
Kredit	hitel	'hitɛl
Kreditkarte	hitelkártya	'hitɛlka:rtɔ
Kurs	árfolyam	'a:rfojɔm
Münze	érme	'e:rmɛ
Provision	jutalék	'jutɔle:k
Quittung	nyugta	'ɲuktɔ
Reisescheck	úticsekk	'u:titʃɛk:
Scheck	csekk	'tʃɛk:
Sparbuch	takarék(betét)könyv .	'tɔkɔrɛ:k(bɛtɛ:t)-könyv
Sparkasse	takarékpénztár	'tɔkɔrɛ:kpe:nsta:r
Tageskurs	napi árfolyam	'nɔpi 'a:rfojɔm
telegrafisch	táviratilag	'ta:vi:rɔtilɔg
Überweisung	átutalás	'a:tutɔla:ʃ
Unterschrift	aláírás	'ɔla:i:ra:ʃ
Währung	valuta	'vɔlutɔ
Wechselkurs	váltási árfolyam	'va:lta:ʃi 'a:rfojɔm
Zahlung	(ki)fizetés	'(ki)fizɛtɛʃ
Zahlungsmittel	fizetőeszköz	'fizɛtø:ɛskøz

AUF DER POLIZEI

Anzeige

Ich möchte ... anzeigen.
Szeretnék bejelenteni egy ...
'sɛrɛtneːg 'bɛjɛlɛntɛni ɛɟ

einen Diebstahl	lopást	'lopaːʃt
einen Überfall	megtámadást	'mɛktaːmɔdaːʃt
einen Unfall	balesetet	'bɔlɛʃɛtɛt
eine Vergewaltigung .	erőszakoskodást	'ɛrøːsɔkoʃkodaːʃt

Man hat mir ... gestohlen.	**Ich habe ... verloren.**
Elloptak tőlem ...	Elvesztettem ...
'ɛlːoptɔk 'tøːlɛm	'ɛlvɛstɛtːɛm

die Brieftasche	a levéltárcámat	ɔ 'lɛveːltaːrtsaːmɔt
den Fotoapparat	a fényképezőgépemet ..	ɔ 'feːɲkeːpɛzøːgeːpɛmɛt
mein Geld	a pénzemet	ɔ 'peːnzɛmɛt
die Handtasche	a retikülömet	ɔ 'rɛtikylømɛt
einen Koffer	egy bőröndömet	ɛɟ 'bøːrøndømɛt
meine Papiere	a papírjaimat	ɔ 'pɔpiːrjɔimɔt
die Schlüssel	a kulcsaimat	ɔ 'kultʃɔimɔt
die (Reise-)Schecks ..	a(z) (úti)csekkjeimet .	ɔ(z) '(uːti)tʃɛkːjɛimɛt

Mein Auto wurde *gestohlen (aufgebrochen, beschädigt)*.
Ellopták (Feltörték, Megsértették) az autómat.
'ɛlːoptaːk ('fɛltørteːk 'mɛkʃeːrtɛtːeːk) ɔz 'ɔutoːmɔt

Ich bin beraubt worden.	**Ich bin niedergeschlagen worden.**
Kiraboltak.	Leütöttek.
'kirɔboltɔk	'lɛytøtːɛk

Ich bin überfallen worden.	***Wir müssen ein Protokoll aufnehmen.**
Megtámadtak.	Jegyzőkönyvet kell felvennünk.
'mɛktaːmɔtːɔk	'jɛɟzøːkøɲvɛt 'kɛlː 'fɛlvɛnːynk

Ich möchte mit *einem Anwalt (meinem Konsulat)* sprechen.
Szeretnék beszélni *egy ügyvéddel (a konzulátussal)* .
'sɛrɛtneːg 'bɛseːlni ɛɟ 'ydvɛːdːɛl (ɔ 'kɔnzulaːtuʃːɔl)

Ich habe *damit (mit dieser Sache)* nichts zu tun.
Semmi közöm *hozzá (ehhez az ügyhöz)* .
'ʃɛmːi 'køzøm 'hozːaː (ˈɛhːɛz ɔz 'yɟhøz)

Das habe ich nicht getan.	**Ich bin unschuldig.**
Ezt nem csináltam.	Ártatlan vagyok.
'ɛst 'nɛm 'tʃinaːltɔm	aːrtɔtlɔn 'vɔɟok

Wie lange muß ich hierbleiben?	**Ich bitte um einen Dolmetscher.**
Meddig kell ittmaradnom?	Kérek egy tolmácsot.
'mɛdːik 'kɛlː 'itːmɔrɔdnom	'keːrɛk ɛɟ 'tolmaːtʃot

Dieser Mann *belästigt (verfolgt)* mich.
Ez a férfi *molesztál (üldöz)* .
'ɛz ɔ 'fɛːrfi 'molɛstaːl ('yldøz)

Anklage	vád	'vaːd
beschlagnahmen	elkoboz	'ɛlkoboz
Dieb	tolvaj	'tolvɔj
Gefängnis	börtön	'børtøn
Gericht	bíróság	'biːroːʃaːg
Haft	őrizet	'øːrizet
Häftling	őrizetes	'øːrizetɛʃ
Kriminalpolizei	bűnügyi rendőrség	'byːnyɟi 'rɛndøːrʃeːg
Polizeiwagen	rendőrségi autó	'rɛndøːrʃeːgi 'ɔutoː
Polizist	rendőr	'rɛndøːr
Rauschgift	kábítószer	'kaːbiːtoːsɛr
Schmuggel	csempészés	'tʃɛmpeːseːʃ
Schuld	bűn, vétek	'byːn, 'veːtɛk
Staatsanwalt	ügyész	'yɟeːs
Überfall	(meg)támadás	'(mɛk)taːmɔdaːʃ
Urteil	ítélet	'iːteːlɛt
Verbrechen	bűntett	'byːntɛtː
Verbrecher	bűnöző	'byːnøzøː
verhaften	letartóztat	'lɛtɔrtoːstɔt
Verhaftung	őrizetbevétel	'øːrizɛdbɛveːtɛl
Zelle	cella	'tsɛlːɔ
Zeuge	tanú	'tɔnuː

BEIM FRISEUR

Damenfriseur

Kann ich mich für Sonnabend anmelden?
Bejelentkezhetem szombatra?
'bɛjɛlɛntkɛshɛtɛm 'sombɔtrɔ

Können Sie mich zur Dauerwelle vormerken? **Für morgen?**
Elő tudna jegyezni tartóshullámra? Holnapra?
'ɛløː 'tudnɔ 'jɛɟɛzni 'tɔrtoːʃhulːaːmrɔ 'holnɔprɔ

Muß ich lange warten? **Ich komme etwas später.**
Sokáig kell várnom? Kicsit később jövök.
'ʃokaːik 'kɛlː 'vaːrnom 'kitʃit 'keːʃøːbː 'jøvøk

Waschen und *legen (fönen)* bitte.
Kérem mosni és *berakni (szárítani)*!
'keːrɛm 'moʃni 'eːʒ 'bɛrɔkni ('saːriːtɔni)

Ich möchte eine Dauerwelle.
Tartóshullámot szeretnék.
'tɔrtoːʃhulːaːmot 'sɛrɛtneːk

Machen Sie mir so eine Frisur wie diese hier.
Csináljon nekem egy olyan frizurát, mint ez itt.
'tʃinaːljon nɛkɛm ɛɟ 'ojɔn 'frizuraːt 'mint 'ɛz 'it

Die Haare bitte ...*färben (tönen)*.
Fesse (Színezze) kérem ...*-ra/-re* a hajam.
'fɛʃːɛ ('siːnɛzːɛ) 'keːrɛm '...rɔ/rɛ ɔ 'hɔjɔm

Schneiden Sie die Haare bitte etwas kürzer.
Vágja kérem a hajam kicsit rövidebbre.
'vaːgjɔ 'keːrɛm ɔ 'hɔjɔm 'kitʃit 'røvidɛbːrɛ

Schneiden Sie bitte nur die Spitzen ab.
Csak a végéből vágjon le, kérem.
'tʃɔk ɔ 've:ge:bøːl 'vaːgjon 'lɛ 'keːrɛm

Naß schneiden, bitte.
Nedvesen vágja, kérem.
'nɛdvɛʃɛn 'va:gjɔ 'ke:rɛm

Die Haare aufstecken, bitte.
Tűzze fel a hajam, kérem.
'ty:z:ɛ 'fɛl ɔ 'hɔjɔm 'ke:rɛm

Bitte *oben (seitlich)* etwas toupieren.
Tupírozza kicsit *fent (oldalt)*, kérem!
'tupi:roz:ɔ 'kitʃit 'fɛnt ('oldɔlt) 'ke:rɛm

Es ist zu heiß unter der Haube.
Túl forró a búra alatt.
tu:l 'for:o: ɔ 'bu:rɔ 'ɔlɔt:

Bitte *keinen Festiger (kein Haarspray).*
Ne tegyen rá *lakkot (hajsprayt)*, kérem!
'nɛ tɛɟɛn 'ra: 'lɔk:ot ('hɔjʃprɛ:t) 'ke:rɛm

Können Sie mir *Maniküre (Pediküre)* machen?
Tud nekem *manikűrt (pedikűrt)* csinálni?
'tud nɛkɛm 'mɔniky:rt ('pɛdiky:rt) 'tʃina:lni

Feilen Sie bitte die Nägel *spitz (rund).*
Reszelje kérem *hegyesre (kerekre)* a körmömet!
'rɛsɛljɛ 'ke:rɛm 'hɛɟɛʃrɛ ('kɛrɛkrɛ) ɔ 'kørmømɛt

Bitte nur polieren.
Csak csiszolja kérem!
'tʃɔk 'tʃisoljɔ 'ke:rɛm

Mit Nagellack.
Körömlakkal.
'kørømlɔk:ɔl

Ohne Nagellack.
Körömlakk nélkül.
'kørømlɔk: 'ne:lkyl

Die Augenbrauen bitte *nachziehen (ausrasieren).*
Húzza *(Borotválja)* ki kérem a szemöldökömet!
'hu:z:ɔ ('borodva:ljɔ) 'ki 'ke:rɛm ɔ 'sɛmøldøkømɛt

Bitte eine *Gesichtsmaske (Gesichtsmassage).*
Egy *arcmaszkot (arcmasszázst)* kérek.
ɛɟ 'ɔrtsmɔskot ('ɔrtsmɔs:a:ʃt) 'ke:rɛk

Ja danke, es ist gut so.
Igen, köszönöm, így jó.
'igɛn 'køsønøm 'i:ɟ 'jo:

Sehr gut!
Nagyon jó!
'nɔɟon 'jo:

Herrenfriseur

Haarscheiden (und Rasieren), bitte!
Hajvágást (és borotválást) kérek.
'hɔjvaːgaːʃt ('eːʒ 'borodvaːlaːʃt) 'keːrɛk

Bitte nicht zu kurz.
Ne túl rövidre, kérem.
'nɛ 'tuːl 'røvidrɛ 'keːrɛm

(Ganz) Kurz, bitte.
(Egész) Rövidre, kérem.
('ɛgeːs) 'røvidrɛ 'keːrɛm

– hinten.
– hátul.
'haːtul

– oben.
– felül.
'fɛlyl

– vorn.
– elöl.
'ɛløl

– an den Seiten.
– oldalt.
'oldɔlt

Bitte einen Messerformschnitt!
Egy borotvahajvágást kérek.
'ɛɟ 'borodvɔhɔjvaːgaːʃt 'keːrɛk

Bitte hier etwas wegnehmen
Itt vegyen le egy keveset, kérem.
'id: 'vɛɟɛn 'lɛ ɛɟ 'kɛvɛʃɛt 'keːrɛm

Den Scheitel bitte *links (rechts).*
Balra (Jobbra) kérem a választékot.
'bɔlrɔ ('jobːrɔ) 'keːrɛm ɔ 'vaːlɔsteːkot

Ohne Scheitel.
Választék nélkül.
'vaːlɔsteːk 'neːlkyl

Die Haare bitte auch waschen!
Hajmosást is kérek.
'hɔjmoʃaːʃt iʃ 'keːrɛk

Eine Kopfmassage, bitte!
Fejmasszázst kérek.
'fɛjmosːaːʃt 'keːrɛk

Den *Bart (Schnurrbart)* bitte etwas stutzen.
Nyírja meg kicsit a *szakállamat (bajuszomat)*, kérem.
'ɲiːrjɔ 'mɛk 'kitʃit ɔ 'sɔkaːlːɔmɔt ('bɔjusomɔt) 'keːrɛm

Bitte nur rasieren!
Csak borotválást kérek.
'tʃɔg 'borodvaːlaːʃt 'keːrɛk

Bitte nicht gegen den Strich.
Ne borotváljon ki, kérem!
'nɛ 'borodvaːljon 'ki 'keːrɛm

* Etwas *Haarwasser (Frisiercreme)*?
Tegyek rá *szeszt (krémet)*?
'tɛɟɛk 'raː 'sɛst ('kreːmɛt)

Bitte trocken lassen.
Hagyja szárazon, kérem.
'hɔɟːɔ 'saːrɔzon 'keːrɛm

Ja, danke, so ist es recht.
Igen, köszönöm, így jó.
'igɛn 'køsønøm 'iːɟ 'joː

Bart	szakáll	'sɔkaːl
Damenfriseur	női fodrász	'nøːi 'fodraːs
Dauerwelle	tartóshullám	'tɔrtoːʃhulːaːm
färben	fest	'fɛʃt
Friseur	fodrász	'fodraːs
frisieren	frizíroz	'friziːroz
Frisur	frizura	'frizurɔ
Haar	haj	'hɔj
– fettig	zsíros	'ʒiːroʃ
– trocken	száraz	'saːrɔz
Haarausfall	hajhullás	'hɔjhulːaːʃ
Haarschnitt	frizura	'frizurɔ
Herrenfriseur	férfifodrász	'feːrfifodraːs
kämmen	fésül	'feːʃyl
Kopfmassage	fejmasszázs	'fɛjmɔsːaːʒ
Koteletten	oldalszakáll	'oldɔlsɔkaːl
legen	berak	'bɛrɔk
Locken	hajfürt	'hɔjfyrt
Maniküre	manikűr	'mɔnikyːr
Pediküre	pedikűr	'pɛdikyːr
Perücke	paróka	'pɔroːkɔ
Pony(frisur)	póni(frizura)	'poːni(frizurɔ)
rasieren	borotvál	'borodvaːl
Scheitel	választék	'vaːlɔsteːk
schneiden	vág	'vaːg
Schnurrbart	bajusz	'bɔjus
Schönheitssalon	szépségszalon	'seːpseːksɔlon
Schuppen	korpa	'korpɔ
Strähne	hajtincs	'hɔjtintʃ
tönen	színez	'siːnɛz
toupieren	tupíroz	'tupiːroz
Trockenhaube	szárítóbúra	'saːriːtoːbuːrɔ
waschen	mos	'moʃ
Wasserwelle	vízhullám	'viːshulːaːm

---

s. a. „Toilettenartikel" S. 134

GESUNDHEIT

Apotheke

Wo ist die nächste (diensthabende) Apotheke?
Hol a legközelebbi (ügyeletes) patika/gyógyszertár?
'hol ɔ 'lɛkːøzɛlɛbːi ('ydʒɛlɛteʃ) 'pɔtikɔ/'dʒoːtsːertaːr

Welche Apotheke hat Nachtdienst?
Melyik patika tart éjszakai ügyeletet?
'mɛjik 'pɔtikɔ 'tɔrt 'eːjsɔkɔi 'ydʒɛlɛtet

Dieses Medikament, bitte.
Ezt a gyógyszert kérem.
'ɛst ɔ 'dʒoːtsːert 'keːrɛm

Ich möchte …
Kérek …
'keːrɛk

Geben Sie mir bitte etwas gegen …
Adjon kérem valamit … ellen!
'ɔdːon 'keːrɛm 'vɔlɔmit … 'ɛlːɛn

Ist die Arznei rezeptpflichtig?
Vényköteles a gyógyszer?
've:ɳkøtɛlɛʃ ɔ 'dʒoːtsːer

Können Sie mir dieses Medikament besorgen?
Be tudják szerezni nekem ezt a gyógyszert kérem?
'bɛ 'tudːaːk 'sɛrɛzni nɛkɛm 'ɛst ɔ 'dʒoːtsːert 'keːrɛm

Wann kann ich es bekommen?
Mikor kaphatom meg?
'mikor 'kɔphɔtom 'mɛg

Kann ich warten?
Megvárhatom?
'mɛgvaːrhɔtom

äußerlich	külsőleg
innerlich	belsőleg
vor dem Essen	evés előtt
nach dem Essen	evés után
dreimal täglich	naponta háromszor
nach Anweisung des Arztes	az orvos utasítása szerint
auf nüchternen Magen	éhgyomorra
vor dem Schlafengehen	lefekvés előtt

Medikamente und Verbandszeug

Abführmittel	hashajtó	'hɔʃhɔjtoː
Alkohol	szesz	'sɛs
Ampulle	ampulla	'ɔmpulːɔ
Antibabypillen	fogamzásgátló (antibébi)tabletta	'fogɔmzaːʒgaːtloː ('ɔntibeːbi)'tɔblɛtːɔ
Antibiotikum	antibiotikum	'ɔntibiotikum
Aspirin	aszpirin	'ɔspirin
Augentropfen	szemcsepp	'sɛmtʃɛpː
Baldriantropfen	valériáncsepp	'vɔleːriaːntʃɛpː
Beruhigungsmittel	nyugtató	'ɲuktɔtoː
Binde	kötszer, pólya	'køtsːɛr, 'poːjɔ
blutstillendes Mittel	vérzéscsillapító	'veːrzeːʃtʃilːɔpiːtoː
Borwasser	bórvíz	'boːrviːz
Brandsalbe	égési balzsam	'eːgeːʃi 'bɔlʒɔm
Brechmittel	hánytató	'haːɲtɔtoː
Chinin	kinin	'kinin
Desinfektionsmittel	fertőtlenítőszer	'fɛrtøːtlɛniːtøːsɛr
Dosis	dózis	'doːziʃ
Einreibemittel	bedörzsölőszer	'bɛdørʒøløːsɛr
Elastikbinde	elasztikus pólya	'ɛlɔstikuʃ 'poːjɔ
fiebersenkendes Mittel	lázcsillapító	'laːstʃilːɔpiːtoː
Fieberthermometer	lázmérő	'laːzmeːrøː
Glyzerin	glicerin	'glitsɛrin
Gurgelwasser	gargarizálószer	'gɔrgɔrizaːloːsɛr
Heftpflaster	ragtapasz	'rɔktɔpɔs
Herzmittel	szívgyógyszer	'siːvɟoːtsːɛr
Hustenmittel	köhögéscsillapító szer	'køhøgeːʃtʃilːɔpiːtoː 'sɛr
Hustensaft	köhögéscsillapító szirup	'køhøgeːʃtʃilːɔpiːtoː 'sirup
Insektenmittel	rovarírtószer	'rovariːrtoːsɛr
Insulin	inzulin	'inzulin
Jodtinktur	jódtinktúra	'joːtːinktuːrɔ
Kamillentee	kamillatea	'kɔmilːɔtɛɔ

Kohletabletten	széntabletta	'se:ntɔblɛt:ɔ
Kopfschmerztabletten	fejfájás elleni tabletta . .	'fɛjfa:ja:ʃ 'ɛl:ɛni 'tɔblɛt:ɔ
Kreislaufmittel	keringésserkentő szer .	'kɛringe:ʃ:ɛrkɛntø: 'sɛr
Magentabletten	gyomortabletta	'ɟomortɔblɛt:ɔ
Magentropfen	gyomorcsepp	'ɟomortʃɛp:
Mittel	szer	'sɛr
Mullbinde	mullpólya	'mul:po:jɔ
Mundwasser	szájvíz	'sa:jvi:z
Nasentropfen	orrcsepp	'or:tʃɛp:
Natron	szódabikarbóna	'so:dɔbikɔrbo:nɔ
Ohrentropfen	fülcsepp	'fyltʃɛp:
Pfefferminztee	fodormentatea	'fodormɛntɔtɛɔ
Pflaster	flastrom, tapasz	'floʃtrom, 'tɔpɔs
Pillen	tabletta	'tɔblɛt:ɔ
Rizinusöl	ricinusolaj	'ritsinuʃolɔj
Salbe	kenőcs	'kɛnøtʃ
Salmiakgeist	szalmiákszesz	'sɔlmia:ksɛs
Schlaftabletten	altató	'ɔltɔto:
Schmerztabletten . . .	fájdalomcsillapító tabletta	'fa:jdɔlomtʃil:ɔpi:to 'tɔblɛt:ɔ
Schnellverband	gyorskötés	'ɟorʃkøte:ʃ
schweißtreibendes Mittel	izzasztószer	'iz:ɔsto:sɛr
Stärkungsmittel	erősítőszer	'ɛrø:ʃi:tø:sɛr
Tablette	tabletta	'tɔblɛt:ɔ
− Lutschtabletten . . .	szopogatni való tabletta	'sopogɔtni 'vɔlo: 'tɔblɛt:ɔ
Talkumpuder	hintőpor	'hintø:por
Traubenzucker	szőlőcukor	'sø:lø:tsukor
Tropfen	csepp	'tʃɛp:
Vaseline	vazelin	'vɔzɛlin
Verbandszeug	kötszer	'køts:ɛr
Vitamintabletten . . .	vitamintabletta	'vitɔmintɔblɛt:ɔ
Wasserstoffsuperoxyd	hidrogén-peroxid	'hidroge:npɛroksid
Watte	vatta	'vɔt:ɔ
Wundpuder	sebhintőpor	'ʃɛphintø:por
Wundsalbe	sebkenőcs	'ʃɛpkɛnøtʃ
Zäpfchen	kúp	'ku:p

Beim Arzt

Rufen (Holen) Sie bitte (schnell) einen Arzt!
Hívjon (Hozzon) kérem gyorsan orvost!
'hi:vjon ('hoz:on) 'ke:rɛm ('ɟorʃon) 'orvoʃt

Ist ein Arzt im Hause?
Van orvos a házban?
'vɔn 'orvoʃ ɔ 'ha:zbɔn

Fahren Sie mich bitte zu einem Arzt.
Vigyen kérem egy orvoshoz!
'viɟɛn 'ke:rɛm ɛɟ 'orvoʃhoz

Wo gibt es hier einen Arzt?
Hol van itt egy orvos?
'hol 'vɔn 'it: ɛɟ 'orvoʃ

Kann er kommen?
Ide tud jönni?
'idɛ 'tud 'jøn:i

Wo ist *das nächste Krankenhaus (die nächste Poliklinik)*?
Hol a legközelebbi *kórház (rendelőintézet)*?
'hol ɔ 'lɛk:øzɛlɛb:i 'ko:rha:z ('rɛndɛlø:inte:zɛt)

Wann hat der Arzt Sprechstunde?
Mikor rendel az orvos?
'mikor 'rɛndɛl ɔz 'orvoʃ

Kommen Sie bitte *zum (zur)* ...
Jöjjön kérem a *...-hoz/-hez/-höz*!
'jøj:øn 'ke:rɛm ɔ '... hoz/hɛz/høz

Ich bin krank.
Beteg vagyok.
'bɛtɛg 'vɔɟok

Mein Mann (Meine Frau, Unser Kind) ist krank.
A *férjem (feleségem, gyerekünk)* beteg.
ɔ 'fe:rjɛm ('fɛlɛʃe:gɛm, 'ɟɛrɛkynk) 'bɛtɛg

Arzt	orvos	'orvoʃ
Augenarzt	szemész	'sɛme:s
Chirurg	sebész	'ʃɛbe:s
Facharzt	szakorvos	'sɔkorvoʃ
Frauenarzt	nőgyógyász	'nø:ɟo:ɟa:s
Hals-Nasen-Ohren-arzt	fül-orr-gégész	'fyl'or:'ge:ge:s
Hautarzt	bőrgyógyász	'bø:rɟo:ɟa:s
Hebamme	bába	'ba:bɔ
Internist	belgyógyász	'bɛldo:ɟa:s
Kinderarzt	gyerekorvos	'ɟɛrɛkorvoʃ
Notarzt	mentőorvos	'mɛntø:orvoʃ
Urologe	urológus	'urolo:guʃ

Hier ist mein Krankenschein.
Itt a beteglapom.
'it: ɔ 'bɛtɛglɔpom

Ich zahle privat.
Privát fizetek.
'privaːt 'fizɛtɛk

Seit einigen Tagen fühle ich mich nicht wohl.
Néhány napja nem érzem jól magam.
'neːhaːɲ 'nɔpjɔ 'nɛm 'eːrzɛm 'joːl 'mɔgɔm

Der *Hals (Kopf, Leib)* tut mir weh.
A *torkom (fejem, hasam)* fáj.
ɔ 'torkom ('fɛjɛm, 'hɔʃɔm) 'faːj

Hier tut es weh.
Itt fáj.
'it: 'faːj

Ich habe hier (starke, stechende) Schmerzen.
Itt (erős, szúró) fájdalmat érzek.
'it: ('ɛrøʃ, 'suːroː) 'faːjdɔlmɔt 'eːrzɛk

Ich habe (hohes) Fieber.
(Magas) Lázam van.
('mɔgɔʃ) 'laːzɔm 'vɔn

Ich habe mich erkältet.
Meghűltem.
'mɛkhyːltɛm

Ich vertrage *die Hitze (das Essen)* nicht.
Nem bírom a meleget (Nem tudok enni).
'nɛm 'biːrom ɔ 'mɛlɛgɛt ('nɛm 'tudok 'ɛnːi)

Ich habe mir den Magen verdorben.
Elrontottam a gyomromat.
'ɛlrontotːɔm ɔ 'ɟomromɔt

Ich habe … gegessen.
…-t ettem.
'…t 'ɛtːɛm

Ich habe mich übergeben müssen.
Hánynom kellett.
'haːɲnom 'kɛlːɛt:

Mir wird oft übel.
Gyakran rosszul leszek.
'ɟɔkrɔn 'rosːul 'lɛsɛk

Ich habe (starken) Durchfall.
(Erős) Hasmenésem van.
('ɛrøːʃ) 'hɔʃmɛneːʃɛm 'vɔn

Ich kann nicht schlafen.
Nem tudok aludni.
'nɛm 'tudok 'ɔludni

Ich habe Schüttelfrost.
Kiráz a hideg.
'kiraːz ɔ 'hidɛg

Ich habe mir den Fuß verstaucht.
Megrándítottam a lábamat.
'mɛgraːndiːtotːɔm ɔ 'laːbɔmɔt

Ich habe *Kopfschmerzen (Ohrenschmerzen)*.
Fáj a fejem (a fülem).
'faːj ɔ 'fɛjɛm (ɔ 'fylɛm)

Die Augen tun mir weh.   **Ich habe etwas im Auge.**
A szemem fáj.   Valami van a szememben.
ɔ 'sɛmɛm 'faːj   'vɔlɔmi 'vɔn ɔ 'sɛmɛmbɛn

Ich bin von einem Hund gebissen worden.   **Ist es schlimm?**
Megharapott egy kutya.   Baj van?
'mɛkhɔrɔpot: ɛɟ 'kuƫɔ   'bɔj vɔn

Mich hat etwas gestochen.   **Ich habe mich (hier) verletzt.**
Valami megszúrt.   Megsérültem (itt).
'vɔlɔmi 'mɛksuːrt   'mɛkʃeːryltɛm ('it:)

Ich bin gestürzt.   **Ich habe mir den Arm gebrochen.**
Lezuhantam.   Eltörtem a karomat.
'lɛzuhɔntɔm   'ɛltørtɛm ɔ 'kɔrɔmɔt

Ich bin Diabetiker.   **Ich habe einen Herzschrittmacher.**
Cukorbeteg vagyok.   Pacemakerem van.
'tsukorbɛtɛg 'vɔɟok   'peismeikɛrɛm 'vɔn

Ich nehme regelmäßig diese Medikamente.
Rendszeresen szedem ezeket a gyógyszereket.
'rɛntsːɛrɛʃɛn 'sɛdɛm 'ɛzɛkɛt ɔ 'ɟoːtsːɛrɛkɛt

Ich bin im ... Monat schwanger.   **Können Sie mir ... verschreiben?**
Terhes vagyok a ... hónapban.   Fel tud írni nekem ...?
'tɛrhɛz 'vɔɟok ɔ ... 'hoːnɔbːɔn   'fɛl 'tud 'iːrni nɛkɛm

Können Sie mir *ein Attest (eine Rechnung)* ausstellen?
Tud adni nekem egy igazolást (egy számlát)?
'tud 'ɔdni nɛkɛm ɛɟ 'igɔzolaːʃt (ɛɟ 'saːmlaːt)

Ich möchte mich gegen ... impfen lassen.   **Ich bin gesund.**
Be szeretném oltatni magam ... ellen.   Egészséges vagyok.
'bɛ 'sɛrɛtneːm 'oltɔtni mɔgɔm ... 'ɛlːɛn   'ɛgeːʃːeːgɛz 'vɔɟok

Ich fühle mich *etwas (bedeutend)* besser.
Valamivel (Lényegesen) jobban érzem magam.
'vɔlɔmivɛl ('leːɲɛgɛʃɛn) 'jobːɔn 'eːrzɛm 'mɔgɔm

Vom Arzt werden Sie hören:

Tut es hier weh?
Fáj ez itt?
'faːj 'ɛz 'itː

Atmen Sie tief!
Vegyen mély lélegzetet!/Sóhajtson!
'vɛɟɛn 'meːj 'leːlɛgzɛtɛt/'ʃoːhɔjtʃon

Machen Sie sich bitte frei!
Vetkőzzön le kérem!
'vɛtkøːzːøn 'lɛ 'keːrɛm

Öffnen Sie den Mund!
Tátsa ki a száját!
'taːtʃɔ 'ki ɔ 'saːjaːt

Zeigen Sie die Zunge!
Nyújtsa ki a nyelvét!
'ɲuːjtʃɔ 'ki ɔ 'ɲɛlveːt

Husten Sie!
Köhögjön!
'køhøgjøn

Was haben Sie gegesssen?
Mit evett?
'mit 'ɛvɛt

Seit wann sind Sie schon krank?
Mióta beteg már?
'mioːtɔ 'bɛtɛg 'maːr

Wir müssen *das Blut (den Urin)* untersuchen.
Vérvizsgálatot (Vizeletvizsgálatot) kell csinálnunk.
'veːrvizgaːlɔtot ('vizɛlɛdvizgaːlɔtot) 'kɛl 'tʃinaːlnunk

Sie müssen ins Krankenhaus.
Kórházba kell mennie.
'koːrhaːzbɔ 'kɛl 'mɛnːiɛ

Ich werde Sie an ... überweisen.
Átküldöm a ...-*ra/re.*
'aːtkyldøm ɔ '...rɔ/rɛ

Ich muß Ihnen eine Spritze geben.
Injekciót kell adnom Önnek.
'injɛktsioːt 'kɛl 'ɔdnom 'ønːɛk

Sie müssen operiert werden.
Önt operálni kell.
'ønt 'opɛraːlni 'kɛl

Ich muß Ihnen *Bettruhe (strenge Diät)* verordnen.
Ágynyugalmat (Szigorú diétát) kell rendelnem Önnek.
'aːdɲugɔlmɔt ('sigoru 'dieːtaːt) 'kɛl 'rɛndɛlnɛm 'ønːɛk

Bleiben Sie einige Tage im Bett.
Maradjon néhány napig ágyban.
'mɔrɔdːon 'neːhaːɲ 'nɔpig 'aːdbɔn

Nehmen Sie davon dreimal täglich *zwei Tabletten (zehn Tropfen).*
Vegyen be ebből naponta háromszor *két tablettát (tíz csöppet)*!
'vɛɟɛn 'bɛ 'ɛbːøːl 'nɔpontɔ 'haːromsor 'keːt 'tɔblɛtaːt ('tiːs 'tʃøpːɛt)

Es ist nichts Ernstes!
Semmi komoly!
'sɛmːi 'komoj

Kommen Sie in acht Tagen wieder.
Jöjjön el ismét nyolc nap múlva!
'jøjːøn 'ɛl 'iʃmeːt 'ɲolts 'nɔp 'muːlvɔ

Körperteile und -funktionen

Achselhöhle	hónalj	'ho:nɔlj
Ader	ér	'e:r
Arm	kar	'kɔr
Atmung	légzés	'le:gze:ʃ
Auge	szem	'sɛm
Augenlid	szemhéj	'sɛmhe:j
Bandscheibe	porckorong	'portskorong
Bauch	has	'hɔʃ
Becken	medence	'mɛdɛntsɛ
Bein	láb	'la:b
Blase	hólyag	'ho:jɔg
Blinddarm	vakbél	'vɔgbe:l
Blut	vér	've:r
Blutdruck	vérnyomás	've:rɲoma:ʃ
Brust	mell	'mɛl:
Brustkorb	mellkas	'mɛl:kɔʃ
Darm	bél (pl. belek)	'be:l ('bɛlɛk)
Daumen	hüvelykujj	'hyvɛjkuj:
Drüse	mirigy	'miriɟ
Ellbogen	könyök	'kønøk
Ferse	sarok	'ʃɔrok
Finger	ujj	'uj:
– kleiner Finger	kisujj	'kiʃuj:
Fuß	láb(fej)	'la:pfɛj
Fußsohle	talp	'tɔlp
Galle	epe	'ɛpɛ
Gaumen	szájpadlás	'sa:jpɔdla:ʃ
Gehirn	agy	'ɔɟ
Gelenk	ízület	'i:zylɛt
Genick	tarkó	'tɔrko:
Geschlechtsorgane	nemi szervek	'nɛmi 'sɛrvɛk
Gesicht	arc	'ɔrts
Glieder	végtagok	've:ktɔgok
Hals	nyak	'ɲɔk
Hand	kéz	'ke:z
Handgelenk	csukló	'tʃuklo:
Haut	bőr	'bø:r
Herz	szív	'si:v

Deutsch	Ungarisch	Aussprache
Hüfte	csípő	'tʃiːpø
Kehle	torok, gége	'torok, 'geːgɛ
Kehlkopf	gégefő	'geːgɛføː
Kiefernhöhle	arcüreg	'ɔrtsyrɛg
Kinn	áll	'aːlː
Knie	térd	'teːrd
Kniescheibe	térdkalács	'teːrtkɔlaːtʃ
Knöchel	boka	'bokɔ
Knochen	csont	'tʃont
Kopf	fej	'fɛj
Körper	test	'tɛʃt
Kreislauf	(vér)keringés	'(veːr)kɛringeːʃ
Leber	máj	'maːj
Lippe	ajak	'ɔjɔk
Luftröhre	légcső	'leːktʃøː
Lunge	tüdő	'tydøː
Magen	gyomor	'ɟomor
Mandeln	mandula	'mɔndulɔ
Menstruation	menstruáció	'mɛnʃtruaːtsio
Milz	lép	'leːp
Mittelfinger	középső ujj	'køzeːpʃøː 'ujː
Mund	száj	'saːj
Muskel	izom	'izom
Nacken	nyak(szirt)	'ɲɔk(sirt)
Nagel	köröm	'kørøm
Nase	orr	'orː
Nerv	ideg	'idɛg
Niere	vese	'vɛʃɛ
Ohr	fül	'fyl
Ringfinger	gyűrűsujj	'ɟyːryːʃujː
Rippe	borda	'bordɔ
Rücken	hát	'haːt
Rückgrat	gerinc	'gɛrints
Schädel	koponya	'koponɔ
Schenkel	comb, lábszár	'tsomb, 'laːpsaːr
– Oberschenkel	felsőlábszár	'fɛlʃøːlaːpsaːr
– Unterschenkel	alsólábszár	'ɔlʃoːlaːpsaːr
Schienbein	sípcsont	'ʃiːptʃont
Schläfe	halánték	'hɔlaːnteːk
Schleimhaut	nyálkahártya	'ɲaːlkɔhaːrtɔ
Schlüsselbein	kulcscsont	'kultʃːont

Schulter	váll	'vaːl
Schulterblatt	lapocka	'lɔpotskɔ
Schwangerschaft	terhesség	'tɛrhɛʃːeːg
Sehne	ín	'iːn
Speiseröhre	nyelőcső	'ɲɛløːtʃøː
Stirn	homlok	'homlok
Stirnhöhle	homloküreg	'homlokyrɛg
Stoffwechsel	anyagcsere	'ɔɲɔktʃɛrɛ
Stuhlgang	széklet	'seːklɛt
Trommelfell	dobhártya	'dophaːrtɔ
Unterleib	alhas	'ɔlhɔʃ
Urin	vizelet	'vizɛlɛt
Vene	véna	'veːnɔ
Verdauung	emésztés	'ɛmeːsteːʃ
Wade	lábikra	'laːbikrɔ
Wange	orca	'ortsɔ
Wirbelsäule	gerincoszlop	'gɛrintsoslop
Zehe	lábujj	'laːbuj
Zeigefinger	mutatóujj	'mutɔtoːuj
Zunge	nyelv	'ɲɛlv

Krankheiten

Abszeß	tályog	'taːjog
Allergie	allergia	'ɔlːɛrgiɔ
Anfall	roham	'rohɔm
Angina	torokgyulladás	'torogɟulːɔdaːʃ
Asthma	asztma	'ɔstmɔ
Atembeschwerden	légzési panasz	'leːgzeːʃi 'pɔnɔs
Augenentzündung	szemgyulladás	'sɛmɟulːɔdaːʃ
Ausschlag	kiütés	'kiyteːʃ
Behinderung	fogyatékosság	'foɟɔteːkoʃːaːg
– geistige	szellemi	'sɛlːɛmi
– körperliche	testi	'tɛʃti
Bindehautentzündung	kötőhártya-gyulladás	'køtøːhaːrtɔ'ɟulːɔdaːʃ
Blähungen	felfúvódás	'fɛlfuːvoːdaːʃ
Blinddarmentzündung	vakbélgyulladás	'vɔgbeːlɟulːɔdaːʃ
Blutarmut	vérszegénység	'veːrsɛgeːɲʃeːg
Bluterguß	vérömleny	'veːrømlɛɲ

Bluthochdruck	magas vérnyomás	'mɔgɔʒ 've:rɲoma:ʃ
Blutung	vérzés	've:rze:ʃ
Blutvergiftung ...	vérmérgezés	've:rme:rgɛze:ʃ
Brechreiz	hányinger	'ha:ɲingɛr
Bronchitis	hörgőgyulladás	'hørgø:ɟul:ɔda:ʃ
Cholera	kolera	'kolɛrɔ
Darmkatarrh	bélhurut	'be:lhurut
Diphtherie	diftéria	'difte:riɔ
Drogenabhängigkeit .	kábítószerszedési kény-	'ka:bi:to:sɛrsede:ʃi
	szer	'ke:ɲsɛr
Entzündung	gyulladás	'ɟul:ɔda:ʃ
Erbrechen	hányás	'ha:ɲa:ʃ
Erfrierung	(meg)fagyás	'(mɛk)fɔɟa:ʃ
Erkältung	meghűlés	'mɛkhy:le:ʃ
Fieber	láz	'la:z
Furunkel	furunkulus	'furunkuluʃ
Gallensteine	epekő	'ɛpɛkø:
Gehirnerschütterung .	agyrázkódás	'ɔɟra:sko:da:ʃ
Gelbsucht	sárgaság	'ʃa:rgɔʃa:g
Geschlechtskrankheit	nemi betegség	'nɛmi 'bɛtɛkʃe:g
Geschwulst	daganat	'dɔgɔnɔt
Geschwür	fekély	'fɛke:j
Grippe	influenza	'influɛnzɔ
Halsschmerzen	torokfájás	'torokfa:ja:ʃ
Hämorrhoiden	aranyér	'ɔrɔɲe:r
Hautabschürfung ...	horzsolás	'horʒola:ʃ
Hautkrankheit	bőrbetegség	'bø:rbɛtɛkʃe:g
Heiserkeit	rekedtség	'rɛkɛtʃe:g
Herzanfall	szívroham	'si:vrohɔm
Herzinfarkt	szívinfarktus	'si:vinfɔrktuʃ
Herzleiden	szívbántalom	'si:vba:ntɔlom
Heuschnupfen	szénanátha	'se:nɔna:thɔ
Hexenschuß	lumbágó	'lumba:go:
Husten	köhögés	'køhøge:ʃ
Infektion	fertőzés	'fɛrtø:ze:ʃ
Ischias	isiász	'iʃia:s
Keuchhusten	szamárköhögés	'sɔma:rkøhøge:ʃ

Kinderlähmung	gyermekbénulás	ˈdɛrmɛgbeːnulaːʃ
Knochenbruch	csonttörés	ˈtʃontːøreːʃ
Kolik	kólika	ˈkoːlikɔ
Krampf	görcs	ˈgørtʃ
Krankheit	betegség	ˈbɛtɛkʃeːg
– akute	heveny	ˈhɛvɛɲ
– ansteckende	fertőző	ˈfɛrtøːzøː
– chronische	krónikus	ˈkroːnikuʃ
Krebs	rák	ˈraːk
Kreislaufschwäche ..	keringési elégtelenség ..	ˈkeriŋgeːʃi ˈɛleːktɛlɛnʃeːg
Lähmung	bénulás	ˈbeːnulaːʃ
Lebensmittelvergiftung	ételmérgezés	ˈeːtɛlmeːrgɛzeːʃ
Leberleiden	májbaj	ˈmaːjbɔj
Leistenbruch	lágyéksérv	ˈlaːɟeːkʃeːrv
Leukämie	leukémia	ˈlɛukeːmiɔ
Lungenentzündung ..	tüdőgyulladás	ˈtydøːɟulɔdaːʃ
Mandelentzündung ..	mandulagyulladás	ˈmɔndulɔɟulɔdaːʃ
Magengeschwür	gyomorfekély	ˈɟomorfɛkeːj
Magenschmerzen ...	gyomorfájás	ˈɟomorfaːjaːʃ
Malaria	malária	ˈmɔlaːriɔ
Masern	kanyaró	ˈkɔɲɔroː
Migräne	migrén	ˈmigreːn
Mittelohrentzündung	középfülgyulladás	ˈkøzeːpfylɟulɔdaːʃ
Mumps	mumpsz	ˈmumps
Nasenbluten	orrvérzés	ˈorːveːrzeːʃ
Nervenleiden	idegbántalom	ˈidɛgbaːntɔlom
Neuralgie	neuralgia	ˈnɛurɔlgiɔ
Nierensteine	vesekő	ˈvɛʃɛkøː
Ohnmacht	ájulás	ˈaːjulaːʃ
Pocken	himlő	ˈhimløː
Quetschung	zúzódás	ˈzuːzoːdaːʃ
Rheuma	reuma	ˈrɛumɔ
Rippenfellentzündung	mellhártyagyulladás ..	ˈmɛlːhaːrtjɔˈɟulɔdaːʃ
Rückenschmerzen ...	hátfájás	ˈhaːtfaːjaːʃ
Ruhr	vérhas	ˈveːrhɔʃ
Scharlach	skarlát	ˈʃkɔrlaːt
Schlaflosigkeit	álmatlanság	ˈaːlmɔtlɔnʃaːg

Schlaganfall	szélütés	'se:lyte:ʃ
Schnupfen	nátha	'na:thɔ
Schock	sokk	'ʃok:
Schwellung	daganat	'dɔgɔnɔt
Schwerhörigkeit	nagyothallás	'nɔdothɔl:a:ʃ
– Hörgerät	hallókészülék	'hɔl:o:ke:syle:k
Schwindelanfall	szédülés	'se:dyle:ʃ
Sehnenzerrung	inrándulás	'inra:ndula:ʃ
Seitenstechen	szúrás	'su:ra:ʃ
Sonnenbrand	leégés	'lɛe:ge:ʃ
Sonnenstich	napszúrás	'nɔpsu:ra:ʃ
Sucht	kór	'ko:r
Tetanus	tetanusz	'tɛtɔnus
Tollwut	veszettség	'vɛsɛtʃ:e:g
Tuberkulose	tuberkulózis	'tubɛrkulo:ziʃ
Typhus	tífusz	'ti:fus
Übelkeit	rosszullét	'ros:ul:e:t
Verbrennung	égés	'e:ge:ʃ
Verdauungsstörung	emésztési zavar	'ɛme:ste:ʃi 'zɔvɔr
Vereiterung	gennyedés	'gɛɲɛde:ʃ
Vergiftung	mérgezés	'me:rgɛze:ʃ
Verletzung	sérülés	'ʃe:ryle:ʃ
Verrenkung	ficam	'fitsɔm
Verstauchung	rándulás	'ra:ndula:ʃ
Verstopfung	szorulás	'sorula:ʃ
Wunde	seb	'ʃɛb
– verbinden	bekötöz	'bɛkøtøz
Zuckerkrankheit	cukorbetegség	'tsukorbɛtɛkʃe:g

Labor	laboratórium	'lɔborɔto:rium
Sprechstunde	rendelési idő	'rɛndɛle:ʃi 'idø:
Sprechzimmer	rendelő	'rɛndɛlø:
Wartezimmer	várószoba	'va:ro:sobɔ

Krankenhaus

Aufnahme	felvétel	'fɛlve:tɛl
Besuchszeit	látogatási idő	'la:togɔta:ʃi 'idø:
Bettschüssel	ágytál	'a:ţta:l
Blutbild	vérkép	've:rke:p
Blutgruppe	vércsoport	've:rtʃoport
Blutprobe	vérvétel	've:rve:tɛl
Bluttransfusion	vérátömlesztés	've:ra:tømlɛste:ʃ
Chefarzt	főorvos	'fø:orvoʃ
Diagnose	diagnózis	'diɔgno:ziʃ
durchleuchten	átvilágit, megröntgenez	'a:tvila:gi:t, 'mɛgrøngɛnɛz
Entlassungsschein	zárójelentés	'za:ro:jɛlɛnte:ʃ
Fieberkurve	lázgörbe	'la:zgørbɛ
Katheter	katéter	'kɔte:tɛr
Krankenpfleger	betegápoló	'bɛtɛga:polo
Krankenschwester	ápolónő, nővér	'a:polo:nø:, 'nø:ve:r
Krankenwagen	betegszállító kocsi	'bɛtɛksa:l:i:to: 'kotʃi
Nachtschwester	éjszakai nővér	'e:jsokɔi 'nø:ve:r
Narkose	altatás	'ɔltɔta:ʃ
Oberschwester	főnővér	'fø:nø:ve:r
Operation	műtét	'my:te:t
Operationssaal	műtő	'my:tø:
operieren	operál	'opɛra:l
Patient/Patientin	beteg, páciens	'bɛtɛg, 'pa:tsiɛnʃ
Röntgenaufnahme	röntgenfelvétel	'røngɛnfɛlve:tɛl
Station	osztály	'osta:j
Stationsarzt	osztályos orvos	'osta:joʃ 'orvoʃ
Temperatur	hőmérséklet	'hø:me:rʃe:klɛt
untersuchen	megvizsgál	'mɛgviʒga:l
Untersuchung	vizsgálat	'viʒga:lɔt
Urinflasche	kacsa	'kɔtʃɔ

Schwester, geben Sie mir etwas *gegen Schmerzen (zum Einschlafen)*.
Nővérke, adjon nekem valami *fájdalomcsillapítót (altatót)*.
'nø:ve:rkɛ 'ɔd:on 'nɛkɛm 'volɔmi 'fa:jdɔlomtʃil:ɔpi:to:t ('ɔltɔto:t)

Wann *darf ich aufstehen (werde ich – voraussichtlich – entlassen)*?
Mikor *kelhetek fel (fognak – előreláthatólag – kiengedni)*?
'mikor 'kɛlhɛtɛk 'fɛl ('fognɔk 'ɛlø:rɛla:thɔto:lɔk 'kiɛngɛdni)

Beim Zahnarzt

***Gibt es (Wo gibt es)* hier einen Zahnarzt?**
Van (Hol van) itt fogorvos?
'vɔn (hol 'vɔn) 'it: 'fogorvoʃ

Muß ich mich zur Behandlung vorher anmelden?
Be kell jelentkeznem előre a kezelésre?
'bɛ 'kɛl: 'jɛlɛntkɛznɛm 'ɛløʀɛ ɔ 'kɛzɛle:ʃʀɛ

Ich habe Zahnschmerzen.
Fáj a fogam.
'fa:j ɔ 'fogɔm

Dieser Zahn tut weh.
Ez a fogam fáj.
ɛz ɔ 'fogɔm 'fa:j

Ich habe hier Schmerzen.
Itt fájdalmaim vannak.
'it: 'fa:jdɔlmɔin 'vɔn:ɔk

– oben.
– fent.
'fɛnt

– unten.
– lent.
'lɛnt

Eine Plombe ist herausgefallen.
Egy tömés kiesett.
'ɛɟ 'tøme:ʃ 'kiɛʃɛt:

Der Zahn wackelt.
Mozog a fogam.
'mozog ɔ 'fogɔm

... ist abgebrochen.
... letörött.
'lɛtøʀøt:

Muß der Zahn gezogen werden?
Ki kell húzni a fogamat?
'ki 'kɛl: 'hu:zni ɔ 'fogɔmɔt

Können Sie den Zahn provisorisch behandeln?
Tudja provizórikusan kezelni a fogat?
'tudʔɔ 'provizo:ʀikuʃɔn 'kɛzɛlni ɔ 'fogɔt

Können Sie diese Prothese reparieren?
Meg tudja javítani ezt a protézist?
'mɛk 'tudʔɔ 'jɔvi:tɔni 'ɛst ɔ 'prote:ziʃt

***Ich muß den Zahn röntgen.**
Meg kell röntgeneznem a fogat.
'mɛk 'kɛl: 'ʀøngɛnɛznɛm ɔ 'fogɔt

***Ich muß den Zahn ziehen.**
Ki kell húznom a fogat.
'ki 'kɛl: 'hu:znom ɔ 'fogɔt

***Bitte ausspülen.**
Öblítsen, kérem.
'øbli:tʃɛn 'ke:ʀɛm

Bitte eine Stunde *nichts essen (nicht rauchen).
Egy óra hosszat ne *egyen (dohányozzon),* kérem!
'ɛɟ 'o:ʀɔ 'hos:ɔt 'nɛ 'ɛɟɛn ('doha:ɲoz:on) 'ke:ʀɛm

Wann soll ich wiederkommen?
Mikor jöjjek újra?
'mikor 'jøj:ɛk 'uːjrɔ

Kommen Sie in zwei Tagen wieder.
Két nap múlva jöjjön újra!
'keːt 'nɔp 'muːlvɔ 'jøj:øn 'uːjrɔ

Abdruck	lenyomat	'lɛɲomɔt
Backenzahn	zápfog	'zaːpfog
betäuben	érzéstelenít	'eːrzeːʃtɛlɛniːt
Betäubung	érzéstelenítés	'eːrzeːʃtɛlɛniːteːʃ
Brücke	híd	'hiːd
Eckzahn	szemfog	'sɛmfog
Einlage	betét	'bɛteːt
Füllung, Plombe	tömés	'tømeːʃ
Gebiß	fogsor	'fokʃor
Injektion	injekció	'injɛktsio:
Kiefer	állkapocs	'aːlːkɔpotʃ
– Oberkiefer	felső állkapocs	'fɛlʃøː 'aːlːkɔpotʃ
– Unterkiefer	alsó állkapocs	'ɔlʃo 'aːlːkɔpotʃ
Klammer	kapocs	'kɔpotʃ
Krone	korona	'koronɔ
Nerv	ideg	'idɛg
Platte	lemez	'lɛmɛz
Schneidezahn	metszőfog	'mɛtsøːfog
Stiftzahn	szemfog	'sɛmfog
Vorderzahn	első fog	'ɛlʃøː 'fog
Weisheitszahn	bölcsességfog	'bøltʃɛʃːeːkfog
Wurzel	gyökér	'ɟøːkeːr
Wurzelbehandlung	gyökérkezelés	'ɟøːkeːrkɛzɛlɛːʃ
Zahn	fog	'fog
– kariös	lyukas, szuvas	'jukɔʃ, 'suvɔʃ
– plombieren	töm	'tøm
– ziehen	(ki)húz	'(ki)huːz
Zahnarzt	fogorvos	'fogorvoʃ
Zahnersatz	fogpótlás	'fokpoːtlaːʃ
Zahnfleisch	foginy	'fogiɲ
Zahnhals	fognyak	'fogɲɔk
Zahnklinik	fogászati klinika	'fogaːsɔti 'klinikɔ
Zahnprothese	protézis	'proteːziʃ

Kuraufenthalt

Anwendung	alkalmazás	'ɔlkɔlmɔza:ʃ
Badeort	fürdőhely	'fyrdø:hɛj
Bademeister	fürdőmester	'fyrdø:mɛʃtɛr
Balneotherapie	fürdőterápia	'fyrdø:tɛra:piɔ
Brunnen		
(Mineralwasser)	ásványvíz	'a:ʒva:ɲvi:s
Diät	diéta	'die:tɔ
Diätkur	diétás kúra	'die:ta:ʃ 'ku:rɔ
Elektrotherapie	elektroterápia	'ɛlɛktrotɛra:piɔ
Heilgymnastik	gyógytorna	'ɟo:ʈtornɔ
Heilquelle	gyógyforrás	'ɟo:ʈforːa:ʃ
inhalieren	inhalál	'inhɔla:l
Kur	kúra	'ku:rɔ
Kurhotel	gyógyszálló	'ɟo:ʈsa:lːo:
Kurort	gyógyhely	'ɟo:ʈhɛj
Kurzwelle	rövidhullám	'røvithul:a:m
Liegekur	fekvőkúra	'fɛgvø:ku:rɔ
Luftkurort	klimatikus gyógyhely	'klimɔtikuʒ 'ɟo:ʈhɛj
Massage	masszázs	'mɔsːa:ʒ
– Unterwasser-		
massage	víz alatti masszázs	'vi:z 'ɔlɔtːi 'mɔsːa:ʒ
Masseur, Masseuse	masszőr	'mɔsːø:r
massieren	masszíroz	'mɔsːi:roz
Mineralbad	ásványtartalmú fürdő	'a:ʒva:ɲtɔrtɔlmu: 'fyrdø:
radioaktiv	rádioaktiv	'ra:dioɔkti:v
Ruheraum	pihenőhelyiség	'pihɛnø:hɛjiʃɛg
Sanatorium	szanatórium	'sɔnɔto:rium
Schlammbad	iszapfürdő	'isɔpfyrdø:
Schlammpackung	iszappakolás	'isɔpɔkola:ʃ
Solarium	szolárium	'sola:rium
Solebad	sósfürdő	'ʃo:ʃfyrdø:
Thermalquelle	hévízforrás	'he:vi:sforːa:ʃ
Trinkhalle	ivócsarnok	'ivo:tʃɔrnok
Trinkkur	ivókúra	'ivo:ku:rɔ

KONZERT, THEATER, KINO

Kartenkauf

Was wird heute abend *gegeben (gespielt)*?
Mit *adnak (játszanak)* ma este?
'mit 'ɔdnɔk ('ja:ts:ɔnɔk) 'mɔ 'ɛʃtɛ

Wann beginnt *die Vorstellung (das Konzert)*?
Mikor kezdődik *az előadás (a hangverseny)*?
'mikɔr 'kɛzdø:dik ɔz 'ɛlø:ɔda:ʃ (ɔ 'hɔŋgverʃɛŋ)

Wo bekommt man Karten (im Vorverkauf)?
Hol lehet jegyet kapni (elővételben)?
'hɔl 'lɛhet 'jɛɟɛt 'kɔpni ('ɛlø:ve:tɛlbɛn)

Gibt es noch Karten für *heute (morgen)* abend?
Van még jegy *ma (holnap)* estére?
'vɔn 'mɛg 'jɛɟ 'mɔ ('holnɔp) 'ɛʃte:rɛ

Bitte einmal *dritte (zehnte)* Reihe.
Egyet kérek a *harmadik (tizedik)* sorba.
'ɛɟɛt 'ke:rɛk ɔ 'hɔrmɔdik ('tizedik) 'ʃɔrbɔ

Bitte zwei Plätze im 1. Rang, 3. Reihe.
Két jegyet kérek az első emelet harmadik sorba.
'ke:t 'jɛɟɛt 'ke:rɛk ɔz 'ɛlʃø: 'ɛmɛlɛt 'hɔrmɔdik 'ʃɔrbɔ

– in der Mitte.	**– an der Seite.**	**– vorn/hinten.**
– középen.	– oldalt.	– elől/hátul.
'køze:pɛn	'oldɔlt	'ɛlø:l/'ha:tul

Kasse	pénztár	'pe:nsta:r
Loge	páholy	'pa:hoj
Parkett	földszint	'følts:int
Platz	ülés	'yle:ʃ
Rang	emelet, erkély	'ɛmɛlɛt, 'ɛrke:j
– 1. Rang	1. emelet	'ɛlʃø 'ɛmɛlɛt
– 2. Rang	2. emelet	'ma:sodik 'ɛmɛlɛt
Vorverkaufskasse	elővételi pénztár . .	'ɛlø:ve:tɛli 'pe:nsta:r
Ausverkauft! . . .	Minden jegy elkelt! .	'mindɛn 'jɛɟ 'ɛlkɛlt

Akt	felvonás	'fɛlvona:ʃ
Arie	ária	'a:riɔ
Aufführung	bemutató	'bɛmutɔto:
Auftritt	fellépés	'fɛl:e:pe:ʃ
Ballett	balett	'bɔlɛt:
Beginn	kezdet	'kɛzdɛt
Beifall	taps	'tɔpʃ
Bühne	színpad	'si:npɔd
Chor	kórus	'ko:ruʃ
Darbietung	produkció	'produktsio:
– interessant	érdekes	'e:rdɛkɛʃ
– langweilig	unalmas	'unɔlmɔʃ
– lustig	vidám	'vida:m
Dirigent	karmester	'kɔrmɛʃtɛr
Drama	dráma	'dra:mɔ
Eintrittskarte	belépőjegy	'bɛle:pø:jɛɟ
Ende	vége	've:gɛ
Ensemble	együttes	'ɛɟyt:ɛʃ
Festspiele	ünnepi játékok	'ynːɛpi 'ja:te:kok
Film	film	'film
– Dokumentarfilm	dokumentumfilm	'dokumɛntumfilm
– Spielfilm	játékfilm	'ja:te:kfilm
– Zeichentrickfilm	rajzfilm	'rɔjsfilm
Folklorefestival	folklórfesztivál	'folklo:rfɛstiva:l
Foyer	előcsarnok	'ɛløːtʃɔrnok
Garderobe	ruhatár	'ruhɔta:r
Garderobenmarke	ruhatári jegy	'ruhɔta:ri 'jɛɟ
Gesang	ének	'e:nɛk
Inszenierung	rendezés	'rɛndɛze:ʃ
Jazzkonzert	dzsesszkoncert	'dʒɛs:kontsɛrt
Kammermusik	kamarazene	'kɔmɔrɔzɛnɛ
Kapelle	zenekar, együttes	'zɛnɛkɔr, 'ɛɟyt:ɛʃ
Kino	mozi	'mozi
– Freilichtkino	szabadtéri mozi	'sɔbɔt:e:ri 'mozi
Klavierabend	zongoraest	'zongorɔɛʃt
Komödie	vígjáték	'vi:gja:te:k
Komponist	zeneszerző, komponista	'zɛnɛsɛrzø:, 'komponiʃtɔ
Konzertsaal	hangversenyterem	'hɔngvɛrʃɛɲtɛrɛm
Lied	dal	'dɔl
– Volkslied	népdal	'ne:bdɔl

Lustspiel	vígjáték	'vi:gja:te:k
Musical	musical	'mjuzikɛl
Musik	zene	'zɛnɛ
−klassisch/modern	klasszikus/modern	'klɔs:ikuʃ/'modɛrn
Oper	opera	'opɛrɔ
Operette	operett	'opɛrɛt:
Opernglas	(színházi) látcső	('si:nha:zi) 'la:tʃ:ø:
Orchester	zenekar	'zɛnɛkɔr
Originalfassung	eredeti forma	'ɛrɛdɛti 'formɔ
Pause	szünet	'synɛt
Philharmonie	filharmónia	'filhɔrmo:niɔ
Pianist	zongorista	'zongoriʃtɔ
Platzanweiserin	jegyszedőnő	'jɛt͡sɛdø:nø:
Popkonzert	popkoncert	'popkontsɛrt
Regisseur	rendező	'rɛndɛzø:
Revue	revü	'rɛvy:
Rockmusik	rockzene	'rogzɛnɛ
Rolle	szerep	'sɛrɛp
− Hauptrolle	főszerep	'fø:sɛrɛp
Sänger(in)	énekes(nő)	'e:nɛkɛʃ(nø:)
Schauspiel	színdarab	'si:ndɔrɔb
Schauspieler(in)	színész(nő)	'si:ne:s(nø:)
Schlager	sláger	'ʃla:gɛr
Schlagersänger(in)	slágerénekes(nő)	'ʃla:gɛre:nɛkɛʃ(nø:)
Show	show	'ʃo:
Sinfoniekonzert	szimfónikus hangver-seny	'simfo:nikuʃ 'hɔngvɛrʃɛɲ
Solist	szólista	'so:liʃtɔ
Spielplan	játékterv, műsor	'ja:tɛktɛrv, 'my:ʃor
Star	sztár	'sta:r
Tänzer(in)	táncos(nő)	'ta:ntsoʃ(nø:)
Theater	színház	'si:nha:z
Volkstanz	néptánc	'ne:pta:nts
Vorführung	előadás	'ɛlø:ɔda:ʃ
Vortrag	előadás	'ɛlø:ɔda:ʃ
Zuschauer	néző	'ne:zø:
Zuschauerraum	nézőtér	'ne:zø:te:r

SPORT UND FREIZEIT

Sportliche Aktivitäten

Wo können wir *(Tisch-) Tennis/(Mini-)Golf* spielen?
Hol *(asztali)teniszezhetünk/(mini)golfozhatunk* itt?
'hol ('ɔstɔli)'tɛniseshɛtynk/('mini)'golfoshɔtunk 'it:

Gibt es in der Nähe einen *Tennisplatz (Golfplatz)*?
Van itt a közelben *teniszpálya (golfpálya)*?
'vɔn 'it: ɔ 'køzɛlbɛn 'tɛnispa:jɔ ('golfpa:jɔ)

Haben Sie hier eine *Minigolfanlage (Tenniswand zum Üben)*?
Van itt Önöknél *minigolfpálya (gyakorló teniszfal)*?
'vɔn 'it: 'ønøkne:l 'minigolfpa:jɔ ('dɔkorlo: 'tɛnisfɔl)

Ich suche die *Reitschule (Segelschule, Tennishalle)*.
A *lovasiskolát (vitorlásiskolát, teniszcsarnokot)* keresem.
ɔ 'lovɔʃiʃkola:t ('vitorla:ʃiʃkola:t,'tɛnistʃɔrnokot) 'kɛrɛʃɛm

Wir würden gern eine *Kutschfahrt (Radtour)* machen.
Szívesen kocsikáznánk (Szeretnénk kerékpártúrát tenni).
'si:vɛʃɛn 'kotʃika:zna:nk ('sɛrɛtne:nk 'kɛrɛ:kpa:rtu:ra:t 'tɛn:i)

Kann man an einem Segeltörn teilnehmen?   **Ich bin ...**
Részt lehet venni egy vitorlástúrán?   ... vagyok.
're:st 'lɛhɛd 'vɛn:i ɛɟ 'vitorla:ʃtu:ra:n   'vɔɟok

Werden hier *Tennis-/Koch*-Kurse (für Anfänger) veranstaltet?
Rendeznek itt *tenisz-/főző*-tanfolyamokat (kezdőknek)?
'rɛndɛznɛk 'it: 'tɛnis-/fø:zø:-tɔnfojɔmokɔt ('kɛzdø:knɛk)

Was kostet *eine Reitstunde (der Kursus)*?   **Ich spiele ...**
Mibe kerül *egy lovaglóóra (a tanfolyam)*?   ... játszom.
'mibɛ 'kɛryl ɛɟ 'lovɔglo:o:rɔ (ɔ 'tɔnfojɔm)   'ja:ts:om

Ich begeistere mich für ...   **Wo kann man sich anmelden?**
Lelkesedem a ...-ért.   Hol lehet jelentkezni?
'lɛlkɛʃɛdɛm ɔ '...e:r   'hol 'lɛhɛt 'jɛlɛntkɛzni

Kann man hier die Ausrüstung für ... ausleihen?
Lehet itt felszerelést kölcsönözni ...-*hoz/-hez/-höz*?
'lɛhɛt 'it: 'fɛlsɛrɛle:ʃt 'køltʃønøzni '...hoz/hɛz/høz

Sportveranstaltungen

Welche Sportveranstaltung findet hier (heute) statt?
Milyen sportrendezvény van itt (ma)?
'mijɛn 'ʃportrɛndɛzveːŋ 'vɔn 'it: (mɔ)

Wann/Wo findet *das Fußballspiel (das Turnier, der Kampf)* statt?
Mikor/Hol lesz a *futballmeccs (verseny, küzdelem)*?
'mikor/'hol 'lɛs ɔ 'fudbɔlːmɛtʃː ('vɛrʃɛŋ, 'kyzdɛlɛm)

Ich würde mir gern *das Spiel (das Rennen, den Kampf)* ansehen.
Szívesen megnézném a *meccset (versenyt, küzdelmet)*.
'siːvɛʃɛn 'mɛgneːzneːm ɔ 'mɛtʃːɛt ('vɛrʃɛŋt, 'kyzdɛlmɛt)

Können Sie uns Karten für ... besorgen?	**Gibt es noch Karten für ...?**
Tud jegyet szerezni nekünk a *...-ra/re*?	Van még jegy a *...-ra/re*?
'tud 'jɛdɛt 'sɛrɛzni 'nɛkynk ɔ '...rɔ/rɛ	'vɔn 'meːg 'jɛd ɔ '...rɔ/rɛ

Wie komme ich *zum Stadion (zur Rennstrecke, zur Schwimmhalle)*?
Hogy jutok el a *stadionhoz (a versenypályához, az uszodához)*?
'hoɟ 'jutok 'ɛl ɔ 'ʃtɔdionhoz (ɔ 'vɛrʃɛŋpaːjaːhoz, ɔz 'usodaːhoz)

Wer spielt heute?	**Heute spielt ... gegen ...**
Ki játszik ma?	Ma a ... játszik a ... ellen.
'ki 'jaːtsːik 'mɔ	'mɔ ɔ ... 'jaːtsːik ɔ ... 'ɛlːɛn

Für welche Sportart *interessieren Sie sich (interessierst du dich)*?
Milyen sportág *érdekli Önt (érdekel téged)*?
'mijɛn 'ʃportaːg 'eːrdɛkli 'ønt ('eːrdɛkɛl 'teːgɛd)

Wird *das Spiel (der Kampf)* im Fernsehen übertragen?
Közvetíti a tévé a *meccset (küzdelmet)*?
'køzvɛtiːti ɔ 'teːveː ɔ 'mɛtʃːɛt ('kyzdɛlmɛt)

Angelsport	horgászat	'horgaːsɔt
– Angel	horgászfelszerelés	'horgaːsfɛlsɛrɛleːʃ
– Angelgenehmigung .	horgászengedély	'horgaːsɛngɛdeːj
– angeln	horgászik	'horgaːsik
– Haken	horog	'horog
– Köder	csali	'tʃɔli
Bergsteigen	hegymászás	'hɛɟmaːsaːʃ

– Bergsteiger	hegymászó	'hɛdmaːsoː
Bootsrennen	csónakverseny	'tʃoːnɔɡvɛrʃɛŋ
– Rennboot	versenyhajó	'vɛrʃɛŋhɔjoː
Bowling	bowling	'boːliŋ
– Bowlingbahn	bowlingpálya	'boːliŋkpaːjɔ
Boxkampf	ökölvívás, box	'økølviːvaːʃ 'boks
– boxen	boxol	'boksol
– Boxer	ökölvívó, boxoló	'økølviːvoː, 'boksoloː
Eiskunstlauf	műkorcsolya	'myːkortʃojɔ
Eislauf	gyorskorcsolya	'dʒorʃkortʃojɔ
– Eisbahn	jégpálya	'jeːkpaːjɔ
– Schlittschuhe	korcsolya	'kortʃojɔ
Fechten	vívás	'viːvaːʃ
Fußball(spiel)	futball	'fudbɔl
– Fußball spielen	futballozik	'fudbɔlozik
– Abseits	les	'lɛʃ
– Eckball	szöglet	'søglɛt
– Einwurf	bedobás	'bɛdobaːʃ
– Elfmeter	tizenegyes	'tizɛnɛdʒɛʃ
– Freistoß	szabadrúgás	'sobɔdruːgaːʃ
– Tor	gól	'goːl
Geräteturnen	szertorna	'sɛrtornɔ
– Barren	korlát	'korlaːt
– Reck	nyújtó	'ɲuːjtoː
– Ringe	gyűrű	'dʒyːryː
– Schwebebalken	gerenda	'gɛrɛndɔ
Handball	kézilabda	'keːzilɔbdɔ
– Wurf	dobás	'dobaːʃ
Jagd	vadászat	'vodaːsɔt
– Schonzeit	tilalmi idő	'tilɔlmi 'idøː
– Wildschutzgebiet	vadvédelmi terület	'vɔdveːdɛlmi 'tɛrylɛt
Jogging	kocogás	'kotsogaːʃ
Judo	cselgáncs	'tʃɛlgaːntʃ
Kegeln	teke	'tɛkɛ
Korbball	kosárlabda	'koʃaːrlɔbdɔ
Leichtathletik	(könnyű)atlétika	'(køɲːyː)ɔtleːtikɔ
– Lauf	futás	'futaːʃ
– Springen	ugrás	'ugraːʃ
– Werfen	dobás	'dobaːʃ

Mannschaft	csapat	'tʃɔpɔt
– Spieler	játékos	'ja:te:koʃ
– Stürmer	csatár	'tʃɔta:r
– Torwart	kapus	'kɔpuʃ
– Trainer	edző	'ɛdzø:
– Verteidiger	védő	've:dø:
Motorsport	motorsport	'motorʃport
– Rennfahrer	versenyző	'vɛrʃɛnzø:
– Rennwagen	versenykocsi	'vɛrʃɛŋkotʃi
Radsport	kerékpársport	'kɛrɛːkpa:rʃport
– radfahren	kerékpározik	'kɛrɛːkpa:rozik
– Radfahrer	kerékpáros	'kɛrɛːkpa:roʃ
– Radrennen	kerékpárverseny	'kɛrɛːkpa:rvɛrʃɛŋ
Reiten	lovaglás	'lovɔgla:ʃ
– Galopprennen	galopp	'gɔlop:
– Pferd	ló	'lo:
– reiten	lovagol	'lovɔgol
– Reiter	lovas	'lovɔʃ
– Springen	ugratás	'ugrɔta:ʃ
– Totalisator	totalizător	'totɔlizɔtø:r
– Trabrennen	ügető	'ygɛtø:
– Wettschein	fogadószelvény	'fogɔdo:sɛlve:ŋ
Ringen	birkózás	'birko:za:ʃ
– Matte	szőnyeg	'sø:ŋɛg
Rodeln	szánkózás	'sa:nko:za:ʃ
– Schlitten	szán	'sa:n
Rudern	evezés	'ɛvɛze:ʃ
– Ruderer	evezős	'ɛvɛzø:ʃ
– Ruderregatta	evezőverseny	'ɛvɛzø:vɛrʃɛŋ
– Steuermann	kormányos	'korma:ŋoʃ
Schiedsrichter	bíró	'bi:ro:
Schießsport	lövészet	'løve:sɛt
– Scheibe	céltábla	'tse:lta:blɔ
– schießen	lő	'lø:
– Schießstand	lőállás	'lø:a:lːa:ʃ
Schisport	sielés	'ʃiɛle:ʃ
– Schi laufen	siel	'ʃiɛl
– Bindung	kötés	'køte:ʃ
– Schi	síléc	'ʃi:le:ts
– Schikursus	sítanfolyam	'ʃi:tɔnfojɔm

Deutsch	Ungarisch	Lautschrift
−Schilehrer	síoktató	ˈʃiːɔktɔtoː
−Schilift	silift	ˈʃiːlift
−Schiwachs	síviasz	ˈʃiːviɔs
−Schiwanderung	sítúra	ˈʃiːtuːrɔ
Schwimmen	úszás	ˈuːsaːʃ
−Sprungbrett	ugródeszka	ˈugroːdɛskɔ
Segelsport	vitorlázás	ˈvitorlaːzaːʃ
−Segel	vitorla	ˈvitorlɔ
−Segelboot	vitorlás	ˈvitorlaːʃ
−segeln	vitorlázik	ˈvitorlaːzik
−Segelregatta	vitorlásverseny	ˈvitorlaːʒvɛrʃɛŋ
Sport	sport	ˈʃport
−Sport treiben	sportol	ˈʃportol
Sportler(in)	sportoló	ˈʃportoloː
Sportverein	sportegyesület	ˈʃportɛɟɛʃylɛt
Squash	squash	ˈskvɛʃ
−Squashanlage	squashpálya	ˈskvɛʃpaːjɔ
Tauchsport	könnyűbúvársport	ˈkøɲːyːbuːvaːrʃport
Tennis	tenisz	ˈtɛnis
−Einzel/Doppel	egyes/páros	ˈɛɟɛʃ/ˈpaːroʃ
−Netz	háló	ˈhaːloː
−Schläger	ütő	ˈytø
−Tennislehrer	teniszoktató	ˈtɛnisoktɔtoː
Trimmpfad	erdei tornapálya	ˈɛrdei ˈtornɔpaːjɔ
Turnen	torna	ˈtornɔ
−Turner	tornász	ˈtornaːs
Volleyball	röplabda	ˈrøplɔbdɔ
Wandern	turisztika	ˈturistikɔ
−Wanderung	turistaút	ˈturiʃtouːt
Wasserski	vizisí	ˈviziʃiː
Wassersport	vizisport	ˈviziʃport
Wettkampf	verseny, mérkőzés	ˈvɛrʃɛŋ, ˈmeːrkøzeːʃ
−Ergebnis	eredmény	ˈɛrɛdmeːɲ
−Halbzeit	félidő	ˈfeːlidøː
−Meisterschaft	bajnokság	ˈbɔjnokʃaːg
−Niederlage	vereség	ˈvɛrɛʃeːg
−Punkt	pont	ˈpont
−Sieg	győzelem	ˈɟøːzɛlɛm
−Start	rajt	ˈrɔjt

– **Tor(schuß)**	gól(lövés)	'go:l(løve:ʃ)
– **Training**	edzés	'ɛdze:ʃ
– **Unentschieden**	döntetlen	'døntɛtlɛn
Windsurfing	széllovaglás	'se:l:ovogla:ʃ
– **Surfbrett**	surfdeszka	'sørvdɛskɔ
– **Surfer**	széllovas	'se:l:ovoʃ

Baden

Darf (Kann) man hier baden?
Szabad (Lehet) itt fürödni?
'sobɔd ('lɛhɛt) 'it: 'fyrødni

*Hier ist Baden verboten.
Itt tilos fürödni.
'it: 'tiloʃ 'fyrødni

Wie weit ist es bis zum Strand?
Milyen messze van a strand?
'mijen 'mɛs:ɛ 'vɔn ɔ 'ʃtrɔnd

Wie tief ist es hier?
Milyen mély itt?
'mijen 'me:j 'it:

Gibt es hier *gefährliche Strömungen (tiefe Stellen)*?
Vannak itt *veszélyes áramlatok (mély helyek)*?
'vɔn:ɔk 'it: 'vɛse:jeʃ 'a:rɔmlɔtok ('me:j 'hɛjɛk)

Ist es für Kinder gefährlich?
Veszélyes gyermekeknek?
'vɛse:jeʒ 'ɟɛrmɛkɛknɛk

Bitte zwei Eintrittskarten.
Kérek két belépöjegyet.
'ke:rɛk 'ke:d 'bɛlɛ:pø:jeɟɛt

Wo finde ich den Bademeister?
Hol találom a fürdőmestert?
'hol 'tɔlɔ:lom ɔ 'fyrdø:mɛʃtɛrt

Ich möchte ... mieten.
Szeretnék ... kölcsönözni.
'sɛrɛtne:k ... 'køltʃønøzni

Bitte einen *Liegestuhl (Sonnenschirm)*.
Kérek egy *nyugágyat (napernyőt)*.
'ke:rɛk ɛɟ 'ɲuga:dɔt ('nɔpɛrɲø:t)

Was kostet ...?
Mibe kerül ...?
'mibɛ 'kɛryl

Wie warm ist das Wasser (im Hallenbad, im Wellenbad)?
Milyen a vízhőmérséklet (a fedett uszodában, a hullámfürdőben)?
'mijen ɔ 'vi:ʃhø:me:rʃe:klɛt (ɔ 'fɛdɛt: 'usoda:bɔn, ɔ 'hul:a:mfyrdø:bɛn)

Würden Sie bitte auf meine Sachen achtgeben?
Ügyelne kérem a holmimra?
'yɟɛlnɛ 'ke:rɛm ɔ 'holmimrɔ

Badekabine	fürdőkabin	'fyrdø:kɔbin
baden	fürdik	'fyrdik
Badeplatz	fürdőhely	'fyrdø:hɛj
Badesteg	fürdőstég	'fyrdø:ʃte:g
Boot	csónak	'tʃo:nɔk
–**Motorboot**	motorcsónak	'motortʃo:nɔk
–**Ruderboot**	evezős csónak	'ɛvɛzøːʃ 'tʃo:nɔk
–**Schlauchboot**	felfújható gumicsónak	'fɛlfu:jhɔto: 'gumi-tʃo:nɔk
–**Tretboot**	vizibicikli	'vizibitsikli
Bucht	öböl	'øbøl
Freibad	szabad strand	'sɔbɔt 'ʃtrɔnd
Luftmatratze	gumimatrac	'gumimɔtrɔts
Lufttemperatur	a levegő hőmérséklete	ɔ 'lɛvɛgøː 'høːmeːr-ʃeːklɛtɛ
Muschel	kagyló	'kɔdlo:
Nacktbadestrand	nudista strand	'nudiʃtɔ 'ʃtrɔnd
(Nicht-)Schwimmer	(nem) úszó	('nɛm) 'u:so:
Rettungsring	mentőöv	'mɛntøːøv
Sand	homok	'homok
Schnorcheln	búvárúszás	'bu:va:ru:sa:ʃ
–**Schnorchel**	pipa	'pipɔ
schwimmen	úszik	'u:sik
Sonnenbad	napfürdő	'nɔpfyrdøː
Strand	strand	'ʃtrɔnd
–**Kiesstrand**	köves strand	'køvɛʃ 'ʃtrɔnd
–**Sandstrand**	homokos strand	'homokoʃ 'ʃtrɔnd
Strandfest	fürdőünnepély	'fyrdø:ynːɛpɛːj
Strandwanderung	fürdőtúra	'fyrdø:tu:rɔ
Surfschule	surfiskola	'sørfiʃkolɔ
tauchen	merül	'mɛryl
Tauchermaske	búvármaszk	'bu:va:rmɔsk
Ufer	part	'pɔrt
Unterwasseraufnah-men	víz alatti felvétel	'vi:z 'ɔlɔtːi 'fɛlveːtɛl
Wassertemperatur	vízhőmérséklet	'vi:shø:me:rʃe:klɛt

Badebekleidung s. Seite 128

Zeitvertreib

Gibt es hier *eine Diskothek (ein Tanzlokal)*?
Van itt *egy diszkó (egy táncos hely)*?
'vɔn 'it: ɛɟ 'disko: (ɛɟ 'taːntsoʃ 'hɛj)

Ich würde gern einen Nachtclub (mit Striptease) besuchen.
Szívesen mennék egy bárba (ahol sztriptíz van).
'siːvɛʃɛn 'mɛnːeːk ɛɟ 'baːrbɔ ('ɔhol 'striptiːz 'vɔn)

Gibt es hier (auch) *ein Spielkasino (eine Spielhalle)*?
Van itt *játékkaszinó (játékterem)* (is)?
'vɔn 'it: 'jaːteːkːɔsino: ('jaːteːktɛrɛm) ('iʃ)

Werden hier *Modeschauen (Folkloreabende)* veranstaltet?
Rendeznek itt *divatbemutatókat (folklóresteket)*?
'rɛndɛznɛk 'it: 'divɔdbɛmutɔtoːkɔt ('folkloːrɛʃtɛkɛt)

Haben Sie für Ihre Feriengäste ein Animationsprogramm?
Van szórakoztató programjuk az üdülővendégeknek?
'vɔn 'soːrɔkostɔto: 'progrɔmjuk ɔz 'ydylø:vɛndeːgɛknɛk

Spielen Sie Schach?	**Domino?**	**Billard?**	**Karten?**
Sakkozik?	Dominózik?	Biliárdozik?	Kártyázik
'ʃɔkːozik	'dominoːzik	'biliaːrdozik	'kaːrtʲɑzik

Wollen wir eine Partie ... spielen?	**Haben Sie einen Fernsehraum?**
Játszunk egy parti ...-t?	Van tévészoba?
'jaːtsːunk ɛɟ 'pɔrti	'vɔn 'teːveːsobɔ

Was wird heute (abend) übertragen?	**Spielen Sie ein Musikinstrument?**
Mit közvetítenek ma (este)?	Játszik valamilyen hangszeren?
'mit 'køzvɛtiːtɛnɛk 'mɔ 'ɛʃtɛ	'jaːtsːig 'vɔlɔmijɛn 'hɔnksɛrɛn

Ich singe gern.	**Ich spiele Gitarre.**	**Ich spiele Akkordeon.**
Szeretek énekelni.	Gitározom.	Tangóharmónikázom.
'sɛrɛtɛk 'eːnɛkɛlni	'gitaːrozom	'tɔngoːhɔrmoːnikaːzom

Ich spiele Mundharmonika.
Szájharmonikázom.
'saːjhɔrmonikaːzom

Billardraum	biliárdszoba	'bilia:rts:obɔ
Dame(spiel)	dámajáték	'da:mɔja:te:k
– Stein	(dáma)kocka	'(da:mɔ)kotskɔ
Diskjockey	lemezlovas	'lɛmezlovɔʃ
Fernsehen	tévé	'te:ve:
– Ansager	bemondó	'bɛmondo:
– ausschalten	kikapcsol	'kikɔptʃol
– Bildschirm	képernyő	'ke:pernø:
– einschalten	bekapcsol	'bɛkɔptʃol
– Fernsehspiel	tévéjáték	'te:ve:ja:te:k
– Nachrichten	hírek	'hi:rɛk
– Programm	műsor	'my:ʃor
– Reportage	riport	'riport
– Sendung	adás	'ɔda:ʃ
– Übertragung	közvetítés	'køzvɛti:te:ʃ
Gesellschaftsspiel	társasjáték	'ta:rʃɔʃja:te:k
Kartenspiel	kártyajáték	'ka:rtʃɔja:te:k
– abheben	emel	'ɛmɛl
– geben	oszt	'ost
– mischen	kever	'kɛver
– Bube/Dame	bubi/dáma	'bubi/'da:mɔ
– König/As	király/ász	'kira:j/'a:s
– Herz/Karo	kőr/káró	'kø:r/'ka:ro:
– Kreuz/Pik	treff/pikk	'trɛf:/'pik:
– Stich/Joker	ütés/joker	'yte:ʃ/'dʒo:kɛr
– Karte/Trumpf	lap/adu	'lɔp/'ɔdu
Kassettenrecorder	kazettás magnó	'kɔzɛt:a:ʃ 'mɔgno:
Klub	klub	'klub
Plattenspieler	lemezjátszó	'lemɛzja:ts:o:
Radio, Rundfunk	rádió	'ra:dio:
– Autoradio	autórádió	'ɔuto:ra:dio:
– Stereosendung	sztereó műsor	'stɛrɛo: 'my:ʃor
– UKW	URH	'uɛrha:
Schach	sakk	'ʃɔk:
– Bauer	paraszt, gyalog	'pɔrɔst, 'ɟɔlog
– Brett	tábla	'ta:blɔ
– Dame	királynő, vezér	'kira:jnø:, 'vɛze:r
– Feld/Figur	mező/figura	'mɛzø:/'figurɔ
– König	király	'kira:j
– Läufer	futó	'futo:
– Springer	ló, huszár	'lo:, 'husa:r

– Turm/Zug	bástya/lépés	'ba:ʃtɔ/'le:peːʃ
Schallplatte	(hang)lemez	'(hɔŋg)lɛmɛz
Schönheitswettbewerb	szépségverseny	'se:pʃe:gvɛrʃɛŋ
Spiel	játék, játszma	'ja:te:k, 'ja:tsmɔ
– Einsatz	tét	'te:t
– Gewinn	nyereség, nyeremény	'ɲɛrɛʃe:g, 'ɲɛrɛme:ɲ
– gewinnen	nyer	'ɲɛr
– Glücksspiel	szerencsejáték	'sɛrɛntʃɛja:te:k
– setzen	tesz	'tɛs
– verlieren	veszít	'vɛsi:t
Spielautomat	játékautomata	'ja:te:kɔutomɔtɔ
Spielmarke	zseton	'ʒɛton
Tanzabend	táncest	'ta:ntsɛʃt
Tonkassette	kazetta	'kɔzɛt:ɔ
Unterhaltung	szórakozás	'so:rɔkoza:ʃ
Varieté	varieté	'vɔriɛteː
Videokassette	videokazetta	'vidɛokɔzɛt:ɔ
Videorecorder	képmagnó	'ke:pmɔgno:
Videospiel	videojáték	'vidɛoja:te:k
Volksfest	népünnepély	'ne:pynːɛpe:j
Winzerfest	szüreti mulatság	'syrɛti 'mulɔtʃa:g
Würfel	kocka	'kotskɔ
– würfeln	kockázik	'kotska:zik
Zirkus	cirkusz	'tsirkus
– Artist	artista	'ɔrtiʃtɔ
– Clown	bohóc	'boho:ts
– Manege	porond	'porond

Verzeihen Sie, daß ich Sie anspreche.
Bocsásson meg, hogy megszólítom.
'botʃa:ʃːon 'mɛk 'hoɟ 'mɛksoːliːtom

Darf ich mich zu Ihnen setzen.
Engedje meg, hogy ideüljek.
'ɛngɛdːɛ 'mɛg 'hoɟ 'idɛyljɛk

Trinken Sie etwas?
Iszik valamit?
'isig 'vɔlɔmit

Darf ich Sie (dich) zu einem Drink einladen?
Meghívhatom (Meghívhatlak) egy italra?
'mɛkhi:fhɔtom ('mɛkhi:fhɔtlɔk) ɛɟ 'itɔlrɔ

Was trinken Sie?
Mit iszik?
'mit 'isik

Trinken wir *einen Cocktail (eine Flasche Wein)* zusammen?
Iszunk együtt *egy koktélt (egy üveg bort)*?
'isunk 'ɛdyt: ɛʈ 'kokte:lt (ɛʈ 'yvɛg 'bort)

Diese Runde zahle ich.
Ezt a rundót én fizetem.
'ɛst ɔ 'rundo:t 'e:n 'fizɛtɛm

Wollen wir tanzen?
Táncoljunk?
'ta:ntsoljunk

Haben Sie für heute abend schon etwas vor?
Van már valami programja ma estére?
'vɔn 'ma:r 'vɔlɔmi 'progrɔmjɔ 'mɔ 'ɛʃte:rɛ

Sie tanzen sehr gut.
Maga nagyon jól táncol.
'mɔgɔ 'nɔɟon 'jo:l 'ta:ntsol

Tanzen wir noch einmal?
Táncolunk még egyet?
'ta:ntsolunk 'me:g 'ɛɟɛt

Gehen wir ein bißchen spazieren?
Elmegyünk egy kicsit sétálni?
'ɛlmɛɟynk 'ɛʈ 'kitʃit 'ʃe:ta:lni

Es ist laut hier.
Itt nagy a zaj.
'it: 'nɔɟ ɔ 'zɔj

Hier können wir uns ungestört unterhalten.
Itt zavartalanul beszélgethetünk.
'id: 'zɔvɔrtɔlɔnul 'bɛse:lgɛthɛtynk

Wir machen eine kleine Party. Wollen Sie mitkommen?
Rendezünk egy kis partit. Eljön velünk?
'rɛndɛzynk ɛʈ 'kiʃ 'pɔrtit. 'ɛljøn 'vɛlynk

Sie gefallen mir.
Maga tetszik nekem.
'mɔgɔ 'tɛts:ik 'nɛkɛm

Ich finde dich sehr sympathisch.
Nagyon rokonszenves vagy nekem.
'nɔɟon 'rokonsɛnvɛʒ 'vɔɟ 'nɛkɛm

Wann können wir uns wiedersehen?
Mikor látjuk újra egymást?
'mikor 'la:tjuk 'u:jrɔ 'ɛɟma:ʃt

Ich würde *Sie (dich)* gern (morgen) wiedersehen.
Szeretnék ismét találkozni *magával (veled)* (holnap).
'sɛrɛtne:k 'iʃme:t 'tɔla:lkozni 'mɔga:vɔl ('vɛlɛd) ('holnɔp)

Wollen wir uns *hier (in der Halle, am Strand)* treffen?
Találkozzunk *itt (a hallban, a strandon)*?
'tɔlɑːlkozːunk 'itː (ɔ 'hɔlːbɔn, ɔ 'ʃtrɔndon)

Ich erwarte Sie/dich um ... Uhr *an der Bar (vor der Disko)*.
... órakor várom/várlak a *bárnál (diszkó előtt)*.
'oːrɔkor 'vɑːrom /'vɑːrlɔk ɔ 'bɑːrnɑːl ('disko: 'ɛløːtː)

Darf ich dich nach Hause fahren?   Darf ich Sie ein Stück begleiten?
Hazavihetlek?   Elkísérhetem egy darabon?
'hɔzɔvihɛtlɛk   'ɛlkiːʃeːrhɛtɛm ɛɟ 'dɔrɔbon

Es war *prima (ein sehr schöner Abend)*.
Nagyszerű *(Nagyon szép este)* volt.
'nɔtsːɛryː ('nɔɟon 'seːp 'ɛʃtɛ) 'volt

Ich freue mich darauf, *Sie (dich)* wiederzusehen.
Nagyon örülök, hogy viszontláthat*om (-lak)*.
'nɔɟon 'øryløk 'hoɟ 'visontlɑːthɔtom (-lɔk)

Einladung	meghívás	'mɛkhiːvɑːʃ
Flirt	flört	'fløɾt
flirten	flörtöl	'fløɾtøl
frech	szemtelen	'sɛmtɛlɛn
fröhlich	vidám	'vidɑːm
j-m gefallen	tetszik valakinek	'tɛtsːik 'vɔlɔkinɛk
höflich	udvarias	'udvɔriɔʃ
Kuß	csók, puszi	'tʃoːk, 'pusi
küssen	csókol	'tʃoːkol
Liebe	szerelem	'sɛrɛlɛm
lieben	szeret	'sɛrɛt
– ich liebe dich ..	szeretlek	'sɛrɛtlɛk
Musikautomat ..	zenegép	'zɛnɛgeːp
Partner	partner	'pɔrtnɛr
Partnerin	partnernő	'pɔrtnɛrnøː
schüchtern	félénk	'feːleːnk
Tanz	tánc	'tɑːnts
Tanzfläche	táncparkett	'tɑːntspɔrkɛt
Tanzkapelle	tánczenekar	'tɑːndzːɛnɛkɔr
Tanzmusik	tánczene	'tɑːndzːɛnɛ
Treffpunkt	találkozóhely	'tɔlɑːlkozoːhɛj
sich verabreden ..	randevúzik	'rɔndɛvuːzik
Verabredung	randevú	'rɔndɛvuː

ANHANG

Bekanntmachungen und Warnungen

Ungarisch	Deutsch
ÁLLJ!	Halt!
BEJÁRAT	Eingang, Einfahrt
BELÉPNI TILOS!	Zutritt verboten!
DOHÁNYOZNI TILOS!	Rauchen verboten!
DOHÁNYZÓK	Raucher
ÉLETVESZÉLY	Lebensgefahr
ELSŐSEGÉLY	Erste Hilfe
FELVILÁGOSÍTÁS	Auskunft
FÉRFIAKNAK	Herren
FOGLALT	Besetzt, Reserviert
FÜRÖDNI TILOS!	Baden verboten!
KIADÓ	Zu vermieten
KIHAJOLNI VESZÉLYES	Nicht hinauslehnen
KIJÁRAT	Ausgang, Ausfahrt
KÓRHÁZ	Krankenhaus
MEGÁLLÓHELY	Haltestelle
MEGTELT	(Wagen) besetzt
MELEG	Warm
MENTŐÁLLOMÁS	Rettungsstelle, Erste Hilfe
NEMDOHÁNYZÓK	Nichtraucher
NŐKNEK	Damen
NYITVA	Offen, geöffnet
00	Toilette
ORVOS	Arzt
PÉNZVÁLTÁS	Geldwechsel
POGGYÁSZMEGŐRZŐ	Gepäckaufbewahrung
RENDŐRSÉG	Polizei
SZABAD	Frei
MINDEN JEGY ELKELT	Vorstellung ausverkauft
TILOS	Verboten
TILOS A DOHÁNYZÁS	Rauchen verboten
TOALET	Waschraum
TŰZJELZŐ KÉSZÜLÉK	Feuermelder
VÉSZKIJÁRAT	Notausgang
VIGYÁZAT!	Achtung! Vorsicht!
ZÁRVA	Geschlossen

Abkürzungen

ÁB	Állami Biztosító	Staatliche Versicherung
Bp.	Budapest	Budapest
BKV	Budapesti Közlekedési Vállalat	Budapester Verkehrsunternehmen
de.	délelőtt	vormittags
du.	délután	nachmittags
em.	emelet	Etage
főv.	fővárosi	hauptstädtisch
fsz.	földszint	Erdgeschoß
kb.	körülbelül	ungefähr
kft.	korlátolt felelősségű társaság	GmbH Gesellschaft mit beschränkter Haftung
KISZ	Kommunista Ifjúsági Szövetség	Kommunistischer Jugendverband
ktsz	kisipari termelő szövetkezet	Gewerbegenossenschaft
m.	megye	Verwaltungsbezirk
MAHART	Magyar Hajózási Részvénytársaság	Ungarische Schifffahrts-AG
MALÉV	Magyar Légiközlekedési Vállalat	Ungarische Fluggesellschaft
MÁV	Magyar Államvasútak	Ungarische Staatsbahnen
MNB	Magyar Nemzeti Bank	Ungarische Nationalbank
MSZMP	Magyar Szocialista Munkáspárt	Ungarische Sozialistische Arbeiterpartei
NDK	Német Demokratikus Köztársaság	DDR
NSZK	Német (országi) Szövetségi Köztársaság	Bundesrepublik Deutschland
old.	oldal	Seite
OTP	Országos Takarékpénztár	Landessparkasse
pl.	például	zum Beispiel, z. B.
pu.	pályaudvar	Bahnhof
Rt.	részvénytársaság	Aktiengesellschaft
stb.	s a többi	usw.
sz.	szám(ú)	Nummer (Nr.)
tsz	termelőszövetkezet	landwirtschaftliche Produktionsgenossenschaft
u.	utca	Straße, Gasse

Maße und Gewichte

Meter/Kilometer ...	méter/kilométer	'meːtɛr/'kilomeːtɛr
Zentimeter	centiméter	'tsɛntimeːtɛr
Millimeter	milliméter	'milːimeːtɛr
Quadratmeter	négyzetméter	'neːdʒɛtmeːtɛr
Kubikmeter	köbméter	'købmeːtɛr
1 Liter	egy liter	ɛd 'litɛr
¹/₂ Liter	fél liter	feːl 'litɛr
¹/₁₀ Liter	deci	'dɛtsi
Gramm	gramm	'grɔmː
10 Gramm, 1 Deka-		
gramm	deka	'dɛkɔ
100 Gramm	tíz deka	'tiːz 'dɛkɔ
Kilogramm	kiló	'kiloː
1 Pfund	(egy) fél kiló	(ɛd) 'feːl 'kiloː
Doppelzentner	mázsa	'maːʒɔ
Tonne	tonna	'tonːɔ
1 Stück	egy darab	ɛd 'dɔrɔb
einige	egy pár	ɛt 'paːr
ein Paar	egy pár	ɛt 'paːr
Päckchen	(kis) csomag	(kiʃ) 'tʃomɔg
Paket	csomag	'tʃomɔg
Tüte	zacskó	'zɔtʃkoː
Tube	tubus	'tubuʃ
1 Flasche	egy üveg	ɛd 'yvɛg
1 Dose, Büchse	egy doboz	ɛd 'doboz
1 Karton (Schachtel)	egy doboz	ɛd 'doboz
1 Glas (Konserven) ..	egy üveg	ɛd 'yvɛg
1 Portion	egy adag	ɛd 'ɔdɔg
viel/wenig	sok/kevés	ʃok/'kɛveːʃ
klein/groß	kicsi/nagy	'kitʃi/'nɔd
genug	elég	'ɛleːg
noch mehr	még többet	'meːktøbːɛt

Maß- und Zähleinheiten sowie die gemessenen oder gezählten Objekte bleiben immer in der Einzahl:

3 kg Äpfel .... három kiló alma .... 'haːrom 'kiloː 'ɔlmɔ

Farben

beige	beige	'be:ʒ
blau	kék	'ke:k
– dunkelblau	sötétkék	'ʃøte:tke:k
– hellblau	világoskék	'vila:goʃke:k
blond	szőke	'sø:kɛ
– hellblond	világosszőke	'vila:goʃsø:kɛ
braun	barna	'bɔrnɔ
– kastanienbraun	gesztenyebarna	'gɛstɛɲɛbɔrnɔ
bunt	tarka, színes	'tɔrkɔ, 'si:nɛʃ
Farbe	szín	'si:n
farbig	színes, színű	'si:nɛʃ, 'si:ny:
– einfarbig	egyszínű	'ɛʧi:ny:
farblos	színtelen	'si:ntɛlɛn
gelb	sárga	'ʃa:rgɔ
golden, goldgelb	aranyszínű, aranysárga	'ɔrɔɲsi:ny:, 'ɔrɔɲʃa:rgɔ
grau	szürke, (Haare) ősz	'syrkɛ, 'ø:s
– dunkelgrau	sötétszürke	'ʃøte:tsyrkɛ
– hellgrau	világosszürke	'vila:goʃsyrkɛ
– silbergrau	ezüstszürke	'ɛzyʃtsyrkɛ
grün	zöld	'zøld
– dunkelgrün	sötétzöld	'ʃøte:dzøld
– hellgrün	világoszöld	'vila:goz:øld
lila	lila	'lilɔ
orangefarben	narancsszín(ű)	'nɔrɔnʧsi:n(y:)
rosa	rózsaszín	'ro:ʒɔsi:n
rot	piros, (Haare) vörös	'piroʃ, 'vørøʃ
– dunkelrot	sötétvörös	'ʃøte:dvørøʃ
– grellrot	élénkpiros	'e:le:nkpiroʃ
– hellrot	világospiros	'vila:goʃpiroʃ
schwarz	fekete	'fɛkɛtɛ
silbern	ezüstszín	'ɛzyʃtsi:n
violett	ibolyaszín	'ibojɔsi:n
weiß	fehér	'fɛhe:r

DAS WICHTIGSTE AUS DER GRAMMATIK

I. Allgemeines

Die Kunst der Auswahl und Anbringung der **Suffixe** bildet einen wesentlichen Bestandteil der ungarischen Grammatik. Die formelle Auswahl des richtigen Suffixes beruht meist auf dem Prinzip der **Vokalharmonie.**

Andere Besonderheiten: Die ungarische Grammatik kennt **kein grammatisches Geschlecht.** Die Verhältniswörter sind im Ungarischen keine Präpositionen: sie werden dem Substantiv nachgesetzt oder sind einfach Suffixe.

II. Vokalharmonie

Die Vokalharmonie bedeutet eine Übereinstimmung oder Anpassung der Vokale innerhalb des Wortstammes oder zwischen Wortstamm und Suffix, so daß in einem Wort nur Vokale einer einzigen Kategorie vorkommen.

Die Vokale sind entweder palatal (hochlautend) oder velar (tieflautend), entweder illabial (ohne Lippenrundung) oder labial (mit Lippenrundung).

Palatale (hochlautende) Vokale: e, é, i, í, ö, ő, ü, ű.

Velare (tieflautende) Vokale: a, á, o, ó, u, ú.
Ausnahme: In einigen Wortstämmen gelten é und í als velar.

Illabiale Vokale: a, á, e, é, i, í.

Labiale Vokale: o, ó, ö, ő, u, ú, ü, ű.

Entsprechend ist ein einsilbiger Wortstamm oder ein Suffix entweder palatal oder velar, entweder illabial oder labial. Bei mehrsilbigen Stämmen entscheidet der Vokal der letzten Silbe. Man unterscheidet die palatal-velare und die illabial-labiale Vokalharmonie.

Beispiele:
Die Wörter **ember** (Mensch), **néz** (zuschauen) sind palatal, da ihre Vokale palatal sind. Durch Hinzufügen der palatalen Suffixe **-ek** (ein Pluralsuffix) bzw. **-ő** (ein Wortbildungssuffix) entstehen die neuen Wörter **emberek** (Menschen) bzw. **nézők** (Zuschauer). Beim velaren Wort **orvos** (Arzt) nimmt man für die Pluralbildung das velare Suffix **-ok** und man erhält **orvosok** (Ärzte).
Labial: **felölt** *Kleidung anziehen*, daher **felöltöm** *ich ziehe es an.*
Illabial: **szeret** *lieben*, daher **szeretem** *ich liebe es, ihn, sie.*

III. Suffixe

Es gibt Suffixe mit einer einzigen Form:
Suffix -ért (für, wegen, um), **Suffix -kor** *(zeitlich* um, zu).
pénzért (**für** Geld), **aranyért** (**für** Gold); **ötkor** (**um** fünf), **nyolckor** (**um** acht).

Andere Suffixe haben 2, 3, 4 oder 5 mögliche Formen, unter denen eine Auswahl getroffen werden muß. So hat zum Beispiel das Dativsuffix zwei Formen: **-nak** und **-nek.** Das Pluralsuffix der Substantive hat 5 Formen: **-k, -ek, ök, -ak** und **-ok.**

Bei vokalisch anlautenden Suffixen fällt der Anfangsvokal weg, falls das suffigierte Wort auf Vokal endet. Ist der Auslautvokal des Stammes kurz, so bewirkt das Suffix, daß dieser Vokal lang wird: **kefe** *Bürste,* **kefék** *Bürsten.*

IV. Artikel

Bestimmter Artikel: a (vor Konsonant), **az** (vor Vokal).
Unbestimmter Artikel: egy.
Die Artikel werden nicht dekliniert. Sie sind tonlos.

V. Substantiv

Pluralbildung mit Hilfe des Pluralsuffixes **-ek, -ök; -ak, -ok.** Die Vokale **a, o** gelten für velare (tieflautende) Suffixe, die Vokale **e, ö** für palatale (hochlautende). Die Auswahl zwischen **a** und **o** beruht jedoch auf keiner Regel.

Beispiele für die Pluralbildung:

város *Stadt* – **városok** *Städte*
ló *Pferd* – **lovak** *Pferde* (Nebenstamm **lov-**)
levél *Brief* – **levelek** *Briefe* (Verkürzter Stamm **level-**)
csokor *Blumenstrauß* – **csokrok** *Sträuße.* (Durch Vokalausstoßung entstandener Stamm **csokr-**)

Deklination

Außer den im Deutschen vorhandenen Fällen *Nominativ, Dativ, Akkusativ* entstehen im Ungarischen durch Anbringung der den Verhältniswörtern entsprechenden Suffixe etwa zwei Dutzend „Kasus". Hier werden nur die wichtigsten mit ihrer Grundbedeutung angeführt.

1. *Nominativ:*	*Wortstamm*	levél (Brief, Blatt)
2. *Dativ:*	**-nek; -nak**	levélnek (**dem** Brief)
3. *Akkusativ:*	**-t, -et, -öt; -at, -ot**	levélet (**den** Brief)
4. *Inessiv:*	**-ben; -ban**	levélben (**im** Brief)
5. *Illativ:*	**-be; -ba**	levélbe (**in den** Brief)
6. *Elativ:*	**-ből; -ból**	levélből (**aus dem** Brief)
7. *Superessiv:*	**-n, -en, -ön; -on**	levélen (**auf dem** Brief)
8. *Sublativ:*	**-re; -ra**	levélre (**auf den** Brief)
9. *Delativ:*	**-ről; -ról**	levélről (**vom** Brief **herunter**)
10. *Adessiv:*	**-nél; -nál**	levélnél (**beim** Brief, **am** Brief)
11. *Adlativ:*	**-hez, -höz; -hoz**	levélhez (**zum** Brief)
12. *Ablativ:*	**-től; -tól**	levéltől (**vom** Brief **herunter**)
13. *Instrumental-Assoziativ:*	**-(v)el; -(v)al**	levéllel (**mit dem** Brief)

13. *Instrumental-Assoziativ:* **-(v)el; -(v)al** levéllel (**mit dem** Brief)
Das **v** *wird nur bei vokalischem Stammauslaut gebraucht. Bei konsonantischem Auslaut des Stammes wird der Konsonant verdoppelt.*

14. *Kausal-Final:* **-ért** levélért (**für den** Brief, **wegen des** Briefes)

15. *Temporal:* **-kor** öt órakor (**um** fünf Uhr) újévkor (**zu** Neujahr)

Im Plural geht man vom Stamm + Pluralsuffix (levelek) aus.

VI. Adjektiv

Das Eigenschaftswort bleibt in attributiver Funktion unverändert. Prädikativ wird es wie das Substantiv dekliniert.

Steigerung: Komparativsuffix: **-ebb;-abb, -obb**
olcsó *billig* – olcsóbb *billiger*   szép *schön* – szebb *schöner*
fehér *weiß* – fehérebb *weißer*   sok *viel* – több *mehr*

Superlativbildung aus dem Komparativ durch Vorsetzen des Präfixes
leg-: a legolcsóbb *der, die, das billigste*

VII. Adverb

Adverbialsuffixe: **-en, -ön; -an, -on; ül, -ul** und **-leg; -lag.**

VIII. Pronomen

1. Personalpronomen

	1. Person	2. Person	3. Person
Singular			
1. *Nominativ*	**én** (ich)	**te** (du)	**ő** (er, sie, es)
2. *Dativ*	**nekem**	**neked**	**neki**
3. *Akkusativ*	**engem(et)**	**téged(et)**	**őt**
Plural			
1. *Nominativ*	**mi** (wir)	**ti** (ihr)	**ők** (sie)
2. *Dativ*	**nekünk** (uns)	**nektek** (euch)	**nekik** (ihnen)
3. *Akkusativ*	**minket** (uns), **bennünket**	**titeket** (euch), **benneteket**	**őket** (sie)

2. Possessivpronomen

Besitz und Besitzer im Singular

1. *Nominativ*	**enyém** (mein, meine, mein)	**tied** (dein, deine, dein)	**övé** (sein, ihr; seine, ihre)
2. *Dativ*	**enyémnek**	**tiednek**	**övének**

usw., wie die Deklination des Substantivs, ausgehend von den Wortstämmen im Nominativ.

Besitzer Singular, Besitz Plural

1. *Nominativ*	**enyéim** (meine)	**tieid** (deine)	**övéi** (seine, ihre)

usw.

Besitzer Plural, Besitz Singular

1. *Nominativ*	**miénk** (unser, unsere)	**tiétek** (euer, eure)	**övéké** (ihr, ihre)

usw.

Besitzer und Besitz im Plural

1. *Nominativ*	**mieink** (unsere)	**tieitek** (eure)	**övéik** (ihre)

usw.

Vor dem Possessivpronomen steht der bestimmte Artikel **a** oder **az**. Die ungarischen Possessivpronomen können nicht als Possessivadjektive, sondern nur prädikativ verwendet werden.

3. Possessivsuffixe

Den deutschen Possessivadjektiven (adjektivischen besitzanzeigenden Fürwörtern) entsprechen im Ungarischen folgende Possessivsuffixe:

Besitzer und Besitz im Singular

1. Person	2. Person	3. Person
-em, -öm; -am, om	**-ed, -öd; -ad, od**	**-e; -(j)a**
mein, meine, mein	*dein, deine, dein*	*sein, seine, sein; ihr, ihre, ihr*

Besitzer Singular, Besitz Plural

-eim; -(j)aim	**-eid; -(j)aid**	**-ei; -(j)ai**

Besitzer Plural, Besitz Singular

-ünk; -unk	**-etek; -atok; -tek;-tok**	**-(j)ük; -(j)uk; -ök; -ok**

Besitzer und Besitz im Plural

-eink; -(j)aink	**-eitek; -aitok**	**-(j)eik; -(j)aik**
(unsere)	(eure)	(ihre)

IX. Zahlwort

Das gezählte Objekt bleibt in der Einzahl:

a három barát *die drei Freunde.*

Das alleinstehende Zahlwort muß dekliniert werden:

Adjon egyet (kettőt, hatot). *Geben Sie mir einen (zwei, sechs).*

X. Verb

Infinitivsuffix: -eni;-ani

Es wird an den Stamm angehängt: **mond** *er sagt* – **mondani** *sagen.*

Als Grundform des Verbs gilt die 3. Person Einzahl des Präsens Indikativ, die dem Verbstamm entspricht. Eine Ausnahme bilden die sogenannten ik-Verben, die in der 3. Person das Suffix **-ik** haben.

Das Verb *sein* dient im Ungarischen auch zur Bildung von *haben*. (Ein eigentliches Verb *haben* gibt es nicht).

(én) vagyok	*ich bin*	(nekem) van	*ich habe*
(te) vagy	*du bist*	(neked) van	*du hast*
(ő) van	*er (sie, es) ist*	(neki) van	*er (sie, es) hat*
(mi) vagyunk	*wir sind*	(nekünk) van	*wir haben*
(ti) vagytok	*ihr seid*	(nektek) van	*ihr habt*
(ők) vannak	*sie sind*	(nekik) van	*sie haben*

Die Verneinung von **van** im Sinne von *es gibt* ist **nincs** oder **nincsen,** was *es gibt nicht, es gibt kein(en, -e)* bedeutet. Die Mehrzahl von **nincs, nincsen** ist **nincsenek.**

Itt van. *Er ist hier.* **Nincs itt.** *Er ist nicht hier.*

Bei der Verwendung von **van** zur Umschreibung von *haben* bekommt das Objekt das der Person von *haben* entsprechende Possessivsuffix:

Nincs jegyem. *Ich habe keine Fahrkarte, Eintrittskarte.*

Präteritum von *sein*	**Futurum von** *sein*
volt**am** *ich war, bin gewesen*	lesz**ek** *ich werde sein*
volt**ál** *usw.*	lesz**el** *usw.*
volt	lesz
volt**unk**	lesz**ünk**
volt**atok**	lesz**tek**
volt**ak**	lesz**nek**

Optativ (Konditional) **Präsens von** *sein*	**Optativ (Konditional)** **Perfekt von** *sein*
lenn**ék** *ich wäre, würde sein*	lett**em** volna *ich wäre gewesen*
lenn**él** *usw.*	lett**él** volna *usw.*
lenne	lett volna
lenn**énk**	lett**ünk** volna
lenn**étek**	lett**etek** volna
lenn**ének**	lett**ek** volna

Imperativ-Konjunktiv von *sein*

legy**ek** *ich sei, soll sein*	Die Formen **leszek, lennék, lettem, legyek** usw. entsprechen dem un-
légy *usw.*	garischen Verb für *werden*.
legy**en**	
legy**ünk**	
legy**etek**	
legy**enek**	

Subjektive und objektive Konjugation

Bei der Beugung der ungarischen Verben unterscheidet man zwei verschiedene Konjugationsarten: die **subjektive** und die **objektive** Konjugation, je nachdem, ob ein Akkusativobjekt mit **unbestimmtem Artikel** (oder ohne Artikel) oder mit **bestimmtem Artikel** vorhanden oder gedacht ist.

Präsens des Indikativ von „lát" (sehen)

Subjektiv		Objektiv	
lát**ok**	*ich sehe*	lát**om**	*ich sehe …*
lát**sz**	*du siehst*	lát**od**	*usw.*
lát	*er, sie, es sieht*	lát**ja**	
lát**unk**	*wir sehen*	lát**juk**	
lát**tok**	*ihr seht*	lát**játok**	
lát**nak**	*sie sehen*	lát**ják**	

Konjugationssuffixe

Indikativ Präsens

	Subjektiv		Objektiv
		ik-Verben	
ich	**-ek, -ök; -ok**	**-em, -öm; -om**	**-em, -öm; -om**
du	**-sz**	**-el, -öl; ol**	**-ed, -öd; -od**
er, sie, es	–	**-ik**	**-i; -(j)a**
wir	**-ünk; -unk**	**-ünk; -unk**	**-(j)ük; -(j)uk**
ihr	**-tek, -tök; -tok**	**-tek, -tök; -tok**	**-itek; -(j)átok**
sie	**-nek; -nak**	**-nek; -nak**	**-ik; -(j)ák**

Perfekt

	Subjektiv	Objektiv
ich	**-(et)tem, -(öt)tem; -(ot)tam**	**-(et)tem, -(öt)tem; -(ot)tam**
du	**-(et)tél, -(öt)tél; -(ot)tál**	**-(et)ted, -(öt)ted; -(ot)tad**
er, sie, es	**-ett, -ött; -ott**	**-(et)te, -(öt)te; -(ot)ta**
wir	**-(et)tünk, -(öt)tünk; -(ot)tunk**	**-(et)tük, -(öt)tük; -(ot)tuk**
ihr	**-(et)tetek, -(öt)tetek; -(ot)tatok**	**-(et)tétek, -(öt)tétek; -(ot)tátok**
sie	**-(et)tek, -(öt)tek; -(ot)tak**	**-(et)ték, -(öt)ték; -(ot)ták**

Imperativ Konjunktiv

	Subjektiv		Objektiv	
ich	-ek;	-(j)ak	-jem;	-jam
	-sek;	-sak	-sem;	-sam
du	-él;	-(j)ál	-jed;	-jad
	-sél;	-sál	-sed;	-sad
er, sie, es	-jen, -jön;	-jon; -sen,	-je;	-ja
	-sön; -son;	-jék	-se;	-sa
wir	-jünk;	-junk	-jük;	-juk
	-sünk;	-sunk	-sük;	-suk
ihr	-jetek;	-jatok	-(j)étek;	-(j)átok
	-setek;	-satok	-sétek;	-sátok
sie	-jenek;	-janak	-jék;	-ják
	-senek;	-sanak	-sék;	-sák

Konditional-Optativ

	Subjektiv		Objektiv	
ich	*nur* -nék		-ném;	-nám
du	-nél;	-nál	-néd;	-nád
er, sie, es	-ne;	-na	-né;	-ná
wir	-nénk;	-nánk	-nénk;	-nánk
ihr	-nétek;	-nátok	-nétek;	-nátok
sie	-nének;	-nának	-nék;	-nák

Für **können, dürfen, mögen** verwendet man das Suffix **-het (-hat),** das den ursprünglichen Verbstamm verlängert:

lát *er sieht*. Subjektiv mit **-hat: láthat** *er kann sehen,* Objektiv mit **-hat: láthatja** *er kann es sehen.*

Um die Bedeutung von **müssen, benötigen, einer Sache bedürfen** auszu-drücken, verwendet man im Ungarischen das Verb **kell** in Verbindung mit dem Infinitiv. Zur Bezeichnung der einzelnen Personen fügt man dem Infinitiv das entsprechende Possessivsuffix hinzu. Dabei steht das Subjekt im Dativ. Beispiel:

(nekem) várnom kell *ich muß warten*

WÖRTERVERZEICHNIS
DEUTSCH-UNGARISCH
FÜR TOURISTEN

Das nachstehende Wörterverzeichnis können Sie als deutsch-ungarisches Reisewörterbuch benutzen. Die Zahl hinter der Übersetzung ist die Seitenzahl, auf der das betreffende Wort im Sprachführer zu finden ist; dadurch kann dieses Wörterverzeichnis auch als Sachregister dienen. Das Fehlen der Seitenzahl bedeutet, daß das Wort im Text des Sprachführers nicht vorkommt, in das Wörterverzeichnis jedoch aufgenommen wurde.

Die Tilde (~) ersetzt das vorangehende Stichwort.

Verwendete Abkürzungen:

adj.	Adjektiv (Eigenschaftswort)	*pron.*	Pronomen (Fürwort)
adv.	Adverb (Umstandswort)	*Rel.*	Religion
Akk.	Akkusativ	*s.*	siehe
Dat.	Dativ	*sg.*	Singular (Einzahl)
Med.	Medizin	*techn.*	technisch
Nom.	Nominativ	*usw.*	und so weiter
örtl.	örtlich	*zeitl.*	zeitlich
pl.	Plural (Mehrzahl)	*z.*	zum, zur
poss. pron.	Possessivpronomen (besitzanzeigendes Fürwort)		

A

Aal angolna 96
abbestellen *s.* **annullieren**
abbiegen kanyarodik 38
Abblendlicht tompított fény 52
abbrechen letörik 54
Abdruck lenyomat 168
Abend este 12; **heute** ~ ma este 30
Abendessen vacsora 82
Abendmahl úrvacsora, áldozás 118
abends este 29; esténként
aber de
abfahren indul 32

Abfahrt indulás 58
Abfall hulladék 87
Abfalleimer szemétvödör 82
Abflug indulás 68
Abflughalle indulási csarnok 67
Abfluß lefolyó 80
Abführmittel hashajtó 154
abgebrochen letörött 54
abheben *(Karten)* emel 181; *(Geld)* (pénzt) kivesz 146
abholen érte megy 14; elhoz 61
abkommen: ~ **von** letér -ról/-ről 46
Abmeldung *(im Hotel)* kijelentkezés

abnehmen *(Hörer)* felvesz
Abreise elutazás 82
abreisen elutazik 32
Absatz *(Schuh-)* sarok 133
abschicken elküld 32
Abschleppdienst autómentő 47
abschleppen elvontat 46
Abschleppseil vontatókötél 55
Abschleppwagen vontatókocsi 46
abschließen *(Versicherung)* köt 39
Abseits *(Fußball)* les 175
Absender feladó 144
absolvieren végez 36
Abszeß tályog 162
Abtei apátság 118
Abteil fülke 65
Abzug *(Foto)* levonat, másolat 125
Achse tengely 49
Achselhöhle hónalj 160
acht nyolc 26
achtgeben auf ügyel -ra/-re 178
Achtung! Vigyázat! 185
Ader ér 160
Adresse cím 47
Agentur *s.* **Reisebüro**
Agronomie agrártudomány 37
Akademie akadémia, főiskola 36
Akkordeon tangóharmónika 180
Akt *(Theater)* felvonás 171
Aktenmappe, -tasche aktatáska 137
akut heveny 164
Alkohol szeszes ital 91, szesz 154
alkoholfreie Getränke üdítő italok 104
Alkoholtest alkoholpróba 47
Allee fasor 112
allein egyedül 14
Allergie allergia 162

alles minden *(Nom.)*, mindent *(Akk.)* 22
als -ként 66
alt öreg 33; **wie** ~? hány éves? 32
älter idősebb 33
Altar oltár 118
altbacken szikkadt 90
Alter (élet)kor 33
Altstadt óváros 112
am *(Datum)* -án/-én 32; *s.* **Tag**
Ampel közlekedési lámpa 40
Ampulle ampulla
Amt hivatal
amüsant szórakoztató 21
an -ra/-re; -n/-on/-en/-ön; -nál/-né! 191; *s.* **für, zu**
anbieten *(Essen usw.)* (meg)kínál 15
Andacht áhitat 118
Andenken emlék; *s.* **Souvenir**
andere másik 38, más 121
ändern igazít 127; **sich** ~ változik 23
Anfall roham 162
Anfang, anfangen *s.* **Beginn, beginnen**
Anfänger kezdő 173
Angel horgászfelszerelés 174
Angelgenehmigung horgászengedély 174
angeln horgászik 174
Angelsport horgászat 174
angenehm kellemes; ~ **e Reise!** kellemes utat!
Angestellter alkalmazott 34
Angina torokgyulladás 162
Anglistik anglisztika 37
anhalten megáll, megállít 40
Anhänger *(Schmuck)* függő 127; pótkocsi 38
Anhängerkupplung vontatóhorog 49

Animationsprogramm szórakoztató program 180
Anker horgony 115
Anklage vád 148
ankommen *(in)* érkezik -ba/-be 32
Ankunft érkezés 58, 68
Anlasser indító 49
anlegen *(Schiff)* kiköt 115
Anlegestelle kikötő 115
anmelden: sich ~ bejelentkezik 76
Anmeldung bejelentkezés 82
Annahme feladás 139
annähen felvarr 131
annullieren lemond 67
Annullierungsgebühr lemondási díj 67
Anorak anorák 128
anprobieren felpróbál 127
anrufen *s.* **telefonieren**
Ansager *(Radio, TV)* bemondó 181
Anschluß *(Zug usw.)* csatlakozás 59
anschnallen: sich ~ becsatolja az övet 68
Anschnallgurt biztonsági öv 68
Anschrift *s.* **Adresse**
anschweißen ráhegeszt 53
ansehen megnéz 75
Ansichtskarte képeslap 77
ansprechen megszólít 182
anspringen *(Motor)* beindul 52
anstatt helyett
ansteckend fertőző 164
Anteilnahme *(Beileid)* részvét 20
Antibabypille fogamzásgátló (antibébi) tabletta 154
Antibiotikum antibiotikum 154
antik antik 112
Antiquariat antikvárium
Antiquitäten régiség *sg.* 122

Antrieb meghajtás 49
Antwort válasz
Anwalt ügyvéd 148
Anweisung utasítás
Anwendung *(Kur-)* alkalmazás 169
anzahlen előleget fizet 75
Anzahlung foglaló 82
anzeigen *(Polizei)* bejelent 147
anziehen *(Kleid)* felvesz, felölt 189; *(Schraube)* meghúz (csavart)
Anzug öltöny 128
anzünden meggyújt
Apartmenthotel apartmanház 73
Aperitif aperitif
Apfel alma 102
Apfelkuchen almáslepény 105
Apfelsaft almalé
Apfelsine narancs 102
Apotheke patika, gyógyszertár 153
Apotheker gyógyszerész 34
Apparat készülék
Appartement lakosztály, apartman 82
Appetit étvágy 91; **guten** ~! jó étvágyat! 91
appetitlich gusztusos 88
Aprikose (kajszi) barack 102
Aprikosenknödel barackos gombóc 98
Aprikosenschnaps barackpálinka
April április 31
Aquarium akvárium 112
arbeiten dolgozik 34
Arbeiter munkás 34
Archäologe régész
Architekt építész 34
Architektur építészet 37
Arie ária 171
Arm kar 160

Armaturenbrett műszerfal 49
Armband karkötő 127; óraszíj 136
Armbanduhr karóra 136
Ärmel ujj 128
Artikel cikk
Artist artista 182
Arzt orvos 46
Arznei s. **Medikament**
As ász 181
Aschenbecher hamutartó 79
Aspirin aszpirin 154
Asthma asztma 162
Atembeschwerden légzési panasz *sg.* 162
atmen lélegzik, lélegzetet vesz 159
Atmosphäre atmoszféra 91
Atmung légzés 160
Attest igazolás 158
auch is 45
auf -ra/-re *(mit Akk.);* -n/-on/-en/ -ön *(mit Dat.)*
aufbewahren (meg)őriz; elhelyez 76
Aufbewahrung *(Gepäck)* csomagmegőrző 61
aufbrechen feltör 147
aufbügeln átvasal 131
Aufenthalt tartózkodás 65
Aufenthaltsraum társalgó 82
auffahren hátulról belemegy, belejön 47
Aufführung bemutató 171
Aufgabeschein s. **Einlieferungsschein**
aufgeben *(versenden)* felad 61
aufgehen *(Tür usw.)* (ki)nyílik 80
aufhören eláll 24
aufklären: sich ~ *(Wetter)* kiderül 24
aufladen *(Batterie)* feltölt
Auflauf felfújt 102
auflegen *(Hörer)* letesz

aufleuchten kigyullad 51
auflösen: sich ~ *(Nebel)* felszáll 24
aufmachen s. **öffnen**
Aufnahme felvétel 126; 166
aufnehmen *(Protokoll)* felvesz 147
aufpassen s. **achtgeben**
Aufprall felcsapódás 47
aufpumpen felpumpál 45
aufrichtig őszinte 20
aufrufen szólít 67
Aufschnitt felvágott 90
aufschreiben felír 14
aufstecken feltűz 150
aufstehen felkel 166
Auftritt fellépés 171
Aufzug s. **Fahrstuhl**
Auge szem 158
Augenarzt szemész 156
Augenblick pillanat 109
Augenbrauen szemöldök *sg.* 150
Augenbrauenstift szemöldökceruza 134
Augenentzündung szemgyulladás 162
Augenlid szemhéj 160
Augensalbe szemkenőcs
Augentropfen szemcsepp 154
August augusztus 31
aus *(Herkunft)* -ból/-ből 77
Ausbruch *(Wein)* aszu 103
Ausfahrt kijárat 40
Ausflug kirándulás 115
Ausflugsprogramm kirándulóprogram 112
Ausflugsschiff kirándulóhajó 115
Ausfuhrzoll kiviteli vám 72
ausfüllen kitölt 76
Ausgabe kiadás 139
Ausgang kijárat 63
ausgezeichnet kitűnően *adv.* 12, kitűnő *adj.* 21

Ausgrabungen ásatások 111
aushelfen kisegít 46
Auskunft információ 63, érdeklő-
dés
Auskunftsbüro információ 58
Ausland külföld
Auslandsbrief külföldi levél 139
Auslandsgespräch külföldi be-
szélgetés 144
auslaufen *(Schiff)* kifut
ausleihen kölcsönöz 86
Auslöser kioldó 126
Auspuff(rohr) kipufogó(cső) 49
Auspufftopf kipufogódob 49
ausrasieren kiborotvál 150
Ausreise kiutazás 71
Ausreisevisum kiutazó vízum 71
Ausrüstung felszerelés 173
ausschalten kikapcsol 181
Ausschlag kiütés 162
außer kívül vmin
äußerlich *(anzuwenden)* külső-
leg 153
aussetzen *(Motor)* kihagy 52
Aussicht *s.* **Blick**
Aussprache kiejtés
aussprechen kiejt 22
ausspülen (ki)öblít 167
aussteigen kiszáll 40, leszáll 109
ausstellen *(Attest)* ad 158
Ausstellung kiállítás 111
Ausverkauft! minden jegy elkelt!
170
auswechseln kicserél 44
ausweichen kikerül 40
Ausweis igazolvány
auszahlen kifizet 146
ausziehen *(Wohnung/Hotel)* ki-
költözik 82
Auto autó 38, 39, 40
Autobahn autópálya 38
Autobahnauffahrt autópálya-fel-
járat 40

Autobahnausfahrt autópálya-ki-
járat 38
Autobus autóbusz
Autokennzeicén rendszám 47
Automat automata
Automatikgetriebe automata se-
bességváltó 50
Automechaniker autószerelő 34
Automobilklub autóklub 40
Autoradio autórádió 181
Autoschlüssel *s.* **Wagenschlüssel**
Autowaschanlage autómosó 45

B

Babyartikel bébicikkek *pl.* 122
Babyflasche cumisüveg 134
Babynahrung bébiétel 137
Babyöl babaolaj 134
Bach patak 112
Backenzahn zápfog 168
Bäcker pék 34
Bäckerei pékség 122
Bad fürdőszoba 74; *s.* **Baden**
Badeanzug fürdőruha 128
Badehose fürdőnadrág 128
Badekabine fürdőkabin 179
Badekappe *s.* **Bademütze**
Bademantel fürdőköpeny 128
Bademeister fürdőmester 169
Bademütze fürdősapka 128
baden fürdik 179
Baden fürdés
Badeort fürdőhely 169
Badeplatz fürdőhely 179
Badeschuhe strandcipő 133
Badesteg fürdőstég 179
Badetuch fürdőlepedő 82
Badewanne fürdőkád 82
Badezimmer fürdőszoba 82
Bahnhof pályaudvar 58

Bahnhofsvorsteher állomásfő-nök 65
Bahnsteig peron 58
Bahnübergang vasúti átjáró 40
bald hamarosan 16
Baldriantropfen valeriáncsepp 154
Balkon erkély 74
Ball labda 137
Ballett balett 171
Balneotherapie fürdőterápia 169
Band *(Buch)* kötet 124; *(Stoff-)* szalag 130
Banane banán 102
Bandscheibe porckorong 160
Bank bank 146
Bankkonto bankszámla 146
Banknote *s.* **Geldschein**
Bar bár 77, 184
bar *(zahlen)* készpénzben 146
Bargeld készpénz 146
barock barokk 118
Barometer barométer 23
Barren *(Turnen)* korlát 175
Bart szakáll 151
Basilika bazilika 118
Batterie akkumulátor 49; elem 125
Bauch has 160
Baudenkmal műemlék 112
bauen épít 111
Bauer *(Schach)* paraszt, gyalog 181; *s.* **Landwirt**
Bauernhof parasztgazdaság, tanya 112
Baum fa
Baumwolle pamut 130
Baustelle *(Straßenarbeiten)* építkezés 40, útépítés
Bayrischkraut savanyúkáposzta
Beamter (állami) tisztviselő 34
Beanstandung panasz 82
Becken medence 160

Bedarf: Sachen für den persön-lichen ~ személyes holmik 72
bedauern sajnál 20
Bedauern sajnálat
bedeckt *s.* **bewölkt**
bedeuten jelent
bedeutend lényegesen 158
bedienen kiszolgál; ~ **Sie sich!** tessék venni! 15
Bedienung kiszolgálás 82
Beefsteak bélszín 99
Beeren *s.* **Blau-, Erd-, Stachel-beeren**
befinden: sich ~ található 111
Befreiung felszabadulás 31
begeistern: sich ~ lelkesedik 173
Beginn kezdet 171
beginnen kezd, kezdődik 170
begleiten (el)kísér 14
begrüßen köszönt 12
behandeln *(Zahn)* kezel 167
Behandlung kezelés 167; *s.* **Kur, Untersuchung**
beheizt temperált (vizű) 84
behilflich sein *s.* **helfen**
Behinderung *Med.* fogyatékosság 162
Behörde *s.* **Amt**
bei -nál/-nél 14
Beichtstuhl gyóntatószék 118
Beifahrersitz első ülés 53
Beifall taps 171
beige beige 188
Beilage *(Küche)* körítés, köret 93
Beileid részvét 20
Bein láb 160
beisetzen eltemet 118
beißen (meg)harap 158
bekannt machen megismertet (valakivel) 13
Bekleidung ruházat 122
bekommen (meg) kap 17
belästigen molesztál 148

belegen *(Platz)* (el) foglal
Beleuchtung világítás 82
belichten exponál 126
Belichtungsmesser fénymérő 126
Bemühung fáradozás
benachrichtigen értesít, tudósít
Benutzung használat 75
Benutzungsgebühr használati díj 87
Benzin benzin 43
Benzingutschein benzinjegy 43
Benzinkanister benzinkanna
Benzinleitung benzinvezeték 49
Benzinpumpe benzinszivattyú 49
Benzintank benzintartály 43
berauben kirabol 147
Berg hegy 112
Bergbau bányászat 37
Bergmann bányász 34
Bergsteigen hegymászás 174
Bergsteiger hegymászó 175
Bergwanderung hegyi túra
Bergwerk bánya 112
Bernstein borostyán 127
Beruf foglalkozás 34
Berufslehrer szakoktató 34
Berufsschule szakmunkásképző 36
Beruhigungsmittel nyugtató 154
berühmt híres 111
Besatzung legénység 68
beschädigen megsért 147
Bescheinigung igazolás 72
beschlagnahmen elkoboz 148
Beschränkung korlátozás
beschweren: sich ~ panaszt tesz 21
besetzt foglalt 64
besichtigen megnéz 110
Besichtigung látogatás, megtekintés 112
besohlen (meg)talpal 133

besonders *adv.* különösen 21
besorgen intéz 76, szerez 77, beszerez 153
besser jobb *adj.* 121; jobban *adv.* 158
Besserung: gute ~ ! jobbulást (kívánok)! 20
Besteck evőeszköz 89
besteigen felmegy 117
bestellen rendel 121; *(Zimmer)* foglal 74
Bestimmungen rendelkezések 71
Bestimmungsort rendeltetési hely 144
bestimmt *adv.* feltétlenül 16
Besuch látogatás 16
besuchen (meg)látogat 15; *(Schule)* jár -ba/-be (-ra/-re) 36
Besuchszeit látogatási idő 166
betäuben érzéstelenít 168
Betäubung érzéstelenítés 168
Betrag összeg 145
Betriebswirtschaft üzemgazdaság 37
Bett ágy 75, 82
Bettcouch heverő 82
Bettdecke takaró 79, ágyterítő 82
Bettruhe ágynyugalom 159
Bettschüssel ágytál 166
Bettvorleger ágyelő 82
Bettwäsche ágynemű 82
bewacht: ist ... ~? őrzik? 42
bewegen mozgat
bewölkt felhős 24
Bewölkung felhőzet 24
Bewohner lakó
bezahlen (ki)fizet 78; *s. a.* **zahlen**
Bezug *(Bett)* huzat 82
Bibliothek könyvtár 112
Bibliothekar könyvtáros 34
Bier sör 91, 104
Bierglas söröspohár 89
Bikini bikini 128

Bild kép 111
Bildhauer szobrász
Bildschirm képernyő
Billard: ~ **spielen** biliárdozik 180
Billardraum biliárdszoba 181
billig olcsó 191
billiger olcsóbb 121, 191
Binde kötszer, pólya 154
Bindehautentzündung
    kötőhártya-gyulladás 162
Bindfaden kötözőszineg 137
Bindung (Ski) kötés 176
Biologie biológia 37
Birne körte 80; 102
bis -ig 28
Biskuitrolle piskótatekercs 105
bißchen: ein ~ s. **wenig, etwas**
bitte tessék 17; (als Antwort) kérem 18
Bitte kérés 18
bitten kér; **darf ich** ~? szabad?
bitter keserű
Blähungen felfúvódás sg. 162
Blase hólyag 160
Blätterteigpastete hasé 95
blau kék 188
Blaubeeren (fekete) áfonya sg. 102
Blaufränker (Wein) kékfrankos 103
Blaukraut s. **Rotkohl**
Blaustengler (Wein) kéknyelű 103
Blechschaden lemezsérülés 47
bleiben marad 14; ~ **Sie gesund!** jó egészséget! 16
bleifrei ólommentes 43
Bleistift ceruza 132
Blende (Foto) blende 126
Blick (Aussicht) kilátás 74
Blinddarm vakbél 160
Blinddarmentzündung vakbélgyulladás 162

blinken jelez 47
Blinker (Auto) irányjelző 49
Blitz villám 24
blitzen: es blitzt villámlik 24
Blitzgerät vaku
Blitzwürfel kockavaku 126
blond szőke 188
Blue Jeans farmer 128
Blume(n) virág(ok) 124
Blumenhandlung virágbolt 122
Blumenkohl kelvirág, karfiol 97
Blumenkohlsuppe karfiolleves 96
Blumenmarkt virágpiac 112
Blumenstrauß virágcsokor 124, 190
Bluse blúz 128
Blut vér 160
Blutarmut vérszegénység 162
Blutbild vérkép 166
Blutdruck vérnyomás 160
Bluterguß vérömleny 162
Blutgruppe vércsoport 166
Bluthochdruck magas vérnyomás 163
Blutprobe vérvétel 166
blutstillend: ~ **es Mittel** vérzéscsillapító 154
Bluttransfusion vérátömlesztés 166
Blutung vérzés 163
Blutvergiftung vérmérgezés 163
Bockbier baksör 104
Bockwurst szafaládé
Boden (Fuß-) padló
Bogen (Architektur) (bolt)ív 118
Bogengang boltíves folyosó
Bohnen bab sg.
Bohnensalat babsaláta 101
Bohnensuppe bableves 95
Bohrer fúró
Boje bója 115
Bonbons cukorka 137
Boot csónak 115

Bootsausflug hajókirándulás 110
Bootsfahrt hajóút 112
Bootsrennen csónakverseny 175
Bootsverleih csónakkölcsönző 115
Bord: an ~ fedélzetén 12
Borwasser bórvíz 154
botanischer Garten botanikus kert 112
Botschaft nagykövetség 112
Bouillon erőleves 95
Boutique butik 122
Bowling bowling 175
Bowlingbahn bowlingpálya 175
boxen boxol 175
Boxer ökölvívó, boxoló 175
Boxkampf ökölvívás 175
Brand égés
Brandsalbe égési balzsam 154
Braten *m* sült 94
Brathähnchen sült (*paniert* rántott) csirke 101
Bratkartoffeln sült burgonya 97
Bratwurst sült kolbász 100
brauchen: ich brauche szükségem van -ra/-re 43; **brauche ich ...? kell** (nekem) ...?
braun barna 188
brechen eltör 158
Brechmittel hánytató 154
Brechreiz hányinger 163
breit széles 121
Bremsbelag fékbetét
Bremse fék 49
bremsen fékez 40
Bremsflüssigkeit fékfolyadék 43
Bremslicht féklámpa 49
Bremspedal fékpedál 49
Bremsschlauch féktömlő 49
brennen ég 49; (*Sonne*) tűz 24
Brett (*Schach*) tábla 181
Brief levél 32, 190
Briefkasten postaláda, levélszekrény 144

Briefmarke bélyeg 77
Briefmarkenautomat bélyegautomata 144
Briefmarkensatz bélyegsorozat 140
Briefpapier levélpapír 132
Brieftasche levéltárca 147
Brieftelegramm levéltávirat 141
Briefträger postás 34
Briefumschlag boríték 144
Brillant (*Schmuck*) briliáns 127
Brille szemüveg 132
Brillenetui szemüvegtok 132
Brillenfassung szemüvegkeret 132
bringen hoz 18; (*Person*) visz; ~ **lassen** vitet 76
Bronchitis hörgőgyulladás 163
Brosche bross 127
Broschüre brosúra 124
Brot kenyér 90; **belegte Brote** szendvics 90
Brötchen zsemlye 90; **belegtes** ~ vajas zsemlye 90
Brotkorb kenyérkosár 89
Bruch törés, sérv; *s.* **Leisten-, Knochenbruch**
Brücke híd 112
Bruder: älterer ~ bátya, **jüngerer** ~ öcs 13
Brühe leves 95
Brunnen kút 112; (*Mineral-*) ásványvíz 169
Brust mell 160
Brustkorb mellkas 160
Bube (*Karte*) bubi 181
Buch könyv 124
buchen *s.* **vorbestellen**
Buchhalter könyvelő 34
Buchhändler könyvkereskedő 34
Buchhandlung könyvesbolt 122
Büchse *s.* **Dose**
Büchsenöffner konzervnyitó 137

buchstabieren betűz 22
Bucht öböl 179
Buchung helyfoglalás 68
Büfett büfé 58
Bug (hajó)orr 115
Bügeleisen vasaló 82
bügeln vasal 85
Bühne színpad 171
Bundesrepublik Deutschland Németországi Szövetségi Köztársaság, NSZK 139, 186
Bungalow bungaló 73
bunt tarka, színes 131
Buntstifte színes ceruza *sg.* 132
Burg vár 111
Bürgersteig járda 112
Burgunder burgundi 103
Bürste kefe 134, 190
Bus busz 57
Busbahnhof (autó)buszpályaudvar 57
Bushaltestelle buszmegálló 108
Büstenhalter melltartó 128
Busverbindung autóbusz-összeköttetés 57
Butter vaj 90
Butterkremtorte vajaskrémtorta 106

C

Café eszpresszó 105
Camping kemping 87
Campingausrüstung kempingfelszerelés 87
Campingausweis kempingigazolvány 87
Campingbeutel kempingzsák 137
Campinggebühr kempingdíj 87
Campinghütte kempingfaház 86
Campingplatz kemping 73
Campingwagen *s.* **Wohnwagen**
Champagner *s.* **Sekt**
Champignons sampion 101

Chartermaschine chartergép 68
Chef főnök 21
Chefarzt főorvos 166
Chemie kémia 37
Chilipulver chilipor 93
Chilisoße chilimártás 92
Chinin kinin 154
Chirurg sebész 156
Cholera kolera 163
Chor kórus 118
Christ keresztény 117
christlich keresztény 118
Christus Krisztus 118
chronisch krónikus 164
Chrysanthemen krizantin 124
Clown bohóc 182
Cocktail koktél 183
Cousine unokatestvér 33
Creme krém 102
Cremeschnitte krémes 106

D

da *s.* **hier, dort**
Dach tető
Dachgepäckträger tetőcsomagtartó 55
dagegen: haben Sie etwas ~? van valami kifogása azellen? 18
Dame *(Schach)* királynő, vezér 181; *(Karten)* dáma 181; *(Spiel)* dámajáték 181
Damen *(Schild)* női 63
Damenbinden egészégügyi kötő 135
Damenfriseur női fodrász 152
Damenschuhe női cipő 133
Damentoilette női WC
damit vele 48
Dämmerung alkonyat 24
Dampfer gőzhajó 116
Damwild dámvad
Dank: herzlichen ~**, vielen** ~ na-

gyon köszönöm/köszönjük 12, 19

dankbar hálás(an)

danke köszönöm 12

danken köszön 12

Darbietung produkció 171

darin benne 72

Darm bél 160

Darmkatarrh bélhurut 163

daß hogy 20

Datum dátum

dauern tart 17

Dauerwelle tartóshullám 149

Dauerwurst szárazkolbász

Daumen hüvelyk(ujj) 160

dazugehören hozzátartozik

Deck fedélzet 116

Decke *s.* **Bettdecke**

Deckel fedő 49

dein(e) tied *usw.* 192

Dekagramm deka 187

Denkmal emlékmű 111

Deodorant dezodor 135

derselbe ugyanez, ugyanaz 61

Desinfektionsmittel fertőtlenítő-szer 154

Dessert *s.* **Nachtisch**

Dessertwein csemegebor 103

destilliert desztillált 43

deutsch német *adj.* 78; németül *adv.* 22

Deutschland Németország 77

Devisen devizák 146

Dezember december 31

Deziliter *(¹/₁₀ Liter)* deci 187

Diabetiker cukorbeteg 158

Diafilm diafilm 125

Diagnose diagnózis 166

Diagonalreifen diagonálabroncs 45

Diapositiv diapozitív 126

Diarähmchen diakeret 126

Diät diéta 159

Diätkost diétás étel 88

Diätkur diétás kúra 169

dich téged

Dichtung *techn.* tömítés 55

Dieb tolvaj 148

Diebstahl lopás 147

diensthabend ügyeletes 153

Dienstreise szolgálati utazás 71

Dienstag kedd 31

diese, dieser, dieses ez 29

Diesel *(Kraftstoff)* gázolaj 43

Dieselmotor dízelmotor 52

Differential differenciálmű 49

Digitaluhr digitális óra 136

Dill kapor 93

Dioptrie dioptria 132

Diphtherie diftéria 163

Diplomarbeit diplomamunka 36

dir neked 20, 192

direkt közvetlen *adj.,* közvetlenül *adv.* 66

Direktion igazgatóság 82

Dirigent karmester 171

Diskjockey lemezlovas 181

Diskothek diszkó 180

D-Mark (NSZK)márka 145

Doktor: Herr ~ doktor úr 13

Dokumentarfilm dokumentum-film 171

Dolmetscher tolmács 148

Domino dominózik 180

Dom(kirche) székesegyház 118

Donner mennydörgés 24

donnern: es donnert dörög 24

Donnerstag csütörtök 31

Doppel *(Tennis)* páros 177

doppeltkohlensaures Natrium *s.* **Natron**

Doppelzentner *(100 kg)* mázsa 187

Doppelzimmer kétágyas szoba 74

Dorf falu 112

Dorfkirche a falu temploma 118
dort ott 63
Dose doboz 120, 187
Dosenöffner s. **Büchsenöffner**
Dosis dózis 154
Draht drót 55
Drahtseilbahn drótkötélpálya, libegő 112
Drama dráma 171
drehen (sich) (meg)fordul 23
Drehstromlichtmaschine háromfázisú dinamó 52
Drehzahlmesser fordulatszámmérő 50
drei három 26
dreiviertel: ~ **9** háromnegyed 9, 28
dringend sürgősen *adv.* 46; *s.* **Telegramm**
Drink ital 182
dritte harmadik 27
Drogenabhängigkeit kábítószerszedési kényszer 163
Drogerie drogéria, illatszerbolt 122
Drogist drogista 34
Druckknopf patent 130
Drucksache nyomtatvány 144
Drüse mirigy 160
du te 192
Duett kettős
dunkel sötét 121, barna (sör) 104
dunkelblau sötétkék 188
dunkelgrau sötétszürke 188
dunkelgrün sötétzöld 188
dunkelrot sötétvörös 188
Dunst pára 24
dunstig párás 24
durchaus: ~ **nicht** egyáltalán nem 15
Durchfahrt áthaladás 40
Durchfall hasmenés 157
Durchgang átjárás 65, átjáró 112

durchgebrannt kiégett 53
durchgebraten átsült, átsütve 92
durchleuchten *(röntgen)* átvilágít, megröntgenez 166
durchregnen beázik 80
durchwachsen: ~ **er Speck** császárhús 94
durchwählen közvetlenül tárcsáz 141
dürfen szabad 42, -hat/-het 141; **darf man ...?** szabad ...?
Dusche zuhany 74
Duschraum zuhanyozó 87
Düse fúvóka
Düsenflugzeug sugárhajtású repülőgép 68
Dutzend tucat
D-Zug gyorsvonat 58

E
echt valódi 127
Eckball szöglet 175
Ecke sarok
Eckzahn szemfog 168
Ehefrau feleség
Ehemann férj
Ehering jegygyűrű 127
Ei tojás 90
Eierbecher tojástartó 89
Eierkuchen palacsinta 98
Eiernockerl tojásos galuska 98
Eilbote: per ~ **n** expressz
Eilbrief expresszlevél 139
Eilzug gyorsvonat 58
Eimer vödör 82
ein/eine(r) egy 26
Einbahnstraße egyirányú utca 41
einfach *(leicht)* egyszerű 22; *(Fahrkarte)* csak oda 60
Einfahrt feljárat 40
einfarbig egyszínű 131
Einfuhrzoll beviteli vám 72
Eingang bejárat 82

eingehen *(Geld, Post)* érkezik
Eingemachtes befőtt 102
eingerichtet sein für be van rendezve -ra/-re 86
eingeschrieben ajánlott 139
einige néhány, egy pár 187
Einkaufsbummel: für einen ~ vásárolni valamit 110
Einkaufszentrum bevásárló központ 112
einladen meghív 182
Einladung meghívás 15
Einlage *(Zahn-)* betét 168
einlegen betesz 125
Einlegesohle (talp)betét 133
Einlieferungsschein feladóvevény 140
einlösen bevált 145
einmal egyszer 15
Einmündung torkolat 40
einordnen: sich ~ besorol 40
Einreibemittel bedörzsölőszer 154
Einreise beutazás 71
Einreisevisum beutazó vízum 71
eins *s. sie*
Einsatz *(Spiel-)* tét 182
einschalten bekapcsol 181
Einschlafen: etwas zum ~ valami altató 166
einschließlich *s. mit*
Einschreibebrief ajánlott levél 139
Einschreiben! ajánlott!
einsetzen *s. einlegen*
Einspritzmotor befecskendezős motor 52
Einspritzpumpe befecskendező szivattyú 50
einsteigen beszáll 40
Eintritt belépő 110
Eintrittskarte belépőjegy 171
Einwegfeuerzeug eldobható öngyújtó 134

einwerfen *(Brief usw.)* bedob
Einwurf bedobás 175
einzahlen befizet
Einzel *(Tennis)* egyes 177
Einzelzimmer egyágyas szoba 74
Einzelzimmerzuschlag egyágyas felár 75
einziehen *(in ein Zimmer)* beköltözik 82
Eis jég 24; *(Speiseeis)* fagylalt 105
Eisbahn jégpálya 175
Eisbecher fagylaltkehely 105
Eiscreme jégkrém 105
Eisdiele fagylaltozó 105
Eisenbahn vasút 65
Eisenbahner vasutas 34
Eisenwarengeschäft vasárubolt 122
Eiskaffee jegeskávé 105
Eiskunstlauf műkorcsolya 175
Eislauf gyorskorcsolya 175
Elastikbinde elasztikus pólya 154
Elektriker villanyszerelő 34
Elektrode elektróda
Elektrohandlung villamos cikkek 122
Elektronenblitz(gerät) elektronikus vaku 126
Elektroniker elektronikai műszerész 34
Elektrorasierer villanyborotva 137
Elektrotechnik elektrotechnika 37
Elektrotherapie elektroterápia 169
Elfmeter tizenegyes 175
Ellbogen könyök 160
Eltern szülő *sg.* 33
Empfang fogadtatás 12; *(Rezeption)* recepció, porta 82
Empfänger címzett 144
Empfangschef recepciófőnök 82

empfehlen ajánl 91
Empfindlichkeit érzékenység 126
Ende vége 171; **am** ~ a végén 63
Endhaltestelle, Endstation végállomás 57
eng *s.* **schmal; enger machen** szűkít
englisch *adv.* angolosan 92; angolul 22
Enkel(kind) unoka 33
Ensemble együttes 171
Entenbraten kacsasült 101
entfernen *(Fleck)* eltávolít 131
enthalten, ~ **sein** benne van 39
entlassen *(Patienten)* kienged 166
Entlassungsschein zárójelentés 166
entschuldigen megbocsát 20
Entschuldigung! bocsánat! 20
entwickeln *(Film)* előhív 125
Entwicklung előhívás 126
Entzündung gyulladás 163
er ő 192
erbauen épít 118
Erbrechen hányás 163
Erbsen borsó; **grüne** ~, **Erbsensuppe** zöldborsóleves 96
Erdbeben földrengés
Erdbeere eper 102, szamóca 102
Erdbeereis eperfagylalt 105
Erde föld
Erfolg siker 20
erfreut: sehr ~ örvendek 13
Erfrierung (meg)fagyás 163
Erfrischungen hideg italok 63
Ergebnis eredmény 177
erhalten *s.* **bekommen**
erholen: sich ~ kipiheni magát 81
erkälten: sich ~ meghűl 157
Erkältung meghűlés 163
Erkundigung *s.* **Auskunft**

Erlagschein *s.* **Zahlkarte**
ermäßigt kedvezményes (árú) 60
Ermäßigung kedvezmény 65
erneuern felújít 48
ernst *(Zustand)* komoly 159
erreichen elér 64
Ersatz *(Zahn-)* protézis
Ersatzrad *s.* **Reserverad**
Ersatzteil alkatrész 48
erste(r) első 27
erwachsen felnő 33
erwarten vár 16
es ő 192
essen eszik 77
Eßgeschirr edény 87
Essig ecet 93
Essig- und Ölständer ecet- és étolajtartó 89
Etage emelet 82
etwa *s.* **ungefähr**
etwas valami 49; *(ein bißchen)* egy kicsit 12
euer tiétek *usw.* 192
Eurocheque Eurocheque 78
evangelisch evangélikus 118
Evangelium evangélium 118
Extra-Benzin extra 43

F
Fabrik gyár 112
Facharzt szakorvos 156
Fachgeschäft szaküzlet 120
Fachschule szakiskola 36
Faden cérna 130
Fahrbahn forgalmi sáv 46
Fähre komp 116
fahren utazik 40, megy 18, 38, 40, 57, 59; *(lenken)* vezet 40
Fahrer vezető 39
Fahrersitz vezetőülés 53
Fahrgast *s.* **Passagier**
Fahrgastschiff utasszállító hajó 116

Fahrgestell alváz 50
Fahrkarte (menet)jegy 57, 60
Fahrkartenautomat jegyváltó automata 57
Fahrkartenschalter jegypénztár 58
Fahrplan menetrend 58
Fahrpreis menetdíj 60
Fahrrad kerékpár 39
Fahrschein menetjegy 60
Fahrspur sáv 40
Fahrstuhl lift 83
Fahrt utazás 40, menet 51
Fahrtrichtung menetirány 40
Fahrtroute útirány 71
Fahrwasser hajózó víz 116
Fahrwerk futómű 68
Fahrzeug jármű 39
Fahrzeugschein járműokmány 71
Fakultät kar, fakultás 36
Fall: auf keinen ~ semmi esetre sem 19
fallen süllyed 23, esik
falsch téves 142
Familie család 12
Familienermäßigung családi kedvezmény 60
Familienname vezetéknév 71
Familienstand családi állapot 71
Farbe szín 121
färben fest 149
Farbfilm színesfilm 125
farbig színes 188
farblos színtelen 188
Farbnegativfilm színes negatív film 125
Fasan fácán 101
Faß hordó; **Bier vom** ~ csapolt sör 104
Februar február 31
Fechten vívás 175
Feder rugó 50
Federball tollaslabda

Federbruch rugótörés
fehlen hiányzik; **was fehlt Ihnen?** mi a baj? 17
Fehler hiba
Fehlzündung hibás gyújtás 50
Feiertag ünnepnap 118
Feile reszelő 55
feilen reszel 150
Feinschnitt vágott dohány 134
Feld mező 181
Felge kerékkoszorú 50
Felsen szikla 112
Fenster ablak 63, 83
Fensterplatz ablak melletti hely 65
Fensterscheibe ablaktábla 83
Feriengast üdülővendég 180
Ferienhaus üdülőház 74
Ferienwohnung üdülőlakás 74
Ferngespräch telefonbeszélgetés 142; **ein** ~ **anmelden** telefonkapcsolást kér 77
Fernglas távcső 132
Fernlicht távolsági fényszóró 52
Fernmeldetechnik híradástechnika 37
Fernschnellzug expressz(vonat) 58
Fernsehen televízió 181, tévé 174
Fernsehraum tévé-szoba 180
Fernsehspiel tévé-játék 181
Fernsprecher s. Telefon
Fernstudium levelező tanfolyam
Ferse sarok 160
fertig kész 48, 133
fertigmachen elkészít 81
Fest: frohes ~! boldog ünnepet! 20
Festspiele ünnepi játékok 171
Fett zsír 93
fett, fettig zsíros 107, 152
Feuer tűz 18; s. **Brand**
Feuerlöscher tűzoltó készülék 55

Feuerstein tűzkő 134
Feuerwehr tűzoltóság 112
Feuerzeug öngyújtó 134
Fieber láz 157
Fieberkurve lázgörbe 166
fiebersenkendes Mittel lázcsillapító 154
Fieberthermometer lázmérő 154
Figur figura 137
Filet bélszínszelet 99
Film film 125
filmen filmez 126
Filmkamera filmfelvevő 126
Filter szűrő 126
Filterzigarette filteres cigaretta 134
Filzschreiber rostirón, filctoll 132
finden talál 67
Finger ujj 160
Fingerhut gyűszű 130
Fingernagel köröm 150
Fisch hal 96
Fischbesteck halevőeszköz 89
Fischer halász 34, horgász
Fischerboot halászladik 115
Fischhandlung halbolt 122
Fischmayonnaise halmajonéz 94
Fischsülze halkocsonya 94
Fischsuppe halászlé 95
Fitneßcenter, -raum kondicionáló helyiség 78
flach lapos 133
Fladen s. Langosch
Flanell flanell 130
Flasche üveg 88, 104, 187
Flaschenbier üveges sör
Flaschenöffner üvegnyitó 137
Flaschenwein palackos bor 103
Fleck folt 131
Fleckenwasser folttisztító 137
Fleckerlsuppe lebbencsleves 96
Fleisch hús 99
Fleischbrühe húsleves 96

Fleischer hentes 34
Fleischerei húsbolt 122
Fleischroulade töltött hús 100
Fleischsalat hússaláta 94
flicken foltoz 44
Flieder orgona
Fliege légy
fliegen repül 68, megy 66
fließend: mit ~em Kalt- und Warmwasser hideg-meleg folyóvízzel 74
Flirt flört 184
flirten flörtöl 184
Flohmarkt ócskapiac 112
Flug repülőút 66, repülés 68
Fluggast légi utas 69
Fluggesellschaft légitársaság 69
Flughafen repülőtér 66
Flughafengebühr repülőtéri díj 66
Flugkapitän repülőgép-parancsnok 69
Flugkarte s. Flugschein
Flugplan menetrend 69
Flugplatz s. Flughafen
Flugschein repülőjegy 69
Flugstrecke repülési útvonal 69
Flugverbindung repülőjárat 66
Flugzeit repülési idő 69
Flugzeug (repülő)gép 69
Fluß folyó 116
Fogasch fogas 94
Folkloreabend folklórest 180
Folklorebluse népművészeti blúz 128
Folklorefestival folklórfesztivál 171
fönen szárít 149
Forelle pisztráng 97
Form forma 121
Formular űrlap 70
Förster erdész 34
Forstwissenschaft erdészet 37
Fotoapparat fényképezőgép 126

Fotogeschäft Ofotért 122
Fotograf fényképész 122
fotografieren fényképez 18
Fotolabor fotólaboratórium
Fototasche fotótáska 126
Foyer előcsarnok 171
Frachtschiff teherhajó
fragen kérdez
frankieren bérmentesít 144
frankiert adv. bérmentesítve 144
französisch francia; adv. franciául 22
Frau feleség 12, -né 142, asszony
Frauenarzt nőgyógyász 156
Fräulein kisasszony 88
frech szemtelen 184
frei szabad 42; (gratis) díjmentes 66
Freibad szabad strand 179
Freigepäck díjmentes poggyász 69
Freilichtkino szabadtéri mozi 171
Freilichtmuseum szabadtéri múzeum 111
freimachen: sich ~ (beim Arzt) levetkőzik 159
Freistoß szabadrúgás 175
Freitag péntek 31
Freizeithemd szabadidőing 128
Fremdenführer idegenvezető 110, 112
Fremdenverkehrsamt idegenforgalmi hivatal 108
Fresko freskó 118
Freude öröm 11
freuen: es freut mich örülök 12
Freund(in) barát(nő) 13
Friedhof temető 118
frieren: es friert fagy (van) 24; **ich friere** fázom
Frikassée becsinált 99, vagdalt 100
frisch friss 90; s. **neu**

Frischluftdüse frisslevegő-fúvóka 69
Friseur fodrász 122
Friseursalon fodrászszalon
Friseuse fodrász(nő)
Frisiercreme krém 151
frisieren frizíroz 152
Frisur frizura 152
fröhlich vidám 184
Frontscheibe szélvédő 45
Froschschenkel békacomb 96
Frost fagy 24
Frostschutzmittel fagyvédőszer 43
Früchte gyümölcs(ök) 102
Fruchtsaft gyümölcslé 104
früh adv. korán 29
früher adv. korábban 29
Frühling tavasz 31
Frühstück reggeli 78
frühstücken reggelizik 78
Frühstücksbuffet svéd asztal 90
Frühstücksraum reggeliző helyiség 78
fühlen: sich ~ érzi magát 12
führen vezet 18
Führer s. **Fremdenführer**
Führerschein jogosítvány 71
Führung vezetés 111
füllen tölt; s. **gefüllt**
Füllfederhalter töltőtoll 132
Füllung töltelék; (Zahn-) tömés 168
Fundbüro talált tárgyak osztálya 113
fünf öt 26; ~**te(r)** ötödik 27
Funke szikra 50
funktionieren működik 48, 79
für -ra/-re 66, -ért 173
Furunkel furunkulus 163
Fuß láb 157, 160; **zu** ~ gyalog 108
Fußball futball 175, labdarúgás
Fußballplatz futballpálya

Fußballspiel futballmeccs 174
Fußbremse lábfék 49
Fußgänger gyalogos 113
Fußgängerübergang gyalogos átkelőhely 40, 113
Fußgängerzone sétáló utca 113
Fußsohle talp 160
Fußweg járda 113
Futter *(Tier-)* takarmány

G
Gabel villa 89
Galerie galéria 113
Galle epe 160
Gallensteine epekő *sg.* 163
Galopprennen galopp 176
Gang *(Korridor)* folyosó 65; *(Auto)* menet, sebesség 50; *(Speisenfolge)* fogás
Gangschaltung sebességváltás 50
Gangwähler sebességváltó 50
Gänsebraten libasült 101
Gänseleber libamáj 94
Gänseleberpastete libamájpástétom 94
ganz *(sehr)* egészen
ganzjährig *adv.* egész évben 29
Garage garázs 42
Garantieschein garancialevél 121
Garderobe ruhatár 171
Garderobenmarke ruhatári jegy 171
Garn fonal 130
garniert *adv.* körítve
Garten kert 83
Gärtner kertész 34
Gas gáz
Gasfeuerzeug gázöngyújtó 134
Gasflasche gázpalack 86
Gaskocher gázfőző 87
Gaspatrone gázpatron 134

Gaspedal gázpedál 50
Gasse utca, köz 113
Gasthof vendégfogadó 73
Gatte férj 13
Gattin feleség 13
Gaumen szájpadlás 160
Gebäck sütemény 105
gebacken sült, sütve 92
Gebäude épület 111
gebaut épült 111
geben ad 18; *(Karten)* oszt 181; **gibt es ...?** van ...? 23, 38; **wo gibt es ...?** hol van ...?
Gebirge hegység
Gebiß fogsor 168
geboren született 33
gebraten *s.* gebacken
Gebühr díj, illeték 41
Geburtsdatum születési dátum 71
Geburtsort születési hely 71
Geburtstag születésnap 20
Gedichtband verskötet 124
gedünstet párolt, párolva 92
geeignet alkalmas 73
Gefahr veszély
gefährlich veszélyes 47
gefallen tetszik 14
Gefängnis börtön 148
Geflügel szárnyas 101
Geflügelklein aprólék 100
gefüllt *(Speise)* töltött, töltve 92
gegen ellen 68; *(ungefähr)* felé 29
Gegenfahrbahn szembejövő sáv 40
Gegend vidék 14, táj 113
Gegengift ellenméreg
Gegenteil: im ~ ellenkezőleg 15
gegrillt roston sütve, roston süt 92
gehen megy 19, jár 29, működik 80; **wie geht's?** hogy van? 12
Gehirn agy 160
Gehirnerschütterung agyrázkódás 163

gehören: wem gehört das? kié ez? 17; **das gehört mir nicht** ez nem az enyém 72
geistig szellemi 162
Geistlicher lelkész 117
gekocht főtt, főzve 92
Geländewagen terepjáró 38
gelb sárga 188
Gelbsucht sárgaság 163
Geld pénz 78
Geldschein bankjegy 146
Geldüberweisung pénzátutalás 145
Geldwechsel pénzváltás 146
Gelee zselé 93
Gelenk ízület 160
gelten: ...gilt érvényes 142
gemischt vegyes 95
Gemüse főzelék 97
Gemüsehandlung zöldség(kereskedes) 122, 123
Gemüsesuppe zöldségleves 96
gemustert (Stoff) mintás 131
gemütlich hangulatos 91
genau pontos(an adv.) 28
Genehmigung engedély 72
Genick tarkó 160
genug elég 120, 187
genügen elegendő 76
geöffnet nyitva 42
Geographie földrajz 37
Geologie geológia 37
Gepäck poggyász 61, 66
Gepäckabfertigung poggyászkezelés 61
Gepäckannahme poggyászfeladás 61
Gepäckaufbewahrung csomagmegőrző 58, 61
Gepäckausgabe poggyászkiadás 58, 61
Gepäcknetz csomagtartó 65
Gepäckroller poggyászkuli 69

Gepäckschein poggyászjegy 61
Gepäckschließfach rekesz (automata poggyászmegőrzőben) 61
Gepäckträger hordár 62
Gepäckwagen poggyászkocsi 62
gepökelt pácolva, pácolt 92
gerade éppen 68
geradeaus egyenesen 38
Geräteturnen szertorna 175
geräuchert füstölve, füstölt 92
Gericht bíróság 113, 148; (Essen) étel 88
gerissen elszakadt 48
Germanistik germanisztika 37
gern, sehr ~ szívesen, nagyon szívesen 19
geröstet pirított, pirítva 92
gesalzen sós, sózott, sózva 92
Gesang ének 171
geschehen s. **passieren**
Geschenk ajándék 72
Geschichte történelem 37, történet
Geschirrspülraum mosogató 87
Geschlechtskrankheit nemi betegség 163
Geschlechtsorgane nemi szervek 160
geschlossen zárva 11
geschmort dínsztelve, dínsztelt 92
Geschwindigkeitsbegrenzung sebességkorlátozás 40
Geschwindigkeitsmesser sebességmérő 50
Geschwulst daganat 163
Geschwür fekély 163
Gesellschaftsspiel társasjáték 181
Gesicht arc 160
Gesichtsmaske arcmaszk 150
Gesichtsmassage arcmasszázs 150

Gespann fogat 39
gespickt tűzdelt, tűzdelve
Gespräch beszélgetés 142, hívás 77
gestatten megenged 63
gestern tegnap 29; ~ **abend** tegnap este 30
gestört: die Leitung ist ~ vonalzavar van 142
gestreift csíkos 131
Gestühl (templomi) ülés 118
gesund egészséges 158
Getränk ital 91
getrennt (zahlen) külön-külön 107
Getriebe sebességváltó 50
Getriebeautomatik automata sebességváltó 39
Getriebeöl sebességváltó-olaj 44
getrocknet szárított
Gewehr puska; s. **Jagd-, Kleinkalibergewehr**
Gewinde (csavar)menet 50
Gewinn nyereség 182
gewinnen nyer 182
gewiß adv. biztos(an)
Gewitter zivatar 24
Gewürz fűszer 93
Gewürzgurken csemege uborka 93
gewürzt fűszeresen, fűszeres 92
gibt: es ~ s. **geben**
Gift méreg
Gitarre gitár 180
Gladiolen gladiolusz 124
glänzend fényes 126
Glas (Trink-) pohár 88; (Konserven-) üveg 187; (Material, Scheibe) üveg 53; 132; 137
Glaser üveges 34
Glaswaren üvegáru 122
glatt: es ist ~ síkos 23
Glatteis síkosság 24
Glaubensbekenntnis hitvallás 118

gleichfalls viszont 19
Gleis vágány 58, 59
Glieder végtagok 160
Glocke harang 118
Glockenturm harangtorony 117
Glück: viel ~! sok szerencsét! 20
glücklich boldog
Glücksspiel szerencsejáték 182
Glückwunsch: herzlichen ~! fogadja jókívánságaimat! 20
Glühbirne villanykörte 83
Glühwein forralt bor 103
Glyzerin glicerin 154
Gold arany 127
golden aranyszínű 188
goldgelb aranysárga 188
Golf golf 173
Golfplatz golfpálya 173
gotisch gótikus 118
Gott isten 118
Gottesdienst istentisztelet 117
Grab sír 118
Graben árok 113
Grabplatte sírkő 118
Grad fok 23
Gramm gramm 187
Grammel tepertő 98
gratis díjmentes
gratulieren gratulál 20
grau szürke, ősz 188
Graumönch (Wein) szürkebarát 103
Graupennudeln tarhonya 98
grellrot élénkpiros 188
Grenze határ
Grenzübergang határátkelőhely 71
Grießnocken daragaluska 96
Griff fogó 50
Grillraum grill 83
Grippe influenza 163
groß nagy 18, 187
Größe (Körper-) nagasság 71;

(Konfektions-, Schuh-) méret 127
Großhändler nagykereskedő
Großmutter nagyanya 33
Großvater nagyapa 33
grün zöld 188
Grünanlage zöldterület, park 113
Gruppenfahrschein csoportos menetjegy 60
Gruß üdvözlet 16
grüßen üdvözöl
Grußkarte üdvözlő lap
Gulasch pörkölt 99
Gulaschsuppe gulyásleves 95
gültig érvényes 60
Gummiband gumi(szalag) 130
Gummitier gumiállat 137
Gurgelwasser gargarizálószer 154
Gurke uborka
Gurkensalat uborkasaláta 101
Gürtel öv 130
Gürtelreifen radiálabroncs 45
gut jó, jól 12; **alles Gute!** minden jót! 16
Güterbahnhof teherpályaudvar 65
Gymnastik torna; *s.* **Turnen**

H
Haar haj 149
Haarausfall hajhullás 152
Haarbürste hajkefe 135
Haarfärbemittel hajfesték 135
Haarfestiger hajlakk 135
Haarklemme hajcsat 135
Haarnadel hajtű 135
Haarnetz hajháló 135
Haarschneiden hajvágás 151
Haarschnitt frizura 152
Haarspray hajspray 135
Haarwaschmittel hajsampon 135
Haarwasser hajszesz 135

haben: ich habe ... (nekem)van ...-m 18
Haché hasé 95
Hackfleisch vagdalt 100
Hafen hajóállomás 109, kikötő
Haft őrizet 148
Häftling őrizetes 148
Haftpflichtversicherung szavatossági biztosítás 39
Haftschalen *s.* **Kontaktlinsen**
Hagel jégeső 25
hageln: es hagelt jégeső esik
Hahn *(Wasser-)* (víz)csap 80; *(Vogel)* kakas
Hähnchen csirke 100
Hähnchenroulade töltött csirke 101
Haken horog 174
halb fél *adj.*, 28, félig *adv.*92
halb durch(gebraten) félig átsütve 92
Halbgefrorenes parfé 102
Halbinsel félsziget 115
Halbpension félpanzió 75
Halbschuhe félcipő 133
halbsüß félédes 103
halbtrocken félszáraz 103
Halbzeit *(Sport)* félidő 177
Hälfte fél
Halle hall 78
Hallenbad fedett uszoda 178
Halogenlampe halogénlámpa 51
Hals torok 157, nyak 160
Hals-Nasen-Ohrenarzt fül-orr-gégész 156
Halsschmerzen torokfájás 163
Halstuch nyaksál 128
halten megáll 40
Haltestelle megálló 57
Halteverbot megállási tilalom 40
Hammel(fleisch) ürü(hús) 100
Hammelkeule ürücomb 100
Hammer kalapács 55

Hämorrhoiden aranyér 163
Hand kéz 160
Handarbeit kézimunka 137
Handball kézilabda 175
Handbremse kézifék 49
Handelsschule kereskedelmi iskola
Handgelenk csukló 160
Handgepäck kézipoggyász 61
Handschuhe kesztyű *sg.* 128
Handtasche kézitáska, retikül 137
Handtuch törölköző 79
Handwerker kisiparos 34
Hängematte függőágy 138
Häppchen ízelítő 95
hart, hartgekocht *(Ei)* kemény 90, 107
Haselnuß mogyoró 102
Hasenrücken nyúlgerinc 101
Haube *s.* Trockenhaube
häufig *s.* oft
Hauptbremszylinder főfékhenger 50
Hauptpostamt főposta
Hauptrolle főszerep 172
Hauptstadt főváros 113
Hauptstraße főutca 113
Haus ház 113; **zu Hause** itthon 15
Hausfrau háziasszony 34
Haushaltswaren *(Geschäft)* háztartási bolt 122
Hausnummer házszám 113
Hausschlüssel kapukulcs 83
Hausschuhe házicipő
Haustier háziállat 72
Haustür bejárati ajtó 83
Haut bőr 160
Hautabschürfung horzsolás 163
Hautarzt bőrgyógyász 156
Hautkrankheit bőrbetegség 163
Hautkrem bőrápoló krém 135
Haxe csülök 99
Hebamme bába 156

Hecht csuka 96
Heck tat 116
Heckmotor farmotor
Heckscheibenbeheizung a hátsó ablak fűtése 51
Heftpflaster ragtapasz 154
heidnisch pogány
Heilgymnastik gyógytorna 169
heilig szent
Heilquelle gyógyforrás 169
Heirat házasság
Heiserkeit rekedtség 163
heiß forró 85; meleg 23
heißen hív 13; **wie ~ Sie?** hogy hívják ...? 17; **wie heißt ...?** mit jelent 22; **ich heiße ...** vagyok 13
heizen fűt 84
Heizkörper fűtőtest 83
Heizung fűtés 50
helfen segít 18, 64
hell világos 121
hellblau világoskék 188
hellgrau világosszürke 188
hellgrün világoszöld 188
hellrot világospiros 188
Hemd ing 128
herausfallen kiesik 167
herausgeben visszaad 107
herausspringen kiugrik 50
herb *(Wein)* száraz
Herbst ősz 31
Herd tűzhely 83
herein! tessék! 15; szabad 79
hereinstellen beállít 75
Herr úr 13
Herrenfriseur férfifodrász 152
Herrentoilette férfivécé
herrlich pompás 21
Herz szív 160; *(Karten)* kör 181
Herzanfall szívroham 163
Herzinfarkt szívinfarktus 163
Herzleiden szívbántalom 163

herzlich szívélyes *adj.* 12
Herzmittel szívgyógyszer 154
Herzschrittmacher szívritmus-
    szabályzó, pacemaker 158
Heuschnupfen szénanátha 163
heute ma 29; ~ **morgen** ma reg-
    gel 30; ~ **nacht** ma éjjel 30
Hexenschuß lumbágó 163
hier itt 14; ~ **ist ...** itt (van) ... 142;
    ist ~ **...?** van itt ...?
hierbleiben ittmarad 148
hierlassen itthagy 61
Hilfe segítség 19
Himbeeren málna *sg.* 102
Himmel ég 24
hinaufgehen felmegy
hineingehen bemegy
hinten hátul 45
hinterlegen ad 39
Hinterrad hátsó kerék 45
hin und zurück oda-vissza 60
hinuntergehen lemegy
Hirn velő 95, 100
Hirschbraten szarvaspecsenye
    101
Hitze meleg 157, hőség 24
hoch magas 68
Hochamt nagymise 118
Hochschule főiskola 36
Höchstgeschwindigkeit legna-
    gyobb sebesség 41
Hof *s.* **Bauernhof**
hoffen remél 16
höflich udvarias 184
holen hoz 42, 156
Holz fa
Holzkohlengrill faszénparázs 92
Holzschnitzerei fafaragás
Honig méz 90
hören hall
Hörer *(Telefon)* kagyló, kézibe-
    szélő 143
Hörgerät hallókészülék 165

Hörnchen kifli 90
Hose nadrág 128
Hosenanzug nadrágkosztüm 128
Hosenträger *pl.* nadrágtartó 130
Hosteß hostess
Hotel szálloda 83
Hotelhalle előcsarnok 83
Hotelrestaurant szállodai étte-
    rem 83
Hotelsafe szállodai széf 76
Hubschrauber helikopter 69
Hüfte csípő 161
Hüfthalter csípőszorító 128
Huhn tyúk
Hühnchenpaprikas paprikás
    csirke 101
Hühnerbrust jércemell 94
Hühnersuppe tyúkhúsleves 96
Hund kutya 158
Hundeleine póráz 138
hundert száz 26
Hupe kürt, duda 51
Hupverbot dudálási tilalom 41
husten köhög 159
Husten köhögés 163
Hustenmittel köhögéscsillapító
    szer 154
Hustensaft köhögéscsillapító szi-
    rup 154
Hut kalap 128

I
ich én 192; ~ **bin** ... vagyok 34; ~
    brauche szükségem van ... -ra/
    -re 43; ~ **möchte** szeretnék,
    szeretném ... 13; ~ **suche** ke-
    resem ... 15
Ihnen Önnek 20, 78
ihr ti 192; *poss.pron.* övé *usw.*
    192
Ihr az Öné, a magáé, az Ön(ök)
    22, 76
Illustrierte magazin 124

Immobilien *pl.* ingatlan 122
impfen olt 158
Impfpaß, -zeugnis oltási bizonyítvány 71
in -ban/-ben; **im Zimmer** a szobában 78; ~ **14 Tagen** 14 nap múlva 30; ~ **der Nähe** a közelben 73
inbegriffen benne az árban 75
Industriegebiet ipari terület, gyárnegyed 113
Infektion fertőzés 163
Informatik informatika 37
Informationsschalter találó az információt 67
Ingenieur mérnök 34
inhalieren inhalál 169
Injektion injekció 168
Inlandsbrief belföldi levél
Inlandskarte belföldi lap
innen belül 45
Innenstadt belváros 113
Innereien belsőségek 100
innerhalb: ~ **einer Woche** egy héten belül
innerlich: ~ **anzuwenden** belsőleg használandó 153
Insasse utas 47
Insassen-Unfallversicherung utas-balesetbiztosítás 39
Insektenmittel rovatírtó szer 154
Insel sziget 116
insgesamt összesen 75
Installateur szerelő 34
Institut intézet 36
Insulin inzulin 154
Inszenierung rendezés 171
interessant érdekes 21
interessieren: sich ~ érdeklődik, érdekel 174
Internist belgyógyász 156
Ischias isiász 163
Isolierung szigetelés 51

ist van 18, 28, 32, 42, 194

J
ja igen 19
Jacht jacht 116
Jachthafen jachtkikötő
Jacke dzseki, kabátka 128
Jackenkleid komplé 128
Jackett zakó 128
Jagd vadászat 175
Jagdgewehr vadászpuska 137
Jagdlizenz, Jagdschein vadászengedély
Jahr év 20
Jahrhundert évszázad 111
Januar január 31
Jazzkonzert dzsesszhangverseny, dzsesszkoncert 171
jede(r, -s) minden 30
jederzeit mindenkor 29
jemand valaki
jene(r, -s) az
jetzt most 29
Jodtinktur jódtinktúra 154
Jogging kocogás 175
Johannisbeeren *pl.* ribiszke, ribizli 102
Joker joker 181
Journalist újságíró 34
Jude zsidó 117
Judo cselgáncs 175
Jugendgruppe ifjúsági csoport 87
Jugendherberge diákszálló 86, ifjúsági szállás 73
Juli július 31
jung fiatal 33; **jünger** fiatalabb 33
Junge fiú 33
Jungfernbraten sertésjava 100
Jungfernmedaillons szűzérmék 100
Juni június 31
Jura jog(tudimány) 37
Juwelier ékszerész 122

K

Kabel kábel 51
Kabine kabin 116
Kabinenboot kabinos csónak 116
Kadarka *(Wein)* kadarka 103
Kaffee kávé 15, 90, 105
Kaffeekanne kávéskanna 89
Kai rakpart 116
Kaiserschmarren császármor-
zsa 98
Kajüte kajüt 116
Kakao kakaó 90
Kalbsbrust borjúszegy 99
Kalbsfilet borjújava 99
Kalbsgulasch borjúpörkölt, bor-
júpaprikás 99
Kalbshaxe borjúláb 99
Kalbskotelett borjúkaraj 99
Kalbsleber borjúmáj 99
Kalbsmilch borjúmirigy 99
Kalbsragout (borjú)becsinált 99
Kalbsschnitzel borjúszelet 99
Kaliber kaliber 137
kalt hideg 65
Kamillentee kamillatea 154
Kamin kandalló 83
Kamm fésű 135
kämmen fésül 152
Kammermusik kamarazene 171
Kammgarn fésüs(gyapju)szövet
130
Kampf *(Sport)* mérkőzés, küzde-
lem 174
Kanal csatorna 116
Kaninchenrücken nyúlgerinc 101
Kännchen kancsó 89
Kanne kanna 89
Kanzel szószék 118
Kapelle kápolna 118; *Mus.* zene-
kar, együttes 171
Kapern kápri 93
Kapitän kapitány 116
kaputt elromlott 21, rossz 80

Karaffe vizeskancsó 89
Kardanwelle kardántengely 51
kariert kockás 131
kariös lyukas, szuvas 168
Karo *(Karten)* káró 181
Karosserie karosszéria 51
Karotte *s.* **Mohrrübe**
Karpfen ponty 97
Karte *(Land)* térkép 38; jegy 57,
lap 139, 181; *s.* **Fahr-, Eintritts-,
Postkarte**
Kartenspiel kártya(játék) 181
Kartenvorverkauf jegyelővétel
Kartoffelkrokette burgonyafánk
97
Kartoffeln burgonya, krumpli 97
Kartoffelpüree burgonyapüré 97
Kartoffelsalat burgonyasaláta
101
Kartoffelsuppe burgonyaleves 95
Karton karton 120, doboz 187
Käse sajt 90
Käsekuchen túrós lepény 106
Kaserne laktanya 113
Kasse pénztár 170
Kassettenfilm kazettás film 125
Kassettenrecorder kazettás mag-
nó 181
Kastanienbaum gesztenyebarna
188
Kastanienreis gesztenyepüré 102
Katalog katalógus 124
Kategorie kategória 83
Kathedrale székesegyház 118
Katheter katéter 166
Katholik, katholisch katolikus
117, 118
kaufen vált 59, vesz 78
Kaufhaus áruház 122
Kaufmann kereskedő, üzletkötő
34
kaum aligha 19
Kaution letét, kaució 39

kosten kerül ...-ba/-be 39
Kostüm kosztüm 128
Kotelett karaj 100
Koteletten *(Bart) pl.* oldalszakáll *sg.* 152
Kotflügel sárhányó 51
Kraftfahrer gépkocsivezető 35
Kraftstoffpumpe üzemanyag-szivattyú 51
Kraftwerk erőmű 113
Krampf görcs 164
krank beteg 156
Krankenhaus kórház 156
Krankenkasse betegbiztosító
Krankenpfleger betegápoló 166
Krankenschein beteglap 157
Krankenschwester nővér, ápolónő 166
Krankenwagen betegszállító kocsi 166
Krankheit betegség 164
Kraut káposzta 97
Kräuter fűszerkeverék 93
Krautfleckchen káposztáskocka 98
Krautsalat káposztasaláta 101
Krawatte nyakkendő 128
Krebs rák 97; *Med.* 164
Krebscremesuppe rákkrémleves 96
Kredit hitel 146
Kreditkarte hitelkártya 146
Kreislauf (vér)keringés 161
Kreislaufmittel keringésserkentő szer 155
Kreislaufschwäche keringési elégtelenség 164
Kreisverkehr körforgalom 41
Kreuz kereszt 118; treff 181
Kreuzgang kerengő 118
Kreuzung kereszteződés 41
Kriminalpolizei bűnügyi rendőrség 148

Krone korona 168
Krug korsó 104
Kruzifix feszület 118
Krypta kripta 118
Kubikmeter köbméter 187
Küche konyha 21
Kuchen sütemény, kalács 90
Kuchenbrötchen puffancs 106
Kugellager golyóscsapágy
Kugelschreiber golyóstoll 132
kühl hűvös
Kühlbox hűtőrekesz 87
Kühler hűtő 51
Kühlergrill hűtőrács 51
Kühlschrank hűtőszekrény 83
Kühltasche hűtőtáska 138
Kühlwasser hűtővíz 43
Kümmel kömény 93
kümmern: sich ~ um törődik ...-val/-vel 46
Kundendienst ügyfélszolgálat 43
Kunstakademie művészeti akadémia 36
Kunstfaser műszál 130
Kunstgeschichte művészettörténet 37
Kunsthandwerk iparművészet 122
Künstler művész 35
Kunstmaler festőművész 35
Kunstseide műselyem
Kuppel kupola 119
Kupplung kuplung 51
Kupplungspedal kuplungpedál 51
Kur kúra 169
Kür kűr
Kurbelwelle főtengely 51
Kürbis(gemüse) tök 97
Kurhotel gyógyhely 169
Kurort gyógyszálló 169
Kurs *(Schiff)* útirány 116; *(Geld)* árfolyam 146

Kursbuch menetrend 65
Kursus tanfolyam 173
Kurswagen közvetlen kocsi 58
Kurve kanyar 41
kurz rövid 127; ~ **nach...** rövid-
del... után 29; **vor kurzem** az
előbb 30
kürzen, kürzer machen felhajt 131
Kurzschluß rövidzárlat 51
kurzsichtig rövidlátó 132
Kurzwaren rövidáruk 122
Kurzwelle *Med.* rövidhullám 169
Kuß csók, puszi 184
küssen csókol 184
Kutschfahrt kocsikázás 113;
eine ~ **machen** kocsikázik 173
Kuttelflecke pacal 100

L

Labor laboratórium 165
lachen nevet 17
Lachs lazac 97
Lachsschinken angolszalonna 94
Lack lakk 135
Laden bolt, üzlet
Lage hely 73, helyzet
Lager *techn.* csapágy 51
Lagerbier ászoksör 104
Lagerfeuer tábortűz 87
Lähmung bénulás 164
Laken lepedő 82
Lammbraten báránysült 99
Lampe lámpa, égő 51
Land ország; **mein** ~ hazám 70
Landeerlaubnis leszállási en-
gedély 69
landen leszáll 69
Landkarte térkép 124
Landschaft táj 113
Landstraße országút 41
Landung leszállás 69
Landwirt gazda 35

lang hosszú 127; **länger machen**
leenged 131;
lange *zeitl.* régen 14; **wie** ~ med-
dig 14, 60, 64
Langosch lángos 98
langsam *adv.* lassan 40; **langsa-
mer** *adv.* lassabban 22
langweilig unalmas 171
Lärm zaj 80, 183
lassen hagy 14; **in Ruhe** ~ békén
hagy 14; **waschen** ~ (ki)mosat
79; **holen** ~ elhozat 76
Lastauto teherautó 38
Lastkahn uszály 116
Lauf futás 175
laufen fut
Läufer futó 181
laut hangos, zajos; *s.* **Lärm**
leben él 111; *s.* **wohnen**
Lebensmittel *pl.* élelmiszer *sg.*
122
Lebensmittelgeschäft élelmi-
szerbolt 86
Lebensmittelvergiftung ételmér-
gezés 164
Leber máj 100, 161
Leberknödel májgombóc 96
Leberleiden májbaj 164
Lebernocken májgaluska 96
Leberpastete májpastétom
Leberrisotto májrizottó 95
Leder bőr 133
Ledergürtel bőröv 130
Lederhose bőrnadrág 128
Lederjacke bőrdzseki 128
Ledermantel bőrkabát 128
Ledersohle bőrtalp 133
Ledertasche bőr retikül 137
Lederwaren bőrdíszmű 122
ledig nőtlen, hajadon 71
lediglich *s.* **nur**
leer üres
Leerlauf üresjárat 50

Leerung ürítés 144
legen *(Haar)* berak 149; **sich** ∼ *(Wind)* elül 23
Lehrbuch tankönyv 124
Lehrer(in) tanár(nő) 35
Lehrling szakmunkástanuló 36
Leib has 157
leicht könnyű 134
Leichtathletik(könnyű)atlétika 175
leid: ∼ **tun** sajnál 20
leider sajnos
leihen kölcsönad 55
Leihgebühr kölcsönzési díj 87
Leine póráz
Leinen vászon 130
Leistenbruch lágyéksérv 164
Leitung *(Wasser-)* vezeték; *(Telefon)* vonal 142
Lendenbraten bélszín 99
Lendenstück felsál, felsár 99
Lenkrad kormány(kerék) 51
Lenkradschloß kormányzár 51
Lenkung kormány 51
lernen tanul
lesen olvas
Leseraum olvasószoba
Letscho lecsó 97; **in** ∼ *(Zubereitungsart)* magyarosan 100
letzte(r) utolsó 57
Leuchte lámpa 52
Leuchter gyertyatartó 119
Leukämie leukémia 164
Leute emberek
Licht fény 52, világítás 47
Lichthupe fénykürt 51
Lichtmaschine dinamó 52
Lichtschalter villanykapcsoló 83
Lichtumschalter *(Auto)* fényátkapcsoló 52
Lidschatten szemhéjfesték 135
Lidstrich szemhéjtus 135
lieb kedves 13; **seien Sie so** ∼ ! legyen (olyan) szíves! 18

Liebe szerelem 184
lieben szeret 184, 189
liebenswürdig kedves 19
lieber inkább
Lied dal 171
Liegekur fekvőkúra 169
liegen *(sich befinden)* van 38
liegenlassen s. **vergessen**
Liegeplatz fekvőhely 65
Liegestuhl nyugágy 83
Liegewagen fekvőkocsi 58
Lift s. **Fahrstuhl**
Likör likőr 104
lila lila 188
Limonade limonádé 104
Lindenblättriger *(Wein)* hárslevelű 103
Linie járat, vonal 57
Linienmaschine menetrend szerinti gép 66
links balra 38; s. **nach**
Linsen *pl.* lencse *sg.* 97
Lippe ajak 161
Lippenstift (ajak)rúzs 135
Liter liter 44, 187
Locken *pl.* hajfürt *sg.* 152
Lockenwickel hajcsavaró 135
Löffel kanál 89
Loge páholy 170
Lokomotive mozdony 65
Lorbeerblätter *pl.* babérlevél *sg.* 93
lösen (meg)vált 115
löten forraszt
Luft levegő 25
Luftdruck légnyomás 25
Luftfeuchtigkeit páratartalom 25
Luftfilter légszűrő 52
Luftkrankheit légibetegség 68
Luftkurort klimatikus gyógyhely 169
Luftmatratze gumimatrac 179
Luftpost légiposta 144

Luftpostbrief légipostai levél 139
Luftpumpe levegőszivattyú 55
Luftröhre légcső 161
Lüftung szellőzés 83
Luftzug huzat
Lunchpaket ebédcsomag 78
Lunge tüdő 100, 161
Lungenentzündung tüdőgyulladás 164
Lupe nagyító 132
lustig vidám 171
Lustspiel vígjáték 172
Lutschtablette szopogatni való tabletta 155

M
machen (meg)csinál 17; *s.* **enger, kürzer, fertigmachen**
Mädchen (kis)lány 33
Mädchentraube *(Wein)* leányka 103
Magen gyomor 157; **auf nüchternen** ~ éhgyomorra 153
Magenbitter gyomorkeserű 104
Magengeschwür gyomorfekély 164
Magenschmerzen gyomorfájás 164
Magentabletten gyomortabletta 155
Magentropfen *pl.* gyomorcsepp *sg.* 155
mager sovány
Mahlzeit étkezés 83
Mai május 31
Maifeier a munka ünnepe 31
Mais kukorica 97
Maiskolben, gekocht főtt kukorica 97
Makkaroni csőtészta 98
Makronen habcsók *sg.* 106
Mal: zum ersten ~ először 14
Malaria malária 164

Maler festő 35
Malerei festészet 37
manchmal néha 29
Mandarine mandarin 102
Mandel mandula 102
Mandelentzündung mandulagyulladás 164
Mandelgebäck mandulás sütemény 105
Manege porond 182
Maniküre manikür 150
Mann férfi; *(Ehe-)* férj; **mein** ~ férjem 13
Mannschaft *(Schiffs-)* legénység 116; *(Sport)* csapat 176
Manschettenknöpfe mandzsettagomb 127
Mantel kabát 128
Mappe *s.* **Aktenmappe**
Margarine margarin 93
Mark *f* márka
Markknochen velőscsont 95
Markt piac 113
Markthalle vásárcsarnok 113
Marmelade lekvár, dzsem 90, íz 98
März március 31
Maschine gép 66
Maschinenbau gépészet 37
Masern kanyaró 164
Massage masszázs 169
Masseur, Masseuse masszőr 169
massieren masszíroz 169
Mast *m* árbóc 116
Mathematik matematika 37
Matratze matrac 82
Matrose matróz 116
matt *(Foto) s.* **seidenmatt**
Mauer fal 113
Maultaschen derelye 98
Maurer kőműves 35
Maut illeték, díj 41
Mayonnaise majonéz 93

Mechaniker műszerész 35
Medikament gyógyszer 153
Medizin orvostudomány 37
Meer tenger
Meerrettich torma 93
Mehl liszt 93
Mehlspeise tészta 98
mehr több, többet 91, 187, 191
mein(e) enyém *usw.* 192
Meißel véső 55
Meisterschaft bajnokság 177
melden jelent 24; **sich** ~ *(Telefon)* jelentkezik 142
Melone sárgadinnye 102
Menstruation menstruáció 161
Menü menü 88
Messe *Rel.* mise 119; *(Handels-)* vásár
Messegelände vásárterület 113
Messer kés 89
Messerformschnitt borotvahajvágás 151
Metallurgie kohászat 37
Meter méter 120, 187
Metzger mészáros 35
mich engem 22, 192
Mieder fűző 128
Miete bér 83
mieten bérel 39
Mietpreis bérleti díj 39
Migräne migrén 164
Milch tej 90
Milchbar tejbár 106
Milchbrötchen puffancs 90
Milchgeschäft tejbolt 122
Milchkännchen tejeskancsó 89
Milchmixgetränk turmixital 106
mild *(Gewürz)* édes 93, nem csípős 136
Millimeter milliméter 187
Milz lép 161
Minarett minaret
minderjährig kiskorú

mindestens legalább
Mine *(Kugelschreiber)* betét 132
Mineralbad ásványtartalmú fürdő 169
Mineralwasser ásványvíz 104
Mini-Bar minibár 83
Minigolf minigolf 173
Ministerium minisztérium 113
Minute perc 28
mir nekem 18, 192; **mit** ~ velem
mischen kever 181
mißachten: die Vorfahrt ~ nem adja meg az elsőbbséget 46
Mißwahl szépségkirálynő-választás
mit -val/-vel 13
Mitgliedskarte tagsági jegy 87
mitkommen velünk(velem)jön 183
mitnehmen magával visz; **jemanden ein Stück** ~ valakit egy darabon
Mittag dél
Mittagessen ebéd 78
mittags délben 29, 30
Mitte közép 63
Mittel szer 68, 154, 155
Mittelfinger középső ujj 161
Mittelohrentzündung középfülgyulladás 164
Mittelstreifen választósáv 41
Mitternacht éjfél 11; **um** ~ éjfélkor 30
Mittwoch szerda 31
Möbelgeschäft bútorüzlet 122
möchte *s.* ich; **möchten Sie ...?** szeretne ...?
Modenschau divatbemutató 180
modern modern 172
Modeschmuck divatékszer 127
mögen *s.* wünschen, **möchte**
möglich lehet 39
mohammedanisch mohamedán 119

Mohncreme: mit ~ gefülit mákos 98

Mohrrübe sárgarépa 97

Mole móló 116

Moment pillanat 79

Monat hónap 158

Mönch szerzetes, barát 119

Mond hold 25

Montag hétfő 31

Montiereisen szerelővas 55

Moped moped 39

morgen holnap 15; ~ **früh** holnap reggel 30

Morgen reggel 12; **guten** ~ **!** jó reggelt! 12

Morgenrock pongyola 128

morgens reggel 28

Mosaik mozaik 119

Mosaikfenster mozaikablak 119

Moschee mecset 119

Moslem mohamedán 117

Most must 104

Motel motel 73

Motor motor 52

Motorblock motorblokk 52

Motorboot motorcsónak 115

Motorenöl motorolaj 44

Motorhaube motor(ház)fedél 52

Motorjacht motoros jacht 116

Motorpanne motorhiba 47

Motorrad motor(kerékpár) 39

Motorroller robogó 39

Motorsport motorsport 176

Mücke szúnyog 79

müde fáradt 12

Mullwindeln mullpólya 136

Mumps mumpsz 164

Mund száj 159

Mundharmonika szájharmónika 180

Mundwasser szájvíz 135

Munition lőszer 137

Münze érme 109

Münzfernsprecher nyilvános telefon 142

mürbe porhanyósan, porhanyós 92

Muschel kagyló 179

Museum múzeum 108

Musical musical 172

Musik zene 37

Musikalienhandlung hangszerbolt, zeneműbolt 122

Musikautomat zenegép

Musiker zenész 35

Musikinstrument hangszer 180

Muskatnuß szerecsendió 93

Muskel izom 161

müssen kell 16

Mutter anya 33

Mütze sapka 128

N

nach zeitl. után 29; örtl. felé 24; ~ **Deutschland** Németországba; ~ **links/rechts** balra/jobbra

nachfüllen utánatölt, feltölt 44

Nachgebühr portó 144

nachgehen (Uhr) késik 29

nachher azután 29

nachladen (Batterie) feltölt 49

nachmittags délután 28

Nachnahme: per ~ utánvéttel 144

Nachrichten (TV, Radio) hírek 181

nachsenden (lassen) utánaküld, utánaküldet 81

nachstellen beállít 51

nächste(r) következő 66, jövő 30; (nächstgelegen) legközelebbi 43, 48

Nacht éjszaka 74; **gute** ~ **!** jó éjszakát! 16

Nachtdienst: ~ **haben** éjszakai ügyeletet tart 153

Nachthemd hálóing 129
Nachtisch desszert 88, édességek *pl.* 102
Nachtklub bár 180
nachts éjjel 29
Nachtschwester éjszakai nővér 166
Nachttarif éjszakai díjszabás 142
Nachttisch éjjeliszekrény 84
Nachttischlampe éjjeliszekrénylámpa 84
nachziehen *(Brauen)* kihúz 150
Nacken nyak(szirt) 161
Nacktbadestrand nudista strand 179
Nadel tű 130; *s.* **Stecknadel**
Nagel szeg, szög; *(Fingernagel)* köröm 150
Nagellack körömlakk 135
Nagellackentferner lakklemosó 135
Nagelschere körömolló 135
Nähe: in der ~ a közelben 45
nähen varr 133
nähertreten közelebb lép
Nähgarn varrófonal 130
Nähnadel varrótű 130
Nahrungsmittel *s.* **Lebensmittel**
Nähseide gépselyem 130
Name név 13; **mein** ~ **ist...** a nevem... 13
Namenstag névnap 20
Napfkuchen kuglóf 106
Narkose altatás 166
Nase orr 161
Nasenbluten orrvérzés 164
Nasentropfen *pl.* orrcsepp *sg.* 155
naß *adv.* nedvesen 150
Nationalbank Nemzeti Bank 146
Nationalgalerie Nemzeti Galéria 111
Nationalitätskennzeichen az ország betűjele 71

Nationalmuseum Nemzeti Múzeum 111
Nationalpark nemzeti park 113
Natron szódabikarbóna 155
natürlich természetesen 19
Naturschnitzel natúrszelet 100
Naturschutzgebiet természetvédelmi terület 113
Nebel köd 25
Nebelscheinwerfer ködfényszóró 53
Nebenkosten mellékköltségek *pl.* 84
Nebenstraße mellékutca 113
neblig ködös 25
Neffe unokaöcs 33
Negativ negatív 125
Negativfilm negatív film 125
nehmen kivesz 75, visz 66, elfogad 121, szed 158; *s.* **Platz**
nein nem 19
Nelken szegfű *sg.* 124; *(Gewürz)* szegfűszeg *sg.* 93
Nerv ideg 161
Nervenleiden idegbántalom 165
nett kellemes 91
Netz háló 177, hálózat
neu új 43
Neujahr(stag) Ujév (napja) 31
neulich mostanában
neun kilenc 26; ~ **te(r)** kilencedik 27
Neuralgie neuralgia 165
nicht nem 19; **...ist** ~ (ő) nem ...; **...sind** ~ (ők) nem ...; **ich bin** ~ nem vagyok ...; **ich habe** ~ (nekem) nincs ...
Nichte unokahúg 33
Nichtraucher nem dohányzó 64
nichts semmi 159
Nichtschwimmer nem úszó 179
Niederlage vereség 177
Niederschläge csapadék *sg.* 25

niederschlagen leüt 147
niedrig alacsony 133
niemals soha(sem)
niemand senki 47
Niere vese 100, 161
Nierenentzündung vesegyulladás
Nierensteine vesekő *sg.* 164
nikotinarm nikotinszegény 134
noch még 14; ~ **nicht** még nincs 33; ~ **mehr** még többet 187
Nocken galuska 98
Nockenwelle bütyköstengely 52
Nonne apáca 119
Nordwind északi szél 25
normal rendes
Normalbenzin normálbenzin 43
Notar jegyző 35
Notarzt mentőorvos 156
Notausgang vészkijárat 69
Notbremse vészfék 64
notieren jegyez 144
nötig szükséges 48
Notizblock jegyzettömb 132
Notlandung kényszerleszállás 69
Notrufsäule segélykérő telefon 47
Notrutsche vészcsúszda 69
November november 31
Nudeln (finom) metélt 96
nüchtern *s.* **Magen**
Null nulla
Nummer szám 71
Nummernschild *(Auto)* rendszám
nur csak 22
Nüsse dió 102
Nußcreme: mit ~ **gefüllt** diós 98
Nußstrudel diósrétes 106
Nußtorte diótorta 106
Nylon nejlon 131

O
oben fent 150
Ober: Herr ~ főúr 13

Oberhemd ing 129
Oberkiefer felső állkapocs 168
Oberschenkel felsőlábszár 162
Oberschule középiskola
Oberschwester főnővér 166
Objektiv objektív 126
Obst *s.* **Früchte**
Obstgeschäft gyümölcsbolt 123
Obstkaltschale hideg gyümölcsleves 95
Obstsalat gyümölcssaláta 101
Obsttorte gyümölcstorta 106
O-Bus trolibusz 109
Ochsenschwanzsuppe ököruszályleves 96
oder vagy
Ofen kályha 84
offen *s.* **geöffnet; offene Weine** folyó borok 103
Offizier tiszt
öffnen (ki)nyit 63, (ki)tát 159
Öffnungszeiten nyitvatartási idő 113
oft gyakran 157; **wie** ~ milyen gyakran 66
ohne nélkül 39
Ohnmacht ájulás 164
Ohr fül 161
Ohrenschmerzen: ich habe ~ fáj a fülem 158
Ohrentropfen *pl.* fülcsepp *sg.* 155
Ohrklipps klipsz 127
Ohrringe fülbevaló *sg.* 127
Oktober október 31
Oktoberrevolution obtóberi forradalom
Öl olaj 44
Ölablaß olajleeresztő 52
Ölfilter olajszűrő 44
Oliven oliva 93
Ölmeßstab olajszintpálca 44
Ölpumpe olajszivattyú 52
Ölsardinen olajos szardínia

Ölstand olajszint 44
Ölwanne olajtálca 52
Ölwechsel olajcsere 44
Omelette omlett
Omnibus *s.* **Autobus**
Onkel nagybácsi 33
Oper opera 172
Operation műtét 166
Operationssaal műtő 166
Operette operett 172
operieren operál 159
Opernglas látcső 172
Opernhaus Operaház 113
Optiker optikus, látszerész 123
orangefarben narancsszín(ű) 188
Orangensaft narancslé 105
Orchester zenekar 172
Ordnung: in ~ rendben (van) 19;
  nicht in ~ nincs rendben 48
Orgel orgona 119
Orgelkonzert orgonahangver-
  seny 119
Original-Ersatzteil eredeti alkat-
  rész 48
Originalfassung eredeti forma
  172
Ort helység 38; *s. a.* **Platz**
Ortsgespräch helyi beszélgetés
  142
Ortstafel helységnévtábla 41
Ortszeit helyi idő (szerint) 28
Ostern húsvét 31
Österreich Ausztria 77
Österreicher, österreichisch
  osztrák
Ostwind keleti szél 25

P

Paar: ein ~ egy pár 120, 187; **ein
  paar** *s.* **einige**
Päckchen kiscsomag 139, 140,
  187; *s.* **Packung**

Packpapier csomagolópapír 132
Packung csomag 120
Pädagoge pedagógus 35
Paket csomag 140, 187
Paketannahme csomagfelvétel
  140
Paketausgabe csomagkiadás
  139
Paketkarte szállítólevél 144
Palast palota 111
Palatschinken palacsinta 95, 98
Panne defekt 46
Pannenhilfe autómentő, „sárga
  angyal" 47
Papier papír 132; ~ **e** *pl.* okmá-
  nyok 70
Papierservietten papírszalvéta
  sg. 138
Papiertaschentücher papírzseb-
  kendő *sg.* 135
Paprika paprika 93
Paprikasalat paprikasaláta 101
Paprikaschoten paprika 101
Paprikaspeck paprikás szalonna
Paprikawurst paprikás kolbász
  94
Parfüm parfüm 135
Parfümerie illatszerbolt 123
Pariser Schnitzel párizsi szelet
  100
Park park 114
parken parkol 42
Parken parkolás
Parkett földszint 170
Parkhaus parkolóház 42
Parkleuchte parkolólámpa 52
Parkplatz parkoló(hely) 41
Parkuhr parkolóóra 41
Parkverbot parkolási tilalom 41
Parlamentsgebäude parlament
  111
Partie *(Spiel)* parti 180
Partner(in) partner(nő) 184

Party parti 183
Paß *(Reise-)* útlevél 70
Passagier utas 116
passen *(Kleidung)* jó 127
passierbar járható 24
passieren *(geschehen)* történik 17
Paßkontrolle útlevél-ellenőrzés
Pastete pástétom 94
Pastor lelkész 119
Patient(in) páciens, beteg 166
Patrone golyó 137
Pause szünet 172
Pavillon pavilon 114
Pedal pedál; *s.* **Brems-, Kupp-lungspedal**
Pediküre pedikür 150
Pelz bunda; *s.* **Pelzmantel**
Pelzgeschäft szőrmeüzlet 123
Pelzjacke rövid bunda 129
Pelzmantel bunda 129
Pension panzió 73
Perlen gyöngy *sg.* 127
Person személy 74
Personalausweis személyi iga-zolvány 71
Personalien személyi adatok 47
Personenauto személyautó 39
Personenzug személyvonat 58
persönlich személyes *adj.* 72, személyesen *adv.* 76
Perücke paróka 152
Petersilie petrezselyem 93
Pfanne serpenyő 84
Pfarrer plébános 119
Pfeffer bors 93
Pfefferminztee fodormentatea 90
Pfefferstreuer borsszóró 89
Pfeife pipa 134
Pfeifenreiniger pipaszurkáló 134
Pfeifentabak pipadohány 134
Pfeiler pillér 119
Pferd ló 176, 190

Pferdewagen lovaskocsi 39
Pfingsten pünkösd
Pfirsich őszibarack 102
Pflaster flastrom, tapasz 155
Pflaumen szilva *sg.* 102
Pflaumenknödel szilvásgombóc 98
Pflanze növény
pflegeleicht könnyen kezelhető 131
Pförtner portás 84
Pfund fél kiló 187
Pharmazie gyógyszerészet 37
Philologie bölcsészet 37
Philosophie filozófia 37
photographieren *s.* **fotografieren**
Physik fizika 37
Pianist zongorista 172
Pik *(Spielkarte)* pikk 181
Pille tabletta 155
Pilsner *(Bier)* pilzeni
Pilz gomba 101
Pilzsalat gombasaláta 94
Pilzsuppe gombaleves 95
Pinzette csipesz 135
Plan *s.* **Stadtplan**
Plastikbeutel műanyag zacskó 138
Plastiktüte *s.* **Tüte**
Platte *(Aufschnitt-)* tál 89; *Med.* le-mez 168; *s.* **Schallplatte**
Plattenspieler lemezjátszó 181
Platz *(Sitz-)* hely 110, ülés 170; *(Stadt-)* tér 108; ~ **nehmen** he-lyet foglal 15
Platzanweiserin jegyszedőnő 172
Platzkarte helyjegy 59
Platzreservierung helyfoglalás 87
Platzwart gondnok 87
Plombe tömés 167
plombieren töm 168

plötzlich adv. hirtelen 46
Pocken himlő 164
Pocketfilm pocketfilm 125
polieren csiszol 150
Poliklinik rendelőintézet 156
Politiker politikus 35
Politologie politológia 37
Polizei rendőrség 46
Polizeiamt rendőrség 76
Polizeirevier, -station rendőrörs 108
Polizeiwagen rendőrségi autó 148
Polizist rendőr 148
Polklemme póluskapocs 52
Pommes frites hasábburgonya 97
Ponyfrisur pónifrizura 52
Popkonzert pophangverseny, popkoncert 172
Portal portál 119
Portemonnaie pénztárca
Portier portás 84
Portion adag 88, 187
Porto portó 144
Porzellan porcelán 138
Porzellangeschäft porcelánbolt 123
Post posta 77, küldemény 140
Postamt postahivatal 108
Postanweisung pénzesutalvány
Postbeamter postatisztviselő 35
Poster poszter 138
Postfach postafiók 144
Postkarte levelezőlap 139
postlagernd postán maradó 139
Postleitzahl irányítószám 144
Postsparkasse takarékszolgálat 140
Pralinen praliné 106
Präservative óvszer 135
Predigt prédikáció 119
Preis ár 73, 110
preiswert olcsó 73

Priester pap 117
prima remek 21, nagyszerű 184
privat privát 157
Privatstrand magánstrand 84
Privatzimmer fizetővendég-szoba 73
pro: ~ **Tag** egy napra 39
probieren megkóstol 91
Professor professzor
Programm müsor 181
Prospekt prospektus 124
Protestant protestáns 117
protestantisch protestáns 119
Prothese protézis 167
Protokoll jegyzőkönyv 47, 147
Provision jutalék 146
provisorisch adv. provizórikusan 167
Prozession körmenet 119
prüfen megnéz 44
Prüflampe vizsgálólámpa 55
Prüfung vizsga 36
Psychologie pszichológia 37
Pudding puding 102
Puder púder 135
Puderdose púderes doboz 135
Pulli rövidujjú pulóver 129
Pullover pulóver 129
Pulver Med. por
Punkt (Sport) pont 177
pünktlich adv. pontosan 28; s. ge-nau
Puppe baba 138, báb
Puterbrust s. **Truthahnbrust**

Q

Quadratmeter négyzetméter 187
Qualität minőség
Qualitätswein minőségi bor 103
Quarantäne karantén 72
Quark túró 98
Quarzuhr kvarcóra 136
Querstraße keresztutca 41

Quetschung zúzódás 164
Quitten birsalma *sg.* 102
Quittung nyugta 146

R
Rad kerék 45; *s.* **Fahrrad**
radfahren kerékpározik 176
Radfahrer kerékpáros 176
Radiergummi radír 132
Radio rádió 181
radioaktiv rádioaktív 169
Radfahrweg kerékpárút 41
Radkappe keréksapka 52
Radmutterschlüssel kerékanyakulcs 55
Radrennen kerékpárverseny 176
Radsport kerékpársport 176
Radtour kerékpártúra 173
Radwechsel kerékcsere 45
Ragout ragu, becsinált 99
Rahmsoße tejfölös mártás 92
Randstreifen leálló sáv 41
Rang *(Theater)* emelet 170
Rasierapparat borotva 135
rasieren borotvál 152
Rasieren borotválás 151
Rasierklingen borotvapenge *sg.* 135
Rasierkrem borotvakrém 135
Rasierpinsel borotvaecset 135
Rasierwasser arcvíz 135; ~ **nach der Rasur** after shave 135; ~ **vor der Rasur** preshave 135
Raststätte pihenőhely 41
raten *(er-)* találgat(eltalál)
Rathaus tanácsháza 108
Räuberbraten: ~ **am Spieß** rablóhús nyárson 100
rauchen dohányzik 18
Rauchen dohányzás
Raucher dohányzó 64
Räucherzunge füstölt (marha-) nyelv 94

Raum szoba, helyiség
räumen *(Zimmer)* elhagy(szobát) 81
Rauschgift kábítószer 148
rausfahren kijön 42
Rebhuhn fogoly 101
rechnen számol
Rechnung számla 72, 81, 84
recht *(ziemlich)* nagyon 12
rechts jobbra 38
Rechtsanwalt ügyvéd 35
rechtzeitig *adv.* idejében 29
Reck nyújtó 175
Redakteur szerkesztő 35
reden *s.* **sprechen**
Regen eső 23
Regenmantel esőkabát 129
Regenschauer zápor 25
Regenschirm esernyő 138
Regenwolke esőfelhő 25
Regisseur rendező 172
Regler szabályozó 52
regnen: es regnet esik az eső
Rehrücken őzgerinc 101
reichen *(geben)* idead 18; **es reicht** *s.* **genug**
reif érett, érlelve 92
Reifen gumiabroncs 44
Reifendruck levegőnyomás 45
Reifenpanne gumidefekt 44
regelmäßig *adv.* rendszeresen 158
Reihe *(Sitz-)* sor 170
rein tiszta 131
reinigen (ki)takarit 45, (meg)tisztít 54
Reinigung tisztítás 123
Reis rizs 97
Reise utazás 16
reisen utazik; *s.* **abreisen, (weiter)fahren**
Reiseandenken ajándékbolt 123
Reisebüro utazási iroda 74

Reiseführer útikalauz 124
Reisegruppe társasutazás
Reiseleiter, Reiseleitung idegen-
vezető, idegenvezetés 84
Reisende(r) s. **Passagier, Flug-
gast**
Reiseomnibus autóbusz 39
Reisepaß s. **Paß**
Reiseroute s. **Fahrtroute**
Reisescheck úticsekk 145
Reisetasche utazótáska 61
Reisfleisch rizses hús 100
Reißverschluß húzózár, cippzár
130
reiten lovagol 176
Reiten lovaglás 176
Reiter lovas 176
Reiterspiele lovasjátékok 111
Reitschule lovasiskola 173
Reitstunde lovaglóóra 173
Reklamation reklamáció 121
Religion vallás 119
religiös vallásos 119
Reling (hajó)korlát 116
Rennbahn versenypálya 114
Rennboot versenycsónak, ver-
senyhajó 175
Rennen verseny
Rennfahrer versenyző 176
Rennstrecke versenypálya 174
Rennwagen versenykocsi 176
Rentner nyugdíjas 35
Reparatur javítás 48
Reparaturwerkstatt javítóműhely
48
reparieren javít 44; s. **machen**
Reportage riport 181
Reporter riporter 35
Reproduktion reprodukció 138
Reservekanister   tartalékkanna
43
Reserverad pótkerék 45
reservieren foglal 58

Restaurant étterem 58
Rettich retek
Rettungsboot mentőcsónak
Rettungsring mentőöv 116
Rettungsstation mentőállomás
Rettungswagen mentőautó 46
Revue revü 172
Rezept recept, vény
Rezeption recepció 84
rezeptpflichtig: ist... ~? vénykö-
teles...? 153
R-Gespräch R-beszélgetés 144
Rheuma reuma 164
Richter bíró 35
richtig helyes 19
Richtung irány 38
Riemchen (óra)szíj 136
Rinderbrust marhaszegy 99
Rindergulasch marhapörkölt 99
Rindfleisch marhahús 99
Rindleder marhabőr 133
Ring gyűrű 127; ~e 175
Ringen birkózás 176
Ringer birkózó
Ringfinger gyűrűsujj 161
Rippe borda 99, 161
Rippenfellentzündung mellhár-
tyagyulladás 164
Rizinusöl ricinusolaj 155
Rock szoknya 129
Rockmusik rockzene 172
Rodeln szánkózás 176
roh nyers, nyersen 92
Rolle tekercs 120, szerep 172
Rollfilm tekercses film 126
Rollschinken kötözött sonka 94
Rollstuhl tolószék 84
Rollstuhlfahrer tolószékhez kö-
tött személy 73
Roman regény 124
romanisch román 119
Römerzeit: aus der ~ a római
korból 112

röntgen (meg)röntgenez 167
Röntgenaufnahme röntgenfelvétel 166
rosa rózsaszín 188
Rosé *(Wein)* rozé 103
Rose rózsa 124
Rosenkohl kelbimbó 97
Rosenkranz rózsafüzér 119
Rosinen mazsola *sg.* 93
Rosmarin rozmaring 93
Rost: auf dem ~ gebraten roston sült 100
Röstkartoffeln pirítottburgonya 97
rot piros 47, vörös 188
Rotkohl vöröskáposzta 101
Rotwein vörös bor 103
Rouge rúzs 136
Rüben répa; **rote ~** cékla 101
Rückantwort válasz 141
Rücken hát 161
Rückenlehne háttámla 68
Rückenschmerzen hátfájás 164
Rückfahrkarte retourjegy 60
Rückfahrt, -reise visszaút
Rückflug visszaút 69
Rückgrat gerinc 161
Rückporto válaszportó 144
Rucksack hátizsák 87
Rücksitz hátsó ülés 53
Rückspiegel visszapillantó tükör 52
rückwärts hátra(felé), menetiránynak háttal 64
Rückwärtsgang hátramenet 50
Ruder evező; *(Steuer)* kormánylapát 116
Ruderboot evezős csónak 115
Ruderer evezős 176
Rudern evezés 176
Ruderregatta evezőverseny 176
rufen hív 46
Ruhe csend; nyugalom; *(Erholung)* pihenés

Ruheraum pihenőhelyiség 169
ruhig nyugodt; csendes 73
Ruhr vérhas 164
Rührei tojásrántotta
Ruine rom 114
Rum rum
Rumpsteak hátszín 99
rund kerek 150; **~ feilen/machen** kerekre reszel 150
Runde rundó 183
Rundfahrt körutazás 114
Rundfunk rádió 181
Rundfunkreporter rádióriporter 35
Rundgang körséta 114
Rundreise körutazás
rutschen csúszik
Rutschgefahr *(Schild)* csúszásveszély

S

Sache holmi 61, dolog 76, ügy 148
Sack zsák
Sackgasse zsákutca 41
Saft szörp 104
saftig puhán, puha 92
sagen mond 139
Sahne tejszín 90
Saison szezon, idény 84
Saisonzuschlag idényfelár 75
Sakko zakó 129
Sakristei sekrestye 119
Salami szalámi 95
Salat saláta 101
Salbe kenőcs 155
Salmiakgeist szalmiákszesz 155
Salz só 93
Salzgehalt sótartalom
salzig sós 107
Salzstreuer sószóró 89
Sammelfahrschein *s.* **Gruppenfahrschein**
Samstag szombat 31

Samt bársony 131
Sanatorium szanatórium 169
Sand homok 179
Sandalen, Sandaletten szandál
sg. 133
Sandbank homokpad 116
Sandstrand homokos strand 179
Sandtorte piskótatorta 106
Sänger(in) énekes(nő) 172
Sanitätsraum elsősegélynyújtó
hely 58
Sardellenringe ajókagyűrű 94
Sardinen szardínia sg. 95
Sarkophag szarkofág 119
satt: ich bin ~ jóllaktam
sauber tiszta 80
säubern (meg)tisztít 45
Sauciere levesestál 89
sauer savanyú 107
Sauerampfer sóska 98
Sauerbraten vadas marha 99
Sauerkirschen meggy sg. 102
Sauerkraut savanyúkáposzta 97
Sauerstoffmaske oxigénmaszk 69
Sauerteiggurken kovászos
uborka sg. 101
Sauger cumi 134
Säule oszlop 119
Sauna szauna 84
Säure sav
Schach: ~ spielen sakkozik 180
Schachtel doboz 134
schade kár 20
Schädel koponya 161
Schaden kár
Schaffner kalauz 57
Schafgulasch birkapörkölt 99
Schafkäse juhsajt 90
Schal sál 129
Schallplatte hanglemez 182
Schallplattengeschäft hangle-
mezbolt 123
Schalter (Licht-) kapcsoló 52;

(Post) ablak 139
Schalthebel sebességváltókar 53
scharf éles; (Speise) erős 93, 107
Scharlach skarlát 164
Schatzkammer kincstár 117
Schaufenster kirakat 123
Schaumwein habzóbor 103
Schauspiel színdarab 172
Schauspieler(in) színész(nő) 172
Scheck csekk 145
Scheibe (Brot etc.) szelet; (Glas-)
üveg 45, 53, ablak 53; (Schieß-)
céltábla 176
Scheibenbremse tárcsásfék
Scheibenwaschanlage ablak-
mosó berendezés 53
Scheibenwischer ablaktörlő 53
scheinen (Sonne) süt 24; **es
scheint, daß...** látszik, hogy
Scheinwerfer fényszóró 53
Scheitel választék 151
Schenkel comb, lábszár 161
Schere olló 130
Scheuertuch felmosórongy 79
scheußlich pocsék 23
Schi síléc 176; **~ laufen** siel 176
Schichtkartoffeln rakott burgonya
97
schicken küld 46
Schiebedach tolótető 53
Schieber s. **Bettschüssel**
Schiedsrichter bíró 176
Schienbein sípcsont 161
schießen lő 176
Schießsport lövészet 176
Schießstand lőállás 176
Schiff hajó 116
Schiffbau hajógyártás 37
Schiffsstation hajóállomás 115
Schihose sínadrág 129
Schikursus sítanfolyam 176
Schilaufen s. **Schisport**
Schilehrer síoktató 177 ·

Schilift sílift 177
Schilling schilling 145
Schinken sonka 90
Schirm ernyő
Schisport sísport 176
Schistiefel síbakancs 133
Schiwachs síviasz 177
Schiwanderung sítúra 177
Schlachterplatte disznótoros 99
Schlafanzug pizsama 129
Schläfe halánték 161
schlafen alszik 157; **schlafen Sie gut!** szép álmokat! 16
Schlaflosigkeit álmatlanság 164
Schlafplatz hálóhely 87
Schlafraum háló(helyiség) 87
Schlafsack hálózsák 87
Schlaftabletten altató 155
Schlafwagen hálókocsi 59
Schlafwagenkarte hálókocsijegy 60
Schlafzimmer hálószoba 85
Schlaganfall szélütés 165
Schlager sláger 172
Schläger *(Tennis-)* ütő 177
Schlagersänger(in) slágerénekes(nő) 172
Schlagsahne tejszínhab 106
Schlammbad iszapfürdő 169
Schlammpackung iszappakolás 169
Schlauch *(Brems-)* tömlő; *(Reifen-)* belső 44
Schlauchboot gumicsónak 179
schlauchlos belső nélküli 45
schlecht *adj.* rossz 23; **mir ist** ~ rosszul vagyok 68
Schlegel *s.* **Keule**
schleifen csúszik 51
Schleimhaut nyálkahártya 162
Schlepper *(Schiff)* vontató 116
Schleudern: ins ~ **geraten** *(Auto)* megperdül 46

Schleuse zsilip 116
schließen (be)csuk 63, zár 80
Schließfach *(Gepäck-)* rekesz 61
schlimm *(Krankheit)*: **ist es** ~ ? baj van? 158
Schlitten szán *sg.* 176
Schlittschuhe korcsolya *sg.* 175
Schloß *(Gebäude)* vár, kastély 114; *(Tür-)* zár 53
Schlosser lakatos 35
Schlüpfer bugyi 129
Schluß *s.* **Ende**
Schlüssel kulcs 77
Schlüsselbein kulcscsont 161
Schlußleuchte helyzetjelző lámpa 52
schmal keskeny, szűk 121
Schmalfilm keskenyfilm 126
Schmalz zsír 93
schmecken ízlik 21, 91
Schmerzen fájdalom *sg.* 157
Schmerztabletten fájdalomcsillapító tabletta 155
Schmierung kenés 53
Schmirgelpapier csiszolópapír, smirgli 55
Schmorbraten (marha)tokány 99
Schmuck ékszer 123
Schmuckblatt-Telegramm dísztávirat 141
Schmuggel csempészés 148
Schmutzfänger sárvédő gumi 53
schmutzig piszkos
Schnalle csat 130
Schnaps pálinka 15, 104
Schnapsglas pálinkáspohár 89
Schnee hó 25
Schneegestöber hófúvás
Schneeketten hólánc 55
schneiden vág *(a. Haare)* 149
Schneider(in) szabó, varrónő 35
Schneiderei szabóság 123
Schneidezahn metszőfog 168

schneien: es schneit havazik 25
schnell *adv.* gyorsan 40
Schnellbahn gyorsvasút 114
Schnellverband gyorskötés 155
Schnellzug gyorsvonat 58
Schnittlauch metélőhagyma 93
Schnitzel (paniert rántott) szelet 99, 100
Schnorchel pipa 179
Schnorcheln búvárúszás 179
Schnupfen nátha 165
Schnurrbart bajusz 151
Schnürsenkel *pl.* cipőfűző *sg.* 135
Schock sokk 165
Schokolade csokoládé 98
Schokoladeneis csokoládéfagy-lalt 105
Schokoladentorte csokoládétorta 106
schon már 14
schön szép 14, 191
Schönheitssalon szépségszalon 152
Schönheitswettbewerb szépség-verseny 182
Schonzeit tilalmi idő 175
Schorle fröccs 103
Schrank szekrény 84
Schraube csavar 55
Schraubenmutter csavaranya
Schraubenschlüssel csavarkulcs 55
Schraubenzieher csavarhúzó 55
schreiben ír 14
Schreibpapier gépírópapír 132
Schreibwaren írószer 123
Schriftsteller író 35
Schritt lépés
Schrotflinte sörétes puska 137
Schrotmunition sörét 137
Schublade fiók 84
schüchtern félénk 184
Schuh cipő 133

Schuhanzieher cipőkanál 133
Schuhgeschäft cipőbolt 123
Schuhkrem cipőkrém 133
Schuhmacher cipész 35
Schuld bűn, vétek 148
Schule iskola 36
Schüler(in) tanuló(lány)
Schulter váll
Schulterblatt lapocka 162
Schuppen *(Kopf-)* korpa 152
Schürze kötény 129
Schüssel tál 89
Schüttelfrost hidegrázás; **ich habe** ~ kiráz a hideg 157
Schutzhelm védősisak 55
Schwamm szivacs 136
schwanger terhes 158
Schwangerschaft terhesség 162
schwarz fekete 188
Schwarzbrot feketekenyér 90
Schwarzweiß-Kleinbildfilm feke-te-fehér-kisfilm 125
Schwebebalken gerenda 175
Schweinebraten sertéssült 100
Schweinefleisch sertés(hús), disznóhús 99, 100
Schweinsgulasch sertéspörkölt 100
Schweinskeule sertéscomb 100
Schweiz Svájc 77
schweißtreibendes Mittel izzasz-tószer 155
Schweizer Franken svájci frank 146
Schwellung daganat 165
schwer nehéz
Schwerhörigkeit nagyothallás 165
Schwester: ältere ~ **/jüngere** ~ nővér/húg 13
Schwimmen úszás 177
Schwimmer úszó 54
Schwimmhalle úszoda 174

Schwimmweste úszómellény 116
Schwindelanfall szédülés 165
schwitzen izzad
schwül: es ist ~ fülledt az idő 23
Schwüle fülledtség 25
sechs hat 26; ~ **te(r)** hatodik 27
See *m* tó 23
Seemann tengerész 35
Segel vitorla 177
Segelboot vitorlás 177
segeln vitorlázik 177
Segelregatta vitorlásverseny 177
Segelschule vitorlásiskola 173
Segelsport vitorlássport, vitorlázás 177
Segeltörn vitorlástúra 173
sehen lát 12, 195
Sehenswerte: alles ~ minden látnivaló 14
Sehenswürdigkeit látnivaló 109
Sehne ín 162
Sehnenzerrung ínrándulás 165
sehr nagyon 12; ~ **gut** nagyon jó
Seide selyem 131
seidenmatt selyemfényű 126
Seife szappan 79
Seil (hajó)kötél 116
sein *s.* 194 *und konjugierte Formen*
seit óta; ~ **wann?** mióta 159
Seite oldal 151
seitlich oldalt 150
Sekretärin titkárnő 35
Sekt *s.* **Champagner, Schaumwein**
Sekunde másodperc
Selbstauslöser önkioldó 126
Selbstbedienung önkiszolgálás 123
selbstverständlich *adv.* magától értetődik 19
Selleriecremesuppe zellerkrémleves 96

Selters *s.* **Mineralwasser**
Semester szemeszter 36
Semmel zsemlye 90
Semmelschmarren máglyarakás 98
Sender adó
Sendung küldemény139; adás 181
Senf mustár 93
Senfglas mustárosüveg 89
September szeptember 31
Serpentine szerpentin 41
Service szervíz 21
Serviette szalvéta 89
Servolenkung szervokormány 51
Sessel fotel 84
Sessellift libegő
Setzei *s.* **Spiegelei**
setzen *(im Spiel)* tesz 182; **sich** ~ leül, ideül 182
Shampoo sampon 136
Shorts sort 129
Show show 172
Sicherheitsgurt biztonsági öv 53
Sicherheitsnadel biztosítótű 130
Sicherung biztosíték 53
Sicht látási viszonyok 24
sie ő 192; ~ *pl.* ők 192
Sie Ön 32, 79, 107, 142, 159, maga 183
sieben hét 26
Sieg győzelem 177
Silber ezüst 127
silbergrau ezüstszürke 188
silbern ezüstszín(ű) 188
Sinfoniekonzert szimfónikus hangverseny 172
singen énekel 180
Sitz ülés 53
Skilift *s.* **Schilift**
Skulptur szobor 111
Slip bugyi 129
Slipeinlagen egészségügyi betét 136

Snackbar ételbár 77
so így 150; **so ein(e)** egy olyan 149
Socken zokni *sg.* 129
Sodbrennen gyomorégés
sofort azonnal
Sofortbild-Farbfilm Polaroid színesfilm 126
Sofortbildkamera Polaroid rendszerű gép 126
Sohle talp 133
Sohn fia 33; **mein** ~ fiam 13
Solarium szolárium
Soldat katona 35
Solebad sósfürdő 169
Solist szólista 172
sollen *s.* müssen
Sommer nyár 31
Sommerkleid nyári ruha 129
Sommerzeit nyári időszámítás 28
Sondermarke különleges bélyeg 140
Sonnabend szombat 31
Sonne nap 24
Sonnenaufgang napfelkelte 25
Sonnenbad napfürdő 179
Sonnenblende napellenző 126
Sonnenbrand leégés 165
Sonnenbrille napszemüveg 132
Sonnenkrem napozókrém 136
Sonnenmilch napozótej 136
Sonnenöl napolaj 136
Sonnenschirm napernyő 84
Sonnenstich napszúrás 165
Sonnenuntergang naplemente 25
Sonntag vasárnap 31
Sorte fajta
Soße mártás 92
Souvenirs emléktárgy, szuvenir *sg.*
Spaghetti spagetti
Spanferkel malac 99
Spanferkelbraten malacpecsenye 99

Spange csat
Spannung feszültség 78
Sparbuch takarékkönyv 146
Spargel spárga
Spargelsuppe spárgaleves 96
Sparkasse takarékpénztár 146
spät késő; **wie** ~ **ist es?** hány óra (van)?, mennyi az idő? 28
später *adv.* később 15
Spazierengehen séta 183
Spazierstock sétabot 138
Speck szalonna 93
Speiche (kerék)küllő 53
Speisekarte étlap 88
Speiseröhre nyelőcső 162
Speisesaal étterem 78
Speisewagen étkezőkocsi 59
spendieren fizet valamit -nak/ -nek
Sperre peronbejárat 65
spezial speciális
Spezialitäten-Restaurant specialitásokat kínáló étterem 77
Spiegel tükör 84
Spiegelei tükörtojás 90
Spiel játék 182, meccs 174
Spielautomat játékautomata 182
spielen játszik 170
Spieler játékos 176
Spielfilm játékfilm 171
Spielhalle játékterem 180
Spielkarten játékkártya 138
Spielkasino játékkaszinó 180
Spielmarke zseton 182
Spielplan műsor, játékterv 172
Spielwarengeschäft játékbolt 123
Spielzeug játék 138
Spieß: am ~ nyárson 92
Spinat spenót, paraj 97
Spirituosen szeszes italok 104
Spirituosengeschäft italáruüzlet 123
Spirituskocher spirituszfőző 87

spitz hegyes 150; ~ feilen hegyesre reszel 150
Spitze csipke 130, vége 149
Sport sport 177; ~ treiben sportol 177
Sportakademie sportfőiskola
Sportart sportág 174
Sportartikel sportszerek 123
Sporthemd sporting 129
Sportjacke sportdzseki 129
Sportler(in) sportoló 177
Sportveranstaltung sportrendezvény 174
Sportverein sportegyesület 177
Sprache nyelv 22
Sprachführer nyelvi kalauz 124
sprechen beszél 21
Sprechstunde rendelési idő 165; ~ haben rendel 156
Sprechzimmer (Arzt) rendelő 165
Springen (Athletik) ugrás 175; (Pferdesport) ugratás 176
Springer (Schach) ló, huszár 181
Spritze injekció 159
Sprung ugrás
Sprungbrett ugródeszka 177
Sprungschanze ugrósánc
spucken köp
Spülung (WC) öblítő 80
Squash squash 177
Squashanlage squashpálya 177
Staatsangehörigkeit állampolgárság 71
Staatsanwalt ügyész 148
Stachelbeeren egres sg. 102
Stadion stadion 174
Stadt város 14, 190
Stadtmauer városfal 113
Stadtplan várostérkép 124
Stadtrundfahrt városnézés 110
Stadtteil városrész, városnegyed 114
Stadttor városkapu 114

Stadtzentrum városközpont 114
stammen: von wem stammt ...? kitől való ...? 111
ständig adv. állandóan 52
Star sztár 172
stark erős 134
Stärkungsmittel erősítőszer 155
Start (Flugzeug-) felszállás; (Sport) rajt 177
starten felszáll 69
Starterlaubnis felszállási engedély 69
Starthilfekabel szívató 55
Station állomás 64; (Kranken-) osztály 166
Stationsarzt osztályos orvos 166
Stativ állvány 126
stattfinden van 174
Statue szobor 119
Stau torlódás 41
Stausee duzzasztott tó 114
stechen szúr 158
stechend: ~er Schmerz szúró fájdalom 157
Steckdose konnektor 80
Stecker konnektordugó 84
Stecknadel gombostű 130
Steckschlüssel dugókulcs 55
stehenlassen itthagy 42
stehen áll
stehlen (el)lop 80
steigen emelkedik 23
Steigung emelkedő 41
Stein kő; (Spiel-) kocka 181
Stelle hely 178
sterben meghal 111
Stereosendung sztereó műsor 181
Stern csillag 25
Sternwarte csillagvizsgáló 114
Steuer s. Lenkrad
Steuermann kormányos 116
Steuerung (Auto) kormányzás; s. Lenkung

Stewardeß légikisasszony, stewardess 69
Stich *(Karten-)* ütés 181
Stickerei hímzés 130
Stiefel csizma 133
Stiefmutter nevelőanya 33
Stiefvater nevelőapa 33
Stierblut *(Wein)* bikavér 103
Stiftzahn *s.* **Eckzahn**
Stil stílus 119
stimmen: stimmt nicht nincs rendben 54, nem stimmel 107
Stirn homlok 162
Stirnhöhle homloküreg 162
Stock *(Etage)* emelet 74
Stoff anyag, szövet 131
Stofftier textilállatka 138
Stoffwechsel anyagcsere 162
Stopfgarn stoppolófonal 130
stopfen *(flicken)* stoppol 131
Stoppuhr stopper 136
Stör kecsege 96
stören zavar 15; *s. noch* **gestört**
Störung zavar
Stoßdämpfer lökésgátló 53
Stoßfänger, Stoßstange lökhárító 53
Strafe *(Geld-)* büntetés
Strafstoß *s.* **Elfmeter**
Strähne hajtincs 152
Strand strand 78
Strandfest fürdőünnepély 179
Strandhotel fürdőszálló 83
Strandnähe: in ∼ strandközelben 73
Strandpromenade parti sétány 114
Strandschuhe strandcipő 133
Strandwanderung fürdőtúra 179
Straße utca, út 24
Straßenbahn villamos 109
Straßenbahnhaltestelle villamosmegálló 108

Straßenkarte autótérkép 43
Straßenschild utcanévtábla 41
Straßenzustand az út állapota 25
Strecke vonal, pálya 65
streichen töröl 142
Streichhölzer gyufa *sg.* 11, 134
streng szigorú 159
Strich: gegen den ∼ **rasieren** kiborotvál 151
Strickjacke kardigán, kötött mellény 129
Strickweste kötött mellény 129
Striptease sztriptíz 180
Strohhut szalmakalap
Strom áram 52
Stromanschluß elektromos csatlakozás 86
Stromspannung feszültség 78
Strömung *(im Wasser)* áramlat 178
Strudel rétes 106
Strümpfe harisnya *sg.* 129
Strumpfhalter harisnyatartó 130
Strumpfhose harisnyanadrág 129
Stück darab 26, 187
Student(in) diák, egyetemi hallgató 36
Studentenausweis diákigazolvány 87
Studienfach szak 37
Studienreise tanulmányút 70
studieren tanul 36
Studium tanulmány
Stuhl szék 84
Stuhlgang széklet 162
Stunde óra 29
stündlich óránként 29
Sturm vihar 23
Stürmer *(Fußball)* csatár 176
stürmisch: es ist ∼ viharos 23
Sturmwarnung viharjelzés 25
stürzen *(fallen)* (le)zuhan 158
stutzen *(Haare, Bart)* (meg)nyír 151

suchen keres 15
Sucher *(Foto)* kereső 126
Sucht kór 165
Südwind déli szél 25
Sülze kocsonya 94
Super *(Benzin)* szuper(benzin) 43
Super-8-Film szupernyolcas színesfilm 125
Supermarkt ABC áruház 120
Suppe leves 95
Suppengrün leveszöldség
Surfbrett surfdeszka 178
Surfer széllovas 178
Surfschule surfiskola 179
süß édes 103
Süßigkeiten édességek 106
süßsauer savanykás 92
Süßquark túró 98
Süßwaren *(Geschäft)* édességbolt 123
Swimming-Pool uszoda 84
sympathisch szimpatikus 183
Synagoge zsinagóga 119

T

Tabak dohány 134
Tabakladen dohánybolt, trafik 123
Tablett tálca 89
Tablette tabletta 155
Tachometer sebességmérő 53
Tafelspitz leveshús
Tafelwein asztali bor 103
Tag nap 12; ~ **und Nacht** éjjel-nappal 29; **am** ~**e** nappal 29; **in 8** ~**en** nyolc nap múlva 159
Tageskurs napi árfolyam 146
Tageslichtfilm napfényfilm 126
Tagesraum társalgó 87
Tagestour egésznapos kirándulás 114
täglich *adv.* naponta 29
Tal völgy

Talkumpuder hintőpor 155
Tampons tampon *sg.* 136
Tankstelle benzinkút 43
Tankwart benzinkutas 43
Tante (nagy)néni 33
Tanz tánc 184
Tanzabend táncest 182
tanzen táncol 183
Tänzer(in) táncos(nő) 172
Tanzfläche táncparkett 184
Tanzkapelle tánczenekar 184
Tanzlokal táncos hely 180
Tanzmusik tánczene 184
Tasche zseb; *(Reise-, Hand-)* táska 61
Taschenbuch zsebkönyv 124
Taschenlampe zseblámpa 138
Taschenmesser zsebkés 138
Taschentuch zsebkendő 129
Taschenuhr zsebóra 136
Tasse csésze 88
Tau *(Seil)* (hajó)kötél 116
Taube galamb 101
tauchen merül 179
Tauchermaske búvármaszk 179
Tauchsport könnyűbúvársport 177
tauen: es taut olvad 23
Taufbecken keresztelő medence 119
Taufe keresztelő 117
tauschen cserél 64
Tausendgut *(Wein)* ezerjó 103
Tauwetter olvadás 25
Taxi taxi 62
Taxistand taxiállomás 108
Techniker technikus 35
Tee tea 90
Teegebäck teasütemény 105
Teekanne teáskanna 89
Teelöffel kávéskanál 89
Teig tészta 98
Teigfleckchen csipetke 98
Teil rész

teilnehmen (an) részt vesz 173
Teilnehmer *(Telefon)* előfizető 142
Telefon telefon 84
Telefonbuch telefonkönyv 141
telefonieren telefonál 46, 141
Telefonnummer telefonszám
Telefonzelle telefonfülke 141
Telegrafenamt távíróhivatal 144
telegrafisch távíratilag 146
Telegramm távírat 139; **dringendes** ~ sürgős távírat 141
Telegrammformular távíratblanketta 141
Teller tányér 89
Tempel templom 114
Temperatur hőmérséklet 25
Temperaturanzeige vízhőmérséklet-jelző 52
Tennis tenisz 173
Tennisball teniszlabda
Tennishalle teniszcsarnok 173
Tenniskursus tenisztanfolyam
Tennislehrer teniszoktató 177
Tennisplatz teniszpálya 173
Tenniswand teniszfal 173
Teppich szőnyeg 84
Terrasse terasz 74
Tesafilm *s.* **Klebefolie**
Tetanus tetanusz 165
teuer drága 121
Textilien szövet, méteráru 123
Theater színház 172
Thermalquelle hévízforrás 169
Thermometer hőmérő 138
Thermosflasche termosz 138
Thermostat termosztát 53
Thunfisch tonhal 97
tief mély 178
Tier állat
Tierarzt állatorvos 35
Tierklinik állatorvosi klinika 114
Tinte tinta 132

Tisch asztal 84
Tischdecke asztalterítő 84
Tischler asztalos 35
Tischtennis asztalitenisz 173
Tischtuch asztalkendő 89
Tischwein *s.* **Tafelwein**
Toast pirított kenyér, pirítós 94
Tochter lánya 33; **meine** ~ lányom 13
Toilette vécé 58
Toilettenartikel *pl.* toalettcikkek 136
Toilettenpapier vécépapír 84
Tokajer tokaji
Tollwut veszettség 165
Tomate paradicsom
Tomatenketchup ketchup 93
Tomatensaft paradicsomlé
Tomatensalat paradicsomsaláta 101
Tomatensoße paradicsommártás 92
Tomatensuppe paradicsomleves 96
tönen *(Haare)* színez 149
Tonkassette kazetta 182
Tonne *s.* **Faß, Boje**
Tonpfeife agyagpipa 134
Tonspur *(Film)* hangsáv 125
Topf *(Koch-)* fazék, lábas 84
Topfen *s.* **Quark**
Töpferwaren fazekasáru 138
Tor *s.* **Stadttor;** kapu; *(Sport)* gól 175
Torschuß gól(lövés) 178
Torte torta 106
Tortenschnitte tortaszelet 106
Torwart kapus 176
Totalisator totalizátor 176
Totalschaden totálkár 47
toupieren tupíroz 150
Touristenbüro utazási iroda
Touristenklasse turistaosztály

Touristenvisum turistavízum 71
Trabrennen ügető 176
Trachtenpuppe népviseletes baba 138
tragen visel
Tragflügelboot szárnyashajó 116
Tragödie tragédia
Trainer edző 176
Training edzés 178
Trainingsanzug tréningruha 129
Trainingshose tréningnadrág 129
Transistorzündung tranzisztoros gyújtás 54
Transitvisum tranzitvízum 71
Traubensaft szőlőlé
Traubenzucker szőlőcukor 155
Trauung esketés 117
Treberschnaps törköly(pálinka) 104
treffen: sich ~ találkozik 14
Treffpunkt találkozóhely 184
treiben űz; **Sport** ~ sportol 177
Treibstoff üzemanyag 46
trennen: trennt nicht beragad 51
Treppe lépcső 84
Tretboot vízibicikli 179
Trichter tölcsér 55
Triebwagen motorkocsi 58
Triebwerk hajtómű 69
Trimmpfad erdei tornapálya 177
Trinkbecher ivókehely 89
trinken iszik 88, 182; **etwas zu** ~ innivaló 68
Trinkgeld borravaló 84
Trinkhalle ivócsarnok 169
Trinkkur ivókúra 169
Trinkwasser ivóvíz 87
trocken száraz 103, 152
Trockenhaube búra 152
Trockenrasierer s. **Elektrorasierer**
trocknen szárít 85
Trommelfell dobhártya 162

tropfen csöpög 50
Tropfen *pl.* csepp *sg.* 155
Tropfsteinhöhle cseppkőbarlang 114
Trumpf adu 181
Truthahnbrust pulykamell 101
T-Shirt póló 129
Tube tubus 120, 187
Tuberkulose tuberkulózis 165
Tuch *(Stoff)* kelme; *(Putz-)* porrongy; *s.* **Hals-, Kopf-, Taschentuch**
Tulpen tulipán 124
tun tesz, csinál 79
Tunnel alagút 41
Tür ajtó 85
Turbolader turbófeltöltő 53
Türkenzeit: aus der ~ a törökidőből 112
Türklinke ajtókilincs 85
Turm torony 119
Turnen torna 177
Turner tornász 177
Turnier verseny 174
Turnschuhe tornacipő 133
Türschloß ajtózár 53
Tüte zacskó 120, 187
Typhus tífusz 165

U

U-Bahn földalatti, metró 109
U-Bahnstation metróállomás 114
übel: mir ist ~ rosszul vagyok 157
Übelkeit rosszulét 165
über *(durch)* át, keresztül 59; *(mehr als)* több mint; *(von)* -ról/ -ről; *(wegen)* miatt 21
Überfall támadás 148
überfallen megtámad 147
übergeben: sich ~ hány 157
Übergepäck túlsúly 66
überholen előz 40
Überholverbot előzési tilalom 41

überlegen: es sich ~ meggondol 121

übermorgen holnapután 30

Übernachtung éjszakázás 85

überprüfen megnéz 54

übersetzen lefordít 22

Übersetzer fordító 35

Übersetzung fordítás 124

übertragen közvetít 174

Übertragung közvetítés 181

überweisen *(Patienten)* átküld 159

Überweisung *(Geld)* átutalás 146

Ufer part 179

Uferpromenade parti sétány 114

Uhr óra 28

Uhrenarmband óraszíj 137

Uhrmacher órás 123

UKW URH (ultrarövidhullám) 181

Ultraschall ultrahang

um *(Uhrzeit)* -kor 28; ~ **diese Zeit** ilyen (idő) tájt 30

umbuchen átbukkol 67

Umgebung környék 114

Umleitung terelőút 41

Umstände: machen Sie sich keine ~ ne tessék fáradozni 15

umsteigen átszáll 57

umtauschen (ki)cserél 121, vált 145

umwechseln (át)vált 78

umziehen átköltözik 85; **sich** ~ átöltözik

unangenehm kellemetlen 20

und és 28

undicht sein *s.* tropfen

unentschieden döntetlen 178

Unfall baleset 46

Unfallschaden baleseti kár

Unfallskizze baleseti vázlat 47

Unfallzeit a baleset ideje 47

Unfallzeuge baleseti tanú 47

unfrankiert felbélyegezetlenül 144

Ungar magyar 11

ungarisch magyarul *adv.* 22

Ungarn Magyarország

ungefähr *adv.* körölbelül 28

ungestört *adv.* zavartalanul 183

Universität egyetem 36

unmöglich lehetetlen 19

uns nekünk 18, 192

unschuldig: ich bin ~ ártatlan vagyok 148

unser miénk *usw.* 192

unten lent 167

unter alatt; *s.* zwischen

unterbrechen megszakít 59

Unterbrecher megszakító 53

unterhalten: sich ~ beszélget 183; *(sich amüsieren)* szórakozik

Unterhaltung szórakozás 182

Unterhemd atlétatrikó 129

Unterhose alsónadrág 129

Unterkiefer alsó állkapocs 168

Unterkunft szállás(hely) 73, 85

Unterleib alhas 162

Unternehmer vállalkozó 35

Unterrock alsószoknya, kombiné 129

Unterschenkel alsólábszár 162

unterschreiben aláír 140

Unterschrift aláírás 72

untersuchen (meg)vizsgál 159, 166; ~ **lassen** megvizsgáltat

Untersuchung vizsgálat 166

unterstellen leállít 42

Untertasse csészealj 89

Unterwäsche alsónemű 129

Unterwasseraufnahme víz alatti felvétel 179

Unterwasserkamera víz alatti kamera 126

Unterwassermassage víz alatti masszázs 169

Urin vizelet 159

Urinflasche kacsa 166
Urlaub szabadság 14
Urlaubsort nyaralóhely 71
Urlaubsreise turista utazás 70
Urologe urológus 156
Ursache: keine ~ nincs mit 19
Urteil ítélet 148

V
Vanilleeis vaniliafagylalt 105
Vanillesoße vaniliaöntet 92
Varieté varieté 182
Vase váza 138
Vaseline vazelin 155
Vater apa 33
vegetarisch: ~e Kost vegetáriá-
   nus étel 88
Veilchen ibolya 124
Vene véna 162
Ventil szelep 45
Ventilator ventillátor 53, 85
verabreden: sich ~ randevúzik
   184
Verabredung randevú 184
verabschieden: sich ~ búcsúzik
   16
veranstalten rendez 117
Veranstaltung (Sport-) rendez-
   vény 174
Verbandkasten kötszeres doboz
   55
Verbandszeug kötszer 46
verbessern kijavít 22
verbinden (Telefon) kapcsol 142;
   (Wunde) bekötöz 165
verboten tilos 185
Verbrechen bűntett 148
Verbrecher bűnöző 148
Verbrennung (Wunde) égés 165
verbringen eltölt
Verdauung emésztés 162
Verdauungsstörung emésztési
   zavar 165

Verdeck (Auto) tető 53
verderben elront 157
Verdienst (Geld) kereset
Vereiterung gennyedés 165
verfolgen üldöz 148
Vergaser porlasztó 54
vergessen elfelejt
Vergewaltigung erőszakoskodás
   147
Vergiftung mérgezés 165
Vergnügen: mit ~ örömmel 19;
   viel ~! jó szórakozást! 16; s.
   Unterhaltung
Vergnügungspark Vidám Park
   111
vergoldet aranyozott, aranyozva
   127
Vergrößerung (Foto) nagyítás 125
verhaften letartóztat 148
Verhaftung őrizetbevétel 148
verheiratet (Mann) nős 33; (Frau)
   férjnél van 33
Verkäufer(in) elárusító(nő) 35
Verkehr forgalom, közlekedés 41
Verkehrsampel közlekedési
   lámpa 40
Verkehrspolizei közlekedési ren-
   dőrség 41
Verkehrsregeln közlekedési sza-
   bályok, KRESZ 41
Verkehrsschild (közlekedési)
   jelzőtábla 41
verkriechen: sich ~ elbújik 24
verlängern meghosszabbít
Verlängerung hosszabbítás 71
Verlängerungsschnur hosszab-
   bító 85
Verlängerungswoche további hét
   85
Verleger kiadó 35
verletzt (meg)sérült 47
verletzen: sich ~ megsérül 158
Verletzter sérült 46

Verletzung sérülés 165
verlieren elveszt 78, veszít 182
Verlobte menyasszony 13
Verlobter vőlegény 13
Verlobung eljegyzés 20
verloren: ich habe ~ elvesztettem 147
Verlust veszteség
vermieten bérbe ad, kiad 85
verordnen rendel 159
Verpflegung ellátás 73
Verrenkung ficam 165
Verschluß *(Foto)* zár 126
verschreiben felír 158
versichern biztosít 61
versichert biztosítva
Versicherung biztosítás
Versicherungskarte biztosítási kártya 47
Versicherungsnummer biztosítási szám 47
versilbert ezüstözött, ezüstözve 127
verspäten: sich ~ elkésik 30
Verspätung: ~ **haben** késése van 59
versperren elzár 42
verstauchen (meg)rándít 157
Verstauchung rándulás 165
verstehen (meg)ért 22
verstellt: ist ~ rosszul van beállítva 54
verstopft eldugult 80
Verstopfung szorulás 165
Verteidiger *(Sport)* védő 176; *s.* **Rechtsanwalt**
Verteiler *(Auto)* elosztó 54
Verteilerwelle elosztótengely 54
vertragen bír 157
Vertragswerkstatt szerződéses szervíz 48
Vertreter *(Handels-)* cégképviselő 35

Vertretung képviselet 70
Verwalter gondnok 87
Verwandte(r) rokon 33
verwitwet özvegy 71
verzeihen: ~ **Sie!** bocsásson meg! 20
Verzeihung bocsánat 63
verzollen: zu ~ **haben** elvámolnivalója van 72
verzollt werden elvámol
Veterinärmedizin állatorvos-tudomány 37
Vetter unokatestvér 33
Videokassette videokazetta 182
Videorecorder képmagnó 182
Videospiel videojáték 182
viel sok 121, 191
vielleicht talán 19
vier négy 26
Vierradantrieb négykerék-meghajtás 49
Viertel negyed 28
Vierteljahr negyedév
Viertelstunde negyedóra 79
violett ibolyaszín 188
Visagebühr vízumdíj 71
Visum vízum 70
Vitamintabletten vitamintabletta *sg.* 155
Vogel madár
Volk nép
Volksfest népünnepély 182
Volkskunstartikel népművészeti cikk 123
Volkslied népdal 171
Volkstanz néptánc 172
Volkstracht népviselet 129
voll tele 43; ~ **machen** tele tesz
Volleyball röplabda 177
Vollkaskoversicherung teljes casco 39
Vollpension teljes panzió 75
von -ról/-ről, -tól/-től 28

vor előtt 29
voraus: im ~ előre
voraussichtlich *adv.* előrelátha-
  tólag 166
vorbestellen (elő)rendel 115
Vorbestellung előrendelés 87
Vorderrad első kerék 45
Vorderradantrieb elsőkerék-
  meghajtás 49
Vorderzahn első fog 168
Vorfahrt elsőbbség 46
Vorfahrtsstraße főútvonal 41
Vorführung *s.* **Vorstellung, Auf-**
  führung
vorgehen *(Uhr)* siet 29
vorgestern tegnapelőtt 30
Vorhalle előcsarnok 119
Vorhang függöny 85
vorherelőtte, azelőtt 30, előre 167
vorig múlt 30
vorläufig *adv.* egyelőre 30
Vorlesungen előadások 37
vormerken előjegyez 149; *s.* **vor-**
  bestellen
vormittag(s) délelőtt 30
vorn elöl 45, 63
Vorname keresztnév 71
Vorort előváros 114
Vorortzug HÉV 58
Vorsicht! *s.* **Achtung!**
Vorspeise előétel 88
Vorstellung *(Theater)*előadás 170
Vortrag előadás 172
Vorverkauf elővétel 170
Vorverkaufskasse elővételi pénz-
  tár 170
Vorwählnummer előszám 141
vorzüglich kitűnő 91
vulkanisieren vulkanizál

W
Wacholder(schnaps) borókapá-
  linka 104

Wachtel fürj 101
wackeln mozog 167
Wade lábikra 162
Waffe fegyver 137
Waffenschein fegyverviselési
  engedély 137
Wagen kocsi 38, 39
Wagenheber (kocsi)emelő 55
Wagenschlüssel kocsikulcs
Wagentür kocsiajtó 65
Waggon kocsi, vagon 65
wählen *(Telefon)* tárcsáz
während közben 51
wahrscheinlich *adv.* valószínűleg
  19
Währung valuta 146
Wald erdő 114
Walnüsse dió 102
Wand fal 85
Wanderkarte turistatérkép 124
Wandern turisztika 177
Wanderschuhe turistacipő 133
Wanderung turistaút 177
Wange orca 162
wann mikor 14, hánykor 28
Ware áru
Warenhaus áruház 123
warm meleg 65
Warmwasser melegvíz 74
Warnblinkanlage vészvillogó 54
Warndreieck (elakadásjelző)
  háromszög 55
Warnleuchte vészjelző lámpa 54
warten vár 18, 196
Warteraum, Wartezimmer váró-
  szoba 165
Wartesaal váróterem 58
warum miért 17
was mi, mit 17; ~ **für ein(e)** mi-
  lyen 111
Waschbecken mosdó(kagyló)
  85
Wäsche fehérnemű 79

waschen (ki-, le)mos; **sich** ~ mosakszik 87; ~ **lassen** mosat 79
Wäscherei mosoda 123
Waschgelegenheit mosakodási lehetőség 87
Waschlappen mosdókesztyű
Waschpulver mosópor 138
Waschraum mosdó 65, 86
Wasser víz 43
Wasserfall vízesés 114
Wasserglas vízespohár 85
Wasserhahn vízcsap 85
Wassermelone görögdinnye 102
Wasserpumpe vízszivattyú 54
Wasserschutzpolizei vízi rendőrség 116
Wasserski (fahren) vízisí, vízisiel 177
Wassersport vízisport 177
Wasserstoffsuperoxyd hidrogénperoxid 155
Wassertemperatur vízhőmérséklet 179
Wasserwelle vízhullám 152
Watte vatta 155
wechselhaft változékony 23
Wechselkurs váltási árfolyam 146
wechseln *(aus-)* (ki)cserél 44; *s.* **umwechseln**
Wechselstrom váltóáram 85
Wechselstube pénzváltás 58
wecken ébreszt 78
Wecker ébresztőóra 137
Weg út 42; *s.* **Straße**
Wegweiser útjelző 41
weh: ...tut ~ ...fáj 157
weich puha, lágy 92
weichgekocht: ~**es Ei** lágy tojás 90
Weihnachten karácsony 31
weil mert

Wein bor 15, 103
Weinbrand konyak 104
weinen sír 17
Weinglas borospohár 89
Weinkeller borpince
Weinlokal borozó 77
Weintrauben szőlő 102
Weise mód 47
Weisheitszahn bölcsességfog 168
weiß fehér 188, 191
Weißbrot fehérkenyér 90
Weißkäse *s.* **Quark**
Weißkohl (fehér) káposzta
Weißwein fehér bor 103
weit *(entfernt)* messze 108; *(Kleidung)* bő 121
weiterfahren *(reisen)* továbbutazik 14, 32; továbbmegy 44
weitsichtig távollátó 132
welche(r) melyik 17
Welle hullám 116
Wellenbad hullámfürdő 178
Wels harcsa 96
wem kinek 17; **mit** ~ kivel
wen kit 17
wenden (meg)fordul 40; **sich** ~ **an** fordul -hoz/-hez/-höz 121
wenig kevés, keveset 91
wenn ha 18
wer ki 17
werden lesz 23, fog 23
Werfen dobás 175
Werk *s.* **Fabrik**
Werkzeug szerszám 55
Wermutwein vermut
Wertangabe értékbevallás 144
Wertbrief értéklevél 144
Wertzeichen értékcikk 140
weshalb *s.* **warum**
Weste mellény 129
Westwind nyugati szél 25
Wetter idő 23

Wetteraussichten várható időjárás 25
Wetterbericht, Wetterprognose időjárás-jelentés 23,25
Wettkampf mérkőzés, verseny 177
Wettschein fogadószelvény 176
wie hogy(an) 12; ~ **weit?** milyen messze
wieder újra, ismét 16
wiederholen ismétel 22
wiederkommen ismét jön, újra jön 168
wiedersehen: sich ~ újra lát (egymást) 183, ismét találkozik 183, viszontlát 184
Wiener Schnitzel bécsi szelet 99
Wiener Würstchen virsli 95
wieviel mennyi 17, hány 38
Wild vad 101
Wildleder vadbőr 133
Wildschutzgebiet vadvédelmi terület 175
Wildschweingulasch vaddisznópörkölt 101
willkommen: herzlich ~ ! isten hozta! 12
Wimperntusche szempillatus 136
Wind szél 23
Windelhöschen pelenkanadrág 136
Windeln pelenka, pólya 136
windig: es ist ~ szeles az idő 23
Windjacke széldzseki 129
Windmühle szélmalom 114
Windrichtung szélirány 25
Windschutzscheibe szélvédő üveg 54
Windsurfing széllovaglás 178
Winter tél 31
Winterreifen téli abroncs 45
Winzerfest szüreti mulatság 182
wir mi 192

Wirbelsäule gerincoszlop 162
wirklich *adv*. igazán 91
Wirsingkohl kelkáposzta 97
Wirtschaftler közgazdász 35
Wirtschaftswissenschaft közgazdaságtan 37
Wischerblatt törlőbetét 43
wissen tud 19
Wissenschaftler tudós 35
wissenschaftlicher Mitarbeiter tudományos munkatárs 35
wo hol 14
Woche hét
Wochenende hétvége 30
woher honnan 14
wohin hová 18
wohl: sich ~ **fühlen** jól érzi magát 81
Wohl: zum ~ ! egészségére! 91
wohnen lakik 14
Wohnmobil lakóautó 39
Wohnort lakóhely 71
Wohnung lakás 85
Wohnwagen lakókocsi 39
Wohnzimmer nappali 85
Wolke felhő 25
Wolkenbruch felhőszakadás 25
Wolkendecke felhőtakaró 69
Wolldecke gyapjútakaró 79
Wolle gyapjú 130
wollen akar 18; **ich will nicht** nem akarok; *s*. wünschen
Wort szó 22
Wörterbuch szótár 124
wünschen kíván 17
Wurf dobás 175
Würfel kocka 182
würfeln kockázik 182
Wunde seb 165
Wundpuder sebhintőpor 155
Wundsalbe sebkenőcs 155
Wurst, Würstchen kolbász 90, virsli 95

zu *(Richtung)* túl 29; ~ *(+ Adjektiv) z.B.* ~ **heiß** túl forró 107
Zubehör *(Näh-)* tartozék, cubehör 130
Zucker cukor 90
Zuckerdose cukortartó 89
Zuckerkrankheit cukorbetegség 165
zufrieden elégedett 21
Zug vonat 59; *(im Spiel)* lépés 182
Zugführer vonatvezető 65
Zündanlage gyújtás 54
Zündkabel gyújtókábel 54
Zündkerze (gyújtó)gyertya 43
Zündkerzenschlüssel gyertyakulcs 55
Zündschlüssel indítókulcs 54
Zündspule gyújtótekercs 54
Zündung gyújtás 54
Zündzeitpunkt gyújtásidő 54
Zunge nyelv 159
zurück visszafelé 38
zurücktauschen visszavált 145
zusammen együtt 183
zusammenschweißen összehegeszt 53
Zusammenstoß összeütközés 47

Zuschauer néző 172
Zuschauerraum nézőtér 172
Zuschlagkarte kiegészítő jegy 60
Zustand állapot
zuviel túl sok
zuwenig túl kevés
zuzahlen ráfizet 64
zwanzig húsz 26
zwei kettő, két *adj.* 26
Zweibettzimmer kétágyas szoba 74
Zweitaktmotor kétütemű motor
zweite(r) második 27
Zwieback kétszersült 90
Zwiebel hagyma
Zwiebelrostbraten hagymás rostélyos 99
Zwirn cérna 130
zwischen között 28
Zwischenlandung közbeeső leszállás 69
Zwischenstecker T-dugó 85
Zylinder henger 54
Zylinderkopf hengerfej
Zylinderkopfdichtung hengerfejtömítés 54